佛山历史文化丛书

第七辑

『佛山历史文化丛书』编委会 编

李 陵 著

邱熺与牛痘术在中国的传播

SPM
南方传媒

广东人民出版社

·广州·

图书在版编目（CIP）数据

邱熺与牛痘术在中国的传播 / 李陵著. —广州：广东人民
出版社，2022.11
　（佛山历史文化丛书. 第七辑）
　ISBN 978-7-218-15983-6

Ⅰ. ①邱… Ⅱ. ①李… Ⅲ. ①邱熺—传记 Ⅳ. ①K826.2

中国版本图书馆CIP数据核字（2022）第172677号

QIU XI YU NIUDOUSHU ZAI ZHONGGUO DE CHUANBO
邱熺与牛痘术在中国的传播
李　陵　著

出版人：肖风华

责任编辑：胡　萍
责任技编：吴彦斌　周星奎
封面设计：集力书装　彭　力
装帧设计：友间文化

出版发行：广东人民出版社
地　　址：广州市越秀区大沙头四马路10号（邮政编码：510199）
电　　话：（020）85716809（总编室）
传　　真：（020）83289585
网　　址：http：//www. gdpph. com
印　　刷：佛山市高明领航彩色印刷有限公司
开　　本：787毫米×1092毫米　1/16
印　　张：21.5　　字　　数：308千
版　　次：2022年11月第1版
印　　次：2022年11月第1次印刷
定　　价：78.00元

如发现印装质量问题，影响阅读，请与出版社（020-85716849）联系调换。
售书热线：（020）87716172

"佛山历史文化丛书"编辑委员会

成员单位

中共佛山市委宣传部　　佛山市文化广电旅游体育局

佛山市社会科学界联合会　　佛山市文学艺术界联合会

佛山传媒集团　　佛山日报社

顾　　问

岑　桑　　罗一星

学术委员会

（按姓氏笔画顺序排列）

龙建刚　任　流　巫小黎　杨河源

肖海明　陈　希　陈忠烈　陈恩维

罗一星　钟　声　凌　建　黄国扬

戢斗勇　温春来

佛山——站在文明续谱的
桥头堡上

罗一星

假如把两千年来的岭南历史文化比喻为一串人文项链，那么在这串人文项链上就有几颗耀眼的明珠，秦汉时期的南越国文明、隋唐时期的广州贡舶贸易、宋元时期的珠玑巷南迁、明清时期的佛山崛起和珠江三角洲的开发、清代的广州中西贸易、近代中华民国政府的建立，都是既有地方特色也有全国意义的"和璧隋珠"。

"未有佛山，先有塔坡"的谚语，浓缩了"佛山"之名的渊源。据说东晋时有西域僧到塔坡冈结茅讲经，不久西还。唐贞观二年（628），乡人见塔坡冈夜放金光，掘地得铜佛像三尊和圆顶石碑一块，碑有联云："胜地骤开，一千年前青山我是佛；莲花极顶，五百载后说法起何人。"乡人十分诧异，遂建塔崇奉，并因此名其乡曰"佛山"。唐宋时期，中国的经济重心不断南移。尤其是北宋末年以来，建炎南渡、元兵入主，大批的士民渡岭南来。佛山也在此时形成聚落，史称"乡之成聚相传肇于汴宋"。明清时期佛山迅速崛起，成为举世闻名的"四大名镇"和"天下四聚"之一，以出产精美的"广锅"而誉满天下。时人"春风走马满街红，打铁炉过接打铜"的诗句，就是对佛山冶铁业盛况的生动写照。佛山在制造业上的成就和中心市场功能，决定了她在中国城市发展史上的重要地位。然而，佛山所具有的价值还不仅在于此。佛山是明清时期因经济因素发展起来的中心城市，不同于传统的郡县城市。在其兴起发展的过程中，传统社会结构与新兴经济因素之间相互调适，兼容发展，透射着理性之光。因此，研究佛山都市化的过程与社会结构的互动变迁，有助于我们理解和把握传统中国城市发展的多样性，有助于我们摒弃概念化的中国城市发展形态的认知模式。此外，佛山还集中了岭南传统社会的各种文化现象，它们五色杂陈，大放异彩，其典型性远胜于广州，这又使研究佛山的文化现象具有非同一般的意义。

纵观佛山的历史地位和文化价值，每一点都离不开岭南独特地缘人文的滋养，每一页都关联着中华悠久文化的传承。如此既有结构性因素又有精致性内容的文明篇章，值得每一位热爱佛山历史文化的人士投身书写、共同编织。笔者在此仅发其端要，以就教于方家。

佛山是"广佛周期"的双主角之一

历史是时间和空间发展次序的结合体。自17世纪初至19世纪末，岭南区域出现了一个经济发展的高峰期——广佛周期。在广佛周期存在的时间内，以广州、佛山为中心的城市体系得到空间的迅速布局和层级的系统发展，其城市化的程度居全国领先地位。广州、佛山两大中心城市外贸和内贸互补功能的发挥，使因地理和人文环境差异而形成的岭南独特的三种市镇空间结构整合为一体。此时佛山扮演着双重城市角色，既是岭南二元中心市场体系的中心城市，承担广货与北货宏大交流的商贸枢纽；又是国内最大的综合型民生日用品生产基地，满足国内及海外的产品多样性需求。从佛山运出的精美广货及其丰厚利润，吸引了十八省商人和四远来谋生的手工业者。"走广"成为全国商人的时髦行动和共同追求。当时"汾江船满客匆匆，若个西来若个东"的大规模商品流转的盛况，常年不辍。

在广佛周期，佛山商业繁荣远胜于广州的情景见诸中外史籍。法国传教士道塔·塔鲁塔鲁和道·冯塔耐，分别于1701年和1703年到过佛山，他们描述佛山是一个约有100万人口的巨大聚落，并称佛山既没有城墙也没有特别长官，在汾江河上的大船有5000艘以上。康熙时人吴震方《岭南杂记》记载："佛山镇……天下商贾皆聚焉。烟火万家，百货骈集，会城百不及一也。"《南越游记》的作者陈徽言也说："俗称天下四大镇，粤之佛山与焉。镇属南海，商贾辐辏，百货汇集，夹岸楼阁参差，绵亘数十里。南中富饶繁会之区，无逾此者。"徐珂的《清稗类钞》也说：佛山的"汾水旧槟榔街，为最繁盛之区。商贾丛集，阛阓殷厚，冲天招牌，较京师尤大，万家灯火，百货充盈，省垣不及也"。清代到佛山的徽州商人也记载："佛山，居天下四镇之一，生意比省城大。"这里说的"会城""省垣""省城"均指广州。在此举例说明清代佛山商业规模比广州大的历史事实，并不是刻意夸大佛山的历史地位，而是指出，佛山的历史地位显然被长期低估，应该给予应有的重视和正确评价。

只要对广州、佛山两个市场的商品结构、商人组织和市场网络进行比较研究，就可知广州市场上各省运来的货物绝大多数是清朝允许出口的商品；各省运回的商品更是清一色的洋货，这说明广州商品与对外贸易相联系。佛山市场上，洋货寥寥，广货（或称"南货"）充斥，生产用品和民生日用品占主导地位，这表明佛山市场的商品与国内、省内贸易相联系。各省商人运来的"北货"（或称外江货）在佛山市场与广货大规模交流。佛山林立的外省商人会馆和形成的外省商人聚居区，都表明佛山与广州是两个功能不同的中心市场。

广佛周期开始于17世纪初的明朝末年，迄于19世纪末的清朝末年，历时三百年左右。这一周期以广州、佛山为中心形成一个地跨两广、河海相连的岭南市场体系。如果把岭南中心市场比喻成一座巨大的中外贸易桥梁，那么，广州和佛山，就犹如这座桥梁的两个桥头堡，一头连接海外市场，一头连接国内市场，它们功能各异，自成一体，然又互相联系、互相配合。这种二元中心市场模式，是因佛山城市地位的迅速上升并成为双主角之一而确立的。

佛山是中华铸造文明的重要支点

冶铁业是明清时期佛山的支柱产业，带动了佛山众多制造行业的共同发展。但是佛山冶铁业的真正贡献，却是对中华铸造文明的传承和支撑。人类从史前时代进入文明时代，是以金属的发现、金属工具的制作使用为标志的。有了对冶金术的规律性把握和持续控制的技能，人类才能从自在走向自为。世界文明史上，古埃及、古巴比伦、古印度和中国是四大铸造文明古国，也是东方铸造文明的典型代表。他们以其先进的铸造技术成为所在区域的核心国家，并依靠铸造技术优势与周边国家进行交流。中国在夏代开始进入青铜时代。铸造技术支撑了礼仪大国的呈现，西周铸造的大型礼器作为镇国之宝，把礼仪文字和刑法文字铸在鼎上，形成了中华独特的铸造文明。中国在战国时期进入铁器时代，锐利的刀剑和犁耙，高大的铁塔和钟鼎，每一件铸铁品，都记录了华夏文明的历程。西汉时中国的生铁冶铸技术传到中亚地区，东汉三国时中国的刀剑制作技术传到日本并发展为倭刀锻造技术。日本、越南的铸钟、铸镜、失蜡法、生铁冶铸等技艺也是从中国传入的。正如华觉明先生指出："中国以生铁铸造为基础的整个钢铁生产，产生了焕发异彩的钢铁文化。在世界文化史上，青铜礼器制作和两千年的铁水长流，均为中国所独有。所以说，中国的文明是铜和铁浇灌的文明。"

唐代以后冶铁技术不断南移，南汉时广州光孝寺的东西两铁塔的铸造技术已臻完美，塔身铸有上千个佛像，称为千佛塔。南宋著名学者洪咨夔的《大冶赋》这样讴歌了南方冶铸产品运输的盛况："铁往铜来，锡至铅续。川浮舳舻之衔尾，陆走车担之褾属。出岭峤，下荆蜀。绝彭蠡洞庭而星驰，泝重淮大江而电逐。"这里所说的"岭峤"，指的就是五岭山脉。明代后起的广铁誉满天下，佛山承接了中华传统失蜡法铸造技术，又独创了"红模铸造法"，成为与遵化齐名的两大冶铁中心之一。遵化冶铁业在正德八年（1513）被明王朝停办后，佛山更是后来居上，一枝独秀。祖庙现存的大型铜铁礼器中，有明景泰年间铸造的北帝铜像，重2.5吨，是明代国内最大的青铜造像；有明成化年间的铜钟，重约1吨，钮钟设计为精细的龙身造型，独具匠心，造型精美；有明嘉靖年间的铜镜，铜质光泽如新，形制巨大，为祖庙重器，是明代国内最大的铜镜；有铸于嘉庆年间的大铁鼎，该鼎通高2.6米，以镂空金钱图案装饰，铭文工整古朴，全鼎浑然一体，气势非凡。明清两代，中国铁钟为东南亚诸国所追求。作为庙宇的镇庙之宝，佛山铸造的铁钟尤为当地寺庙首选，占据了东南亚诸国寺庙梵钟的主导地位。佛山的大铁锅更是备受欢迎。明清时期，广锅出口日本，大获盈利，大者一口价银一两。雍正年间，佛山铁锅大量销往外洋，洋船每船所载多者两万斤，少者五六百斤。"其不买铁锅之船，十不过一二。"清中叶后，出国谋生的广府华侨群体，也把广锅传入美国旧金山、澳大利亚墨尔本。两广总督张之洞就曾在给光绪皇帝的奏折中称：佛山铁锅每年出口新加坡、新旧金山约五十万口。从此英语出现了"WOK"（粤语"镬"音）一词，专指圆形尖底的中国锅（Chinese Wok）。

《左传》有云："国之大事，在祀与戎。"除了礼器、民生用品和生产器具外，佛山铸造还担负起了皇朝的国防任务。明清两朝均用佛山铸造的铁炮在全国布防，从辽东到宣大边塞，从虎门到广州城防，从水师战船到海关缉私艇，比比皆然。佛山生产的铁炮从五百斤到一万斤皆有，清道光年间，佛山成为国内供应海防大炮的最大军火基地，广东官府曾一次性订购铜铁炮2400余门。作为支柱产业，佛山铸造业带动了佛山手工业体系的其他上百个金属加工业的发展。佛山的铜铁铅锡金等锻造行业，门类齐全，制造精细，所出产品涵盖了建筑装饰、民生日用的各个方面。入清以后，佛山的手工业进入全面发展阶段，以冶铁业为主干，以陶瓷业和纺织业为辅助，带动了造纸业、成药业、颜料业、爆竹业、衣帽业、扎作门神业的百业兴旺。多样性、派生性、互补性，构成了此时佛山手工业体系的有机结合形态。

世界科技史泰斗李约瑟认为，欧洲的生铁铸造技术是从中国传入的。因为在中世纪，只有中国能提供数量庞大的铁和钢。由此可见，中国的铸铁技术在古代和中世纪曾长期处于领先地位。而自16世纪至19世纪持续兴旺的佛山制造业，既是中国铸造技术和产品输出的高地，更是中华铸造文明的重要支点。它支撑着几千年来中华铸造文明的光荣延续，支撑着中国作为东方铸造文明大国地位的世代辉煌。

佛山既是岭南文化的核心基地，也是中华传统文化的宝库所在

岭南文化有四大内容在佛山诞生发展，它们是明儒心学、状元文化、祖庙文化和粤剧文化。

明儒心学发端于江门，而传播于西樵。明儒心学为明代广东新会学者陈献章（号白沙）所创，陈白沙提倡"道心合一"，以静坐体认天理为宗旨。湛若水（号甘泉）师从陈献章十余年，成为白沙先生最有成就的学生。弘治十八年（1505）湛若水会试第二，授官翰林院编修，当时王守仁（号阳明）在吏部讲学，湛若水"与相应和"。其后各立宗旨。"守仁以致良知为宗，若水以随处体认天理为宗。"时称"王湛之学"，分执明中叶理学之牛耳。正德年间，湛若水到西樵山筑舍讲学。当时致仕归家的方献夫、霍韬也相继进入西樵山与湛若水切磋砥砺，日研经书，讲学授徒。湛若水建大科书院，方献夫建石泉书院，霍韬建四峰书院，西樵山中三院鼎峙，藏修讲学，四方士子入山求学者甚众。霍韬在此时撰著了《诗经注解》《象山学辨》《程朱训释》等书，后刊行于世。当时方献夫致信王阳明说："西樵山中近来士类渐集，亦颇知向方……甘泉大有倡率讲明之意。近构学舍数十于山，以延学者，将来必有成就，此亦一盛事也。"王阳明对此嘉许，称"英贤之生，同时共地，良不易得。乘此机会，毋虚岁月，是所望也"。西樵山中的书院，培养出一批像霍与瑕这样的佛山子弟。湛若水在嘉靖初年复回朝，历任礼、吏、兵三部尚书。方献夫、霍韬亦踵其后，于嘉靖年间分别继任吏部、礼部尚书。此时的南海士大夫均以理学相高，如梁焯（曾任兵部职方司员外郎）成进士后，即游学于王阳明处，并录有《阳明先生问答传习录》传世；庞嵩（曾任应天通判）早年亦游学王阳明门下，以后复从湛若水游。湛若水曾说"北有吕泾野，南有庞弼唐，江门之学遂不坠"。何维柏（曾任南京礼部尚书）年轻时负笈于西樵山，与湛若水、霍韬论学"多所默契"，致仕后创立天山书院，"阐发陈白沙绪论，四方从游者甚众"。冼桂奇（曾任南京刑部主事）登第前即"师事湛甘泉"，致仕归家后筑精舍讲学，遂"以一代理学为世儒宗"。南海士大夫在西樵山研讨理学的学术圈子，还吸引了当时当政的两广官员。例如广东巡按御史洪垣，嘉靖十一年（1532）进士，湛若水在京师讲学时，"垣受业其门"，后出按广东，经常到西樵山求学。这样，湛若水、方献夫、霍韬以及南海士大夫群体，以西樵山为平台，传播易理，弘扬白沙心学，并以其理学上的学问和为官实践，深刻地影响了中国的儒家文化。五百年来，西樵山一直作为中华士子见贤思齐的文化名山而存在。正如明代学者方豪所言："西樵者，天下之西樵，非岭南之西樵也。"

状元文化不属佛山独有，但以佛山最为杰出。佛山自古科甲鼎盛，南汉的状元简文会和南宋的状元张镇孙名节自持，是佛山士子中初露头角者；而明代不断涌现的状元和会元，则令佛山科名雄视岭南。明成化年间石硔乡的梁储考中会元（官至内阁首辅），明弘治年间黎涌乡的伦文叙状元及第，明正德年间石头乡的霍韬亦夺魁会元。其后，伦文叙之子伦以训亦中会元。黎涌、石硔、石头相隔不到五里，人称"五里四会元"。而伦文叙一家父子四人，文叙连捷会元、状元，以训连捷会元、榜眼，以谅为解元、进士，以诜亦为进士，因而又有"父子四元双进士"之誉，人称"海内科名之盛，无出其右，所谓南伦北许也"。还有明万历年间状元黄士俊亦蟾宫折桂，清末时状元梁耀枢也独占鳌头。明清两代，佛山一共出了五个状元、三个会元。清代佛山科名依然头角峥嵘，时人有"广郡科第之盛甲于粤中，南海科第之盛甲于广郡，佛山科第之盛又甲于南海"之说。以科举出仕的有湖南巡抚吴荣光，四川总督骆秉章，咸丰探花李文田（礼部右侍郎），梁僧宝（鸿胪寺少卿兼军机），戴鸿慈（协办大学士、法部尚书，出洋五大臣之一），张荫桓（户部左侍郎、驻美国公使）。还有在三湖书院就读的康有为和在佛山书院就读的梁启超、署理邮传部大臣梁士诒等。这些人才的出现，使佛山成为名副其实的"气标两广的人文之邦"。为什么佛山状元、会元在明代中叶呈群体性涌现？为什么明代佛山籍大吏在嘉靖朝宠命优渥？状元文化留下了何种文化基因？要回答这些问题，就要对科举制度进行探讨，对皇权体制进行分析，对中华传统文化进行整体把握。唯其如此，研究佛山的状元文化，就具有了特殊的价值。

祖庙文化为佛山所独有。在中国城市发展史上，如果说有一座庙宇与一座城市的命运休戚相关，那就是佛山祖庙。明清时期的祖庙，是当时佛山人的信仰高地和心灵归宿。可以这样形容两者之间的关系：祖庙之于佛山镇，事事相关；祖庙之于佛山人，代代相系。明正统十四年（1449）发生的一场长达半年的佛山保卫战，把祖庙和北帝深植在佛山先民心中。当时为了保卫佛山自明初以来积累的劳动成果，佛山先民有二十二老以祖庙为指挥部，罄其财产，分铺防卫，万人一心，众志成城，终于保住佛山不受掠夺。事平之后，明王朝敕赐祖庙为灵应祠，列入官府谕祭。佛山先民遂把佛山全境分为二十四铺，分区管理，从此佛山脱离乡村形态，走上了城市化的发展之路。祖庙也成为珠江三角洲最大的北帝庙，并诞生了出秋色、烧大爆、北帝坐祠堂等民俗庆会和祖庙建筑群。明清时期，祖庙还是佛山士绅议事决事的中心，佛山民间自治组织明代的"嘉会堂"和清代的"大魁堂"均设于此。至今悬挂于祖庙大殿外的"廿七铺奉此为祖，亿万年惟我独尊"的对联，就是对祖庙在佛山地位的精辟写照。千百年来，祖庙以其独特的人文之光滋养着佛山这片土地，也给这片土地留下了享誉千年的人文瑰宝和古建华章。因此，研究祖庙千百年来亦庙亦祠的发展脉络，可以发现岭南人文的精彩篇章。从这个意义上说，解读了祖庙的文化内涵，就可以理解佛山的民间信仰；解读了佛山的民间信仰，就可以理解中华文化之博大。

粤剧文化的诞生和发展与佛山有直接的关系。粤剧行语有云："未有吉庆，先有琼花。""吉庆"是指同治年间设在广州的粤剧吉庆公所，"琼花"是指雍正年间设在佛山的琼花会馆，两个都是粤剧的行会组织。琼花会馆在前，吉庆公所在后，二者有明显的承继关系，然时间相差上百年。粤剧在佛山的诞生，并不是偶然的。戏剧的发展与社会经济发展密切相关。首先，佛山神庙和宗族祠堂众多，需要大量的神功戏酬神；其次，商人和侨寓的大量涌入，使会馆以及单身汉的数量迅速增加，需要演剧酬谢行业神和丰富业余生活；再者，数量庞大的手工业者常常要庆贺师傅诞和满师礼。土著的祭祀需要、侨寓的文化生活需要和工商业者的行业惯例需要三者相结合，为粤剧的诞生提供了"肥沃的土壤"。雍正年间，北京名伶张五，号称"摊手五"，南来佛山，寄居佛山镇大基尾。张五以京戏昆曲授诸红船子弟，变其组织，张其规模，创立琼花会馆。琼花会馆建立于雍正年代的事实，可以在乾隆十七年（1752）陈炎宗修《佛山忠义乡志》之《佛山总图》中标出的"琼花会馆"一建筑得到证实。琼花会馆建立后，规范了粤剧剧种和十行角色，培养了大批粤剧人才，从而使粤剧走向蓬勃发展的阶段。粤剧宛如逾淮之橘、出谷之莺，从而独树一帜，向广州、珠江三角洲乃至广西东南部迅速发展。张五从此被粤剧艺人尊奉为"张师傅"。咸丰四年（1854），因琼花会馆戏班参加红巾军起义，清军平毁了琼花会馆。此后粤剧班子均散向四乡及流集于广州谋生，同治年间遂在广州设立吉庆公所。由此可见，佛山是粤剧诞生的地方，又是粤剧发展的基地。粤剧与佛山社会生活息息相关，互相依存，共同发展，并成为中华传统戏剧的重要剧种。

上述岭南文化的四大内容都在佛山诞生或发展，其成长过程中的"佛山"烙印固然明显，而其对中华文化的影响也是显而易见的。此外佛山收藏的木鱼书、木版年画、扎作工艺品、石湾瓦脊、石湾公仔等文物作品，现存的祠堂和锅耳形建筑，以及北帝巡游、出秋色、行通济等习俗庆会和武术、中药、传统广府菜肴等，都具有典型的岭南特色，其中不少属于非物质文化遗产。所以说佛山既是岭南文化的核心基地，也是中华传统文化的宝库所在。

　　唯书有华，赠人如锦。"佛山历史文化丛书"将以各位著者多年的研究成果和独特视角，为您展开丰富多彩、颇具价值的佛山历史文化长卷，让海内外朋友捧如甘饴，感受佛山的内涵与精彩；让生于斯长于斯的老佛山人重拾瑰宝，不忘初衷；让来自他乡的新佛山人感受传统，仰之爱之。笔者身非佛山公，却心萦佛山乡，几十年来对佛山历史文化持续关注与爱护，情有独钟，从未释怀。因为笔者深深地知道，从古到今，佛山一直站在文明续谱的桥头堡上。

　　（作者系历史学博士、中国社会经济史学者、佛山史专家、广州市东方实录研究院院长，著有《明清佛山经济发展与社会变迁》）

"佛山历史文化丛书"
编撰凡例

一、国家历史文化名城佛山，明清时期与汉口镇、景德镇、朱仙镇并称全国"四大名镇"，与北京、汉口、苏州并称"天下四聚"，文化积淀深厚。"佛山历史文化丛书"（简称丛书）于2016年启动，每年一辑，每辑10种，是佛山市一项系统性大型文化工程。

二、丛书以习近平新时代中国特色社会主义思想为指导，坚持以人民为中心的创作导向，坚持为人民服务、为社会主义服务的根本方向，坚持百花齐放、百家争鸣的方针，深入反映佛山历史文化的总体风貌，多角度、多层面地发掘佛山多姿多彩的历史文化，全面、系统地解读佛山优秀历史文化的底蕴和创造力。

三、丛书旨在用当代眼光审视佛山历史，开掘源远流长、积淀深厚的佛山历史文化内蕴，揭橥历史上的佛山如何得天时、出地利、尽人和地创造，为佛山经济社会的可持续发展，提供可借鉴的文化资源。

四、丛书的写作，基于丰富深厚的历史文献、历史文物，并配以彩图，图文并茂，力争兼具学术性与通俗性，将佛山优秀历史文化的诸多层面，立体呈现出来，激励兹土兹民以及关注佛山在中国历史文化和现实改革开放版图地位的各界贤良，让他们更深入地理解和认同佛山。

五、丛书所称"佛山"，指今天广东省佛山市行政区划而不限于历史上的佛山镇，包括禅城、南海、顺德、高明、三水五区约3800平方公里范围内与历史文化相关的人、地、物、事。如果课题内容与相邻区域有交叉，撰稿人应根据史实，酌情处理。

六、丛书内容大致可分为：佛山历史环境地理、佛山工商业、岭南文化遗产、佛山历史人物。具体展开为八大方面：（1）红色文化主题：对新中国成立和建设作出较为重要贡献的人物和群体，需要关注；（2）变革与创新主题：在政治、经济和社会创新变革等方面有重大的贡献，推动中国历史进程的历史人物和事件，应该总结；（3）历史地理主题：近海水文化环境格局，以及和广州的双城面貌，对于成陆的佛山和佛山产业布局、产业调整，关系极大，因而佛山水环境、地名、地理、古人类活动等，均需梳理；（4）生态文明主题：佛山先民创造性地利用湿热低洼的地理气候条件，广筑堤围，在地少人稠的佛山，以可持续、立体种养的"基塘"农业，率先实现农桑的商品化生产，一些世家大族、名村名镇应运而生，其成就和遗产对于今天乃至未来，仍不乏启示，理应关注；（5）工商业主题：以工商业著称的佛山，其丰富的工商业史料、商业伦理、工商业品牌、企业、产业、行业、行会等，都在网罗之内；（6）岭南文化主题：作为广府文化重镇，广府文化的代表性符号诸如粤剧、南音、南狮、粤语、粤菜、广锅、石湾瓦、秋色、剪纸、武术等，或者由佛山发轫，或者由佛山光大，正该系统整理；（7）历史名人主题：佛山百业兴旺，名匠作手代不乏人，而且科甲之盛，傲视岭南，名医留下的验方良药、名师传下的武功招式、大家留下的丹青墨迹、名人书写的诗文传说，至今还滋养着这块土地，甚至进入中国文化的谱系，应予整理；（8）对外交流主题：佛山是海上丝绸之路的重要节点之一，更是重要的产品制造输出地，从佛山出发以及归往、过境佛山的客流物流，在一个覆盖南洋群岛、遍及全球的范围内，留下了鲜明印迹，值得挖掘。

七、丛书立传所涉人物，原则上为历史上的佛山籍优秀先贤，包括原籍佛山者、入籍佛山者和寄籍佛山者，他们在经济、政治、文化、社会、科技等领域为本土、为国家作出过重大和杰出贡献。

八、丛书以研究性著述为主，凡引用佛山历史文献和其他历史文献，均须经由作者消化释读，转换为作品论证说明的有机成分。

九、丛书属原创性研究论著，原则上不主张集体作品。著述者必须严格遵守《中华人民共和国著作权法》等相关规定，在引用文献和使用图片时，不得引用版权不明或有争议的作品。

十、除学术委员会指定邀请的相关学者撰述外，丛书绝大多数课题，都面向全社会公开征集作者。作者根据丛书编辑部所悬标的，提出书面申请，完成作者学术履历、团队构成、先期成果和著述大纲等内容的填写，经学术委员会审定通过后，与编辑部签约，进入课题调研和文本写作程序。

十一、丛书所用文字，除引用古籍而又无相应简化汉字的特殊情况外，行文一律使用通用规范汉字，避免异体字和繁体字。例外而非用不可时，须出注说明。

十二、丛书使用的标点符号和数字，须遵照国家相关出版法规的规定。

十三、丛书所用人名、地名、书名、民族名、外文名、机构名、专业术语、专有名词等，全书应统一。外来译名，应注明原文，以便核查、检索。

十四、丛书从第三辑开始，回溯提供已出版书目，供公众参考，提供线索，不断丰富课题、及时调整选目，裨益丛书。

目录

绪 论

生娃只一半，
出花才算全

历史
文化

世界卫生组织2022年4月8日公布的数据，全球新冠肺炎患者累计已超4.9亿人，死亡人数超过600万。这是新冠肺炎疫情肆虐全球的第三年，它给整个世界带来巨大的影响和改变。这三年以来，绝大多数人都在忍受、坚持和努力，多少感动、温暖、悲伤交替汹涌，有人说"青春多少年，疫情就占了三年"，有人说"疫情不止带走了时光，还带走了我生命中的他（她）"。人们都在期待着疫情烟消云散，回到山河清明、岁月静好。

疫情之下，我们在努力与病毒抗争，也需回望历史，因为人类的历史可以说是一部与病毒等带来的瘟疫斗争的历史。天花这一古老病毒，曾伴随人类数千年，它以"三高"——高传染性、高死亡率、高致残率闻名，被称为"死神的忠实帮凶"。至于天花到底夺走了多少人的生命，没有一个完全的统计数字，仅仅在18世纪的100年间，在欧洲死于天花的人数就达1.5亿之多。在20世纪，天花造成了3亿—5亿人口的死亡。据历史学家统计，在过去的1000年里，全世界有超过10%的死亡由天花引起。①鉴于天花的严重危害，1966年，世界卫生组织第十九届大会通过决议，在全球发起一场扑灭天花的运动。1980年5月8日，世界卫生组织第三十三届大会宣布，人类已经彻底战胜了天花，这是人类迄今为止战胜的第一个烈性传染病。

人类与天花长达3000多年的战争，最终以英国人詹纳发明的牛痘接种术的普及而结束。1796年，英国乡村医生詹纳通过长期的观察和实验，发明了将牛痘痘浆接种于人体表皮之下引发小型天花而产生抗体的牛痘接种术。牛痘术在英国出现后的第九年，就东传进入中国广州。在以广东南海人邱熺（1773—1851）为代表的一群开明、务实、敢于尝试、善于接纳

---

① 邓田田：《人类是如何战胜天花的》，《学习时报》2020年3月16日A3版。

新事物的广府人士的共同努力推动之下，西来的牛痘术由广东传往大江南北。

天花据传是东汉初马援率兵征战交趾（今越南）时，由战俘带来的，所以中国最早将天花叫做"虏疮"。自1世纪天花传入中国，我们的祖先就开始对天花的防治进行了不懈探索。依据《肘后备急方》《诸病源候论》等医学文献的记载，唐代之前，天花在中国还没有大范围的流行，不过人们对天花的症状、危害有了比较正确的描述，对天花的预后也有了初步认识，并提出天花是由热毒引起的病因说；进入宋元后，天花逐渐流行，这时期医家对天花、水痘、麻疹等疾病已能加以区分，提出了天花由胎毒引起的病因说，并认识到天花的传染性。明清时期，天花在中国开始普遍大范围地流行，人们在与天花斗争的过程中，对天花的免疫性有了明确认识，发现每个人一生只会出一次天花，患病后机体具有自动免疫能力，当下次天花流行的时候不再感染，为人痘接种术的发明奠定了基础。

明清时期，天花在中国肆虐，"生娃只一半，出花才算全"成为民间谚语。"时遇天行，国中无一宁户。虽都甸僻隅，多因惨遭其害，或损兄弟，或损儿孙。父子亲眷，悲切难闻。若侥幸命存，或痘痈疾于耳目手足，难以枚举。即王侯士庶，家家户户，无不惊惶。"[1]婴幼儿因此殇亡者，史不绝书。如明弘治年间，周正在南京国子监，"子女罹痘疫，累累而殇"[2]；丁元荐（1563—1628）也说："予生平前后子女，殇于痘者十九。"[3]

进入清代，天花流行更甚。清皇室谈痘色变、畏痘如虎，因为入关之前，满人居住在地广人稀的白山黑水之间，殊少流行天花，缺乏对抗天花的免疫力。入关后，采取"逐痘法"、建立"避痘所"预防天花，可是

① 　范行准：《中国预防医学思想史》，上海：华东医务生活社，1953年，第159页。
② 　（明）雷礼：《镡墟堂摘稿》卷14，上海：上海古籍出版社，1995年，第387页。
③ 　（明）丁元荐：《尊拙堂文集》卷4，台南：庄严文化公司，1997年，第746页。

依然逃不过天花的荼毒，不仅年仅24岁的顺治皇帝死于天花，而且其一生生有的8个儿子6个女儿，有4个儿子和5个女儿8岁之前夭折，超过半数殇于痘。清嘉庆、道光年间，地处岭南的广府人士也满是关于天花的哀痛记载：南海人黄安怀说"天行之来，不治者或十居其一，不需治者三四，因治而至误者乃四五，而孩提遭劫矣"；番禺人张炳文则有"每逢大界年，夭殇不可计；柳穗市一空，蒿冢象万堆"的诗句；还有南海人叶梦草所言"可怜白骨青山下，半是蓬松赤子魂"；番禺人梁信芳说"矧兹大界行，十户九不全"；番禺人潘正亨也有"十失五为幸，剪艾甚锋镞"的诗句，真是"天花散处满愁声"。①晚清丘逢甲亦有《上元后一夕斌儿痘殇志痛二首》："小时何了了，已解识'之''无'。凄凉月圆夜，掌上失明珠。""才及周晬期，遽堕天花厄。可怜黄瓜台，伤心已三摘。"（诗后自注：乙酉一子生数日殇，丁亥斌女生周期而殇，及此已三矣。）②翻阅明清时人的诗文集，这种殇子之痛触目皆是，天花成为屠杀婴幼儿的"割草机"。天花的危害还不止于此，感染天花重则夭折轻则瘢。"童年荏弱，坐是夭折，或损目损手足，以面痂为最善"③，说明天花还有高致残率，带来失明失聪的残疾；即使侥幸不死亦不残，也会在脸上留下瘢痕（麻子）。康熙皇帝儿时出痘就未曾幸免，脸上留有天花瘢痕。

中国人对于天花疾病防治的重大突破是在明隆庆年间（1567—1572），在认识到天花免疫性的基础上，出现了人痘接种术，即故意使人接触天花患者，感染天花，获取免疫力。历经200余年的摸索实践，到清乾隆、嘉庆年间，中国的人痘接种术已经由痘衣法、痘浆法发展至旱苗法和水苗法，而且在痘苗的选择上已有"时苗""熟苗"之区别，安全性、有

---

① 以上诗文来自道光三年（1823）邱熺自刊的《引痘题咏》。

② 黄志平、丘晨波主编：《丘逢甲集》（增订本），广州：广东人民出版社，2019年，第42页。

③ （清）邱熺（浩川）撰：《引痘秘书》，清光绪二年（1876）丙子，皖省痘局刻本，第1页。

效性都有极大的提升。同时，中国的人痘接种术还传播至世界各地，为人类战胜天花贡献过中国智慧。

中国发明和使用的人痘接种术，经过对疫苗减毒（通过多次接种再取浆制苗）处理成为"熟苗"之后，其安全性和有效性已得到了提升和检验。但它依然还有难以克服的缺陷，即人痘接种术是使用天花患者的痘浆或痘痂为痘苗来源，具有传染的危险性，有可能因为接种人痘引发天花的流行，此乃大忌。所以，人类一直在继续探索战胜天花的办法。

18世纪末，英国人詹纳从挤奶女工身上有重大发现：接触长有牛痘的奶牛并被感染之后，挤奶女工可以躲过天花的流行。通过实验，把牛痘接种到人身上，人体不仅会产生对天花的免疫力，而且人体痘浆也带有了牛痘的抗原，可以继续为其他人接种。牛痘与人痘比较，最大的优势就是不会引发天花的流行，不会发生人传人的感染，因为牛痘必须接种才能出痘。这是人类医学史上一个伟大的发现，它开始向全世界流播。

1805年，西班牙巴尔米斯皇家医疗队将牛痘苗传入小吕宋（今菲律宾马尼拉），然后由澳门船商啤道路滑带至澳门，再经英国东印度公司广州商馆助理医生皮尔逊从澳门带入广州。当时清政府唯一对外开放的港口广州，成为中西方文化技术交流的碰撞之地，一批敢为人先的广府人最先成为这项西洋牛痘新法的拥趸。

邱熺，广东南海人。曾在英国东印度公司澳门分公司担任买办，1805年牛痘到达澳门时，邱熺正在澳门，年过而立，尚未出痘。闻西洋牛痘法"事不劳而效甚大"，[①]毅然以成人之躯尝试接种牛痘，成为中国最早接种牛痘者之一。邱熺不仅自身试验，还勤于探究，并将之推广至家人戚友，"随手凑效"。于是，邱熺的人生选择做了一个重大调整，由买办转身而成牛痘种痘师。

---

① （清）邱熺撰：《引痘新法全书》，广州：广东科技出版社，2009年，第50页。

　　邱熺跟随英国东印度公司皮尔逊医生学习种痘法，也是皮尔逊在广州培养的中国种痘师团体中的佼佼者。皮尔逊称赞他"判断力、方法和坚定不移的精神使他在此事业中非常出色，他因其不懈的努力而获得了同乡人的赞誉，也获得了地方政府高级官员的肯定"①。

　　邱熺自1805年与牛痘相遇，由皮尔逊的学徒成长为中国第一家牛痘种痘局的首席痘师，直到生命的最后，长达40多年一直投注于牛痘接种事业中。邱熺是中国接种和传播牛痘术的先驱，为牛痘接种术在中国扎根、传播和推广作出了重要的贡献。

　　首先，担任牛痘局首席痘师，为人接种牛痘达百万计。1810年，广州十三行的三位总商即同文行潘有度、怡和行伍秉鉴和广利行卢观恒，捐银创办广州牛痘局，免费为人施种牛痘，邱熺担任首席痘师。凭娴熟高超的技术和仁慈的心肠，邱熺执掌的十三行牛痘局门庭若市，种痘者接踵而至，"活婴无算"，邱熺亦被尊称为"众人之母"。②

　　其次，总结十余年的临床接种经验，1817年撰刊《引痘略》，成为关于牛痘接种术的经典著述。牛痘接种术是西洋传入中国最早的西方医学之一，从痘苗到接种部位再到出痘情形都与中国传统人痘接种术迥异，少见多怪人猜疑，成为牛痘法在中国传播初期的寻常情形，亦是其在华传播的重大障碍。邱熺以经验为底气撰写《引痘略》，运用五行学说、经络理论、血气观念等，把西洋牛痘接种术进行了本土化的包装，将之安顿在中国传统中医理论中，化解了人们因陌生而产生的恐惧和偏见。

　　再次，免费为人种痘，不索利，不受赏，但求题赠诗文，刊刻《引痘题咏》，为牛痘接种术广作宣传。邱熺是种痘名医，登门求种者络绎不绝。他受邀至府为达官贵人、文人绅士、豪商巨富家人接种牛痘，钱财之利非其所欲，诗文之赠为其所求，一批以南海、顺德、番禺为代表的广府

---

① Chinese Repository,Vol. Ⅱ. May,1833, P40—41。
② 见邱熺于道光三年（1823）自刊的《引痘题咏》，如谢兰生、张维屏的题赠诗。

人士成为题赠诗文的主力军。1823年，邱熺将收集的180余首诗文自费刊行，曰《引痘题咏》，免费赠送。这是借助上层人士的号召力和影响力为牛痘新法背书，以收风吹草偃之效。

最后，为牛痘接种术在中国的传播竭尽所能。牛痘术首入广州，然后再由广州传往全国各地，邱熺功劳至巨。一方面，他通过传徒授子来进行牛痘术的传播，如陈碧山传牛痘术入闽，廖凤池和谭服思传牛痘术入湘，张崇树传牛痘术入川，王惇甫传牛痘术入楚北和江南，其长子邱昶传牛痘术入京师和广西；另一方面，邱熺的《引痘略》刊行之后，以免费赠送的方式伴随牛痘接种术传至全国各地。100多年以来，《引痘略》翻刻成风，共有近100种不同书名的版本重刊发行，随《引痘略》的翻刻重刊，牛痘接种术也随之传遍大江南北。

为中国牛痘接种事业倾尽一生精力的邱熺，却遗落在历史的尘埃中。关于其生平行谊资料阙如，有约6000字《引痘略》一书留存于世，几乎全为接种牛痘的技术和理论阐释。此外，还有其自刊《引痘题咏》二卷，收集了116位上层人士的诗文题赠，提供了一个了解邱熺的重要视角，即时人当事者的角度。此书上下求索近两年皆不得，最终是中国中医科学院图书馆裘老师提供信息而获扫描电子版，才使本书的写作得以推进。

后世研究邱熺的学者对于为何方志没有为其立传苦思不解，如著名历史学家陈垣在清末撰写《牛痘入中国考略》时，就表达出此意，甚至为邱熺鸣不平。笔者认为，最重要的原因还是当时人们没有预防医学的观念，觉得痘师为"医之余技"，登不了大雅之堂。尽管中国很早就有"治未病"的思想，但是在日常医学实践中还是远远侧重于"治已病"，尤其重视对疑难杂病的治疗和探索，即使当时东来的西方传教士亦莫不如此。整个19世纪，教会医院报告的主要内容都是吸引中西方读者的大手术，对于种痘，仅附带提及而已，甚至最早传牛痘术入华的皮尔逊也曾厌烦为人种痘，而"素不知医"的邱熺却沉浸其中40多年。

第一章

天花与人痘接种术

文
历
化
史

第一节　天花概述

考虑了世卫于1958年启动、1967年强化的扑灭天花行动的发展与成效后……我们在此宣布：人类已经摆脱了天花的缠绕——一种自文明初启便导致数以万计人死亡、失明、毁容的疾病；一种在 10 年前仍肆虐亚非与南美的疫症。

——世界卫生组织 WHA33.3 决议案

1980年5月，联合国世界卫生组织（WHO）在肯尼亚首都内罗毕举行的第三十三届大会上宣告，危害人类千年以上的天花已被消灭，并将1979年10月26日命名为世界天花绝迹日。[①]天花，是世界上第一种被永久根除的烈性传染病。在被彻底消灭之前，它至少困扰了人类3000年。在17世纪和18世纪，天花是世界上最具毁灭性的传染病，仅20世纪，它就导致了3亿—5亿人死亡。天花具有高传染性、高死亡率、高致残率的特点，它曾与鼠疫、霍乱同为甲类传染病，鼠疫、霍乱只是偶尔出现，天花几乎是年年流行，被称为人类的第一杀手、死神的忠实帮凶。人类的历史就是一部与病毒等带来的瘟疫作斗争的历史，病毒等带来的瘟疫不仅改变着人们的生活，也改变着人类文明的进程。由此，我们进入历史深处，了解一下曾经是世界上传染性最强的疾病之一——天花。

---

① 刘学礼：《种痘术及其中外交流》，《自然辩证法通讯》1993年第4期。

一、何谓天花?

天花（Smallpox），因病人感染天花病毒之后几乎全身所有的部位都可能会出现斑点，如同天女散花状，故称之为天花。它是由天花病毒（Variola virus）感染而引起的一种烈性传染病，痊愈后可获终生免疫。天花是最古老也是死亡率最高的传染病之一，传染性强，病情重，没有患过天花或没有接种过天花疫苗的人，均能被感染，主要表现为严重的病毒血症[①]，染病后死亡率高。

天花病毒属于痘病毒科，为双链DNA病毒，它的基因组是所有感染人类的病毒体中最大的，病毒呈卵形或砖形结构，直径约为200纳米。与其他大多数DNA病毒不同，天花病毒不在易感细胞的细胞核中复制，而在细胞质中复制。天花病毒没有牲畜宿

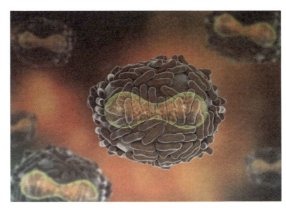

图1 天花病毒（来自郭世杰编著《科学实验之旅》）

主，它的感染对象仅限于人类，流行季节主要在春夏两季。传染途径分为接触传染和飞沫传染两种，飞沫传染为最主要方式，即天花病毒通过气溶胶（飞沫）的形式进行空气传播，病毒通常存在于天花感染者的鼻咽分泌物中。感染者谈话、咳嗽、打喷嚏时，病毒便以细小气雾状颗粒形式被排出，易感者吸入后便会感染。有研究显示，可能几个天花病毒粒子就可以

---

① 病毒血症：医学术语，指的是病毒进入血液的情况。病毒在侵入机体的局部黏膜或皮下组织内先复制增殖，再播散至局部淋巴结，然后经远心淋巴管和胸导管，进入血液循环系统形成病毒血症。参见索何夫、南枝：《天花：亘古长战之终末》，《课堂内外（科学Fans）》2021年第C2期。

通过气溶胶传播，让人发生感染，所以传染性很强。在气溶胶传播之外，恢复期患者皮损脱落的结痂中也存在病毒，即直接接触天花患者的痘痂、脓汁甚至衣服、被毯等也会被传染。天花病毒抵抗力较强，能对抗干燥和低温，在摄氏55度状态下受热30分钟，才会失去活性。①但在痂皮、尘土和被服上，可生存数月至一年半之久。

天花病毒有毒力不同的两型病毒株，毒力强的病毒引起正型天花，即典型天花；毒力弱的病毒引起轻型天花，即类天花。感染病毒后出现的天花，具体可以分为三种类型，即大天花、中天花和小天花。大天花、中天花和小天花的病症完全相同，传染方式也一模一样。它们的区别在于感染大天花的患者大约百分之二十至四十会死亡，中天花的致命率约为百分之十二，而感染小天花的只有百分之一有生命危险。

天花病毒被易感者吸入后，会植入呼吸黏膜，造成感染。病毒随后会转移到局部淋巴结，并在这里复制增殖，在随后的三四天，病毒会进入血液，出现病毒血症，但这时候感染者没有症状。之后，病毒可以通过血液循环侵入全身器官，在脾脏、骨髓和淋巴结中继续复制增殖。随着病毒的继续复制增殖，8—10天后，感染者就会出现高热和病毒血症，人体白细胞内的病毒也会随着血液循环到真皮和口腔黏膜下的小血管，并感染邻近细胞。这时，皮肤上会出现皮疹损伤，随后发展成水疱、脓疱。因病毒在略低于37℃的温度下复制增殖更快，所以皮疹损伤在脸部、手部和腿部分布更加明显。而口咽部因为没有角质层，损伤很快会形成溃疡，并释放出大量天花病毒到唾液中，这个时期唾液中病毒滴度最高，因此患者的传染性也最强。

具体而言，典型的天花，病程可分为三个阶段，即前驱期（潜伏期）、发疹期和结痂期。临床表现为病毒血症，继而皮肤成批出现斑疹、

---

① 戴佛香：《微生物与疾病》，台北：台湾商务印书馆，1978年，第227页。

丘疹、疱疹、脓疱疹，最后结痂、脱痂。病毒进入人体，潜伏10—12天之后，就会令人发生不舒服的症状，如寒战、高热、乏力、头痛、四肢及腰背部酸痛，体温急剧升高时还可能出现惊厥、昏迷等。潜伏期结束，患者高烧减退，并暂时感觉病情好转，也正是此时，天花病毒开始在患者身上长出其标志性的红疹，宣告其存在。通常情况下，这些扁平的浅红色痘点最初出现在患者脸部，接着迅速扩散到胳膊、胸部、背部，最后到达腿部。而脸部、手部及腿部的痘疹又要比身体中心部位的密集。之后几天内，扁平的痘疹开始肿胀，先是丘疹，接着变成水疱，然后是脓疱，脓疱干裂后，变成硬壳或结痂，而此过程疼痛难耐，患者全身肿胀。最严重时，这些脓包密集成堆，许多患者在出疹的头几天就会死去，其致死原因一般为无法控制的病毒血症或大出血，即天花病人受到严重感染导致凝血机能被破坏时，天花病毒在组织层或皮肤深层遭受严重破坏并造成扩散，患者体内血液大量流入皮肤、喉咙以及肺、肠道等脏腑，导致死亡。另外，典型天花病人常伴有并发症，如败血症、骨髓炎、脑炎、脑膜炎、肺炎、支气管炎、中耳炎、喉炎、失明、流产等，这些并发疾病也是天花致人死亡的主要原因。

因为天花病毒没有牲畜宿主，人体也不会长期携带，它又必须在人与人之间连续传播才能生存，因此在疫苗出现后，消灭天花便有了可能性。1980年人类宣布消灭天花，剩余的天花病毒被销毁，仅留下美国亚特兰大疾病预防控制中心、俄罗斯国家病毒和生物技术研究中心还保存有天花病毒，以用于科学研究。随着天花消灭已近半个世纪，全世界人口对天花的免疫力逐渐减弱或者已无免疫力，天花病毒作为生物武器的可能性仍受到各国的关注。因此，天花虽已远去，但人类还是不能掉以轻心，尤其最近全球多国出现猴痘病情，更是给人类敲响警钟。

二、天花的传播

天花是一种古老的病毒，它的起源至今尚未明了。有科学家猜测，

天花病毒曾是一种无害的痘病毒，可感染家畜（例如发生在牛身上的牛痘），人类在畜养过程中与其频繁接触，从而导致它变异，在人体组织中生长、复制并使人致病。这个过程可能发生在公元前1万年左右。它最早被欧亚大陆的居民，如东北非或印度的居民所知，并在那里成为地方病①。从现有证据推测，迄今发现最早可能患有天花的病人，是于公元前1156年患急症去世的古埃及法老拉美西斯五世（前1160—1156年在位）。当他的木乃伊在1899年被发现时，从法老的脸部、脖子和肩膀上都发现有大量明显类似天花留下的疤痕。

天花具有极强的传染性，飞沫和接触皆可传播，而且天花病毒保存时间长，所以中世纪欧洲有一句谚语：有两种病基本上没有人能逃过，一个是恋爱，一个是天花。天花病毒从动物传染到人类后，由无毒病毒变异成杀伤力极大的天花病毒，复制快、传染力强，由亚非地区伴随着人类的迁移、战争和商贸活动传向世界各地。

世人一般认为天花最早出现在埃及和印度，古代印度的梵文典籍中已提到天花。古印度人以为该病由女痘神所致，便以她的名字湿陀罗（Sitala）作为天花的病名，而且在印度文献中对痘疮的形态症状描述记载很清楚，其疗法还包括一系列的宗教仪式。此后，通过以战争为主的传播方式，天花逐渐遍布亚欧大陆。

公元570年，一支来自依索比亚（埃塞俄比亚）的军队，为了摧毁卡巴圣堂并征服当地的居民，攻击阿拉伯的首都麦加。卡巴圣堂是阿拉伯人的圣地，当时阿拉伯人还不是回教徒。根据《可兰经》的记载，上帝送来成群结队的鸟，对入侵的士兵投掷石块，被砸中的部位就会产生水泡及脓状物，如同瘟疫一般。因此

---

① ［澳］坎贝尔：《天花在土著澳大利亚，1829—1831年》，载澳大利亚《澳洲历史研究（总20卷）》1983年总81期，第541页。

那些依索比亚军队很快就溃败，他们的领袖阿布拉哈也因此病身亡。……公元622年，有一位居住在亚历山大的基督教牧师阿琅曾形容痘疤的形状；伊斯兰教徒在公元六世纪到八世纪时，越过北非入侵欧洲的伊比利半岛，同时促使天花由非洲散播至欧洲。这个迁移行动包括穆尔人，在公元647年占领了黎巴嫩北部的的黎波里；公元710年入侵西班牙；公元731年更越过比利牛斯山入侵法国；公元846年，在入侵法国的诺曼人中间爆发天花，诺曼人杀死了所有的病人和看护病人的人员。①

910年，穆斯林哲学家、医学家拉齐斯（Rhazes，865—925）曾描述天花或麻疹在皮肤上形成红疹的不同，把天花与麻疹及其他斑疹症状区别开来，这是早期人类对于天花最权威的记述。

到了1000年，从日本到西班牙，甚至地中海南边的非洲国家都有天花传染的记载。11—13世纪，伴随着十字军东征（1096—1291年间）时人群的迁移，以及非洲的骆驼商队穿越撒哈拉沙漠，在非洲西部和东部的港口间往来，天花随着货物被传播至更远的地方。

16世纪，天花传入美洲大陆。1492年，哥伦布在西班牙王室支持下开始了环球航行，发现了美洲新大陆，为西班牙殖民者打开了一扇新的大门。但对于原住民来说，这却是他们灾难的开始。16世纪初，西班牙征服者将天花传入美洲新大陆，由于此前这片大陆跟亚欧大陆因大陆桥消失而完全没有接触，当地土著人没有能够抵抗天花病毒的抗体，天花在美洲新大陆致死率将近百分之九十。1518年12月，被确认为天花的传染病首次出现在美洲，在圣多明各地区的印第安人中传开。据西班牙史学家著名传教士拉斯·卡萨斯1520年的调查，天花是由从西班牙卡斯提尔来的人带来

---

① 李瀚洋编著：《恐怖年代——人类历史上的传染病灾难》，北京：中国长安出版社，2003年，第55—56页。

的①，它很少影响到已有免疫力的西班牙人，但却造成海地岛三分之一乃至一半的泰诺人死亡。1519年，天花传入与海地东邻的波多黎各岛。同年，西班牙殖民者科尔特斯率领几百人的军队从古巴出发，远征阿兹特克帝国（墨西哥古文明），西班牙古巴总督贝拉斯查斯派纳瓦埃斯率军讨伐科尔特斯，讨伐军中有一个非洲黑人士兵感染了天花，浑身长满痘疮。此人把天花病毒从美洲加勒比海地区传入美洲大陆，最终导致美洲原住民印第安人几乎全部灭绝。

17世纪，来自欧洲的殖民者及探险家带来的天花病毒传播至美国东西海岸，在美国独立战争期间，天花在美国军营爆发。18世纪，西班牙、荷兰、英国的航海家、探险家、商人、殖民者将天花传入五大洲中最后一个尚未被天花染指的大洋洲后，澳大利亚发生了三次天花大流行，导致一半人口死亡。

天花传入中国的时间说法不一。中国有关天花传入的记载，最早见于葛洪的《肘后备急方》：

> 比岁有病时行，仍发疮头面及身，须臾周匝，状如火疮，皆戴白浆，随决随生，不即治，剧者多死。治得瘥后，疮瘢紫黑，弥岁方灭，此恶毒之气。世人云：永徽四年，此疮从西东流，遍于海中。煮葵菜，以蒜齑啖之，即止。初患急食之，少饭下菜亦得。以建武中于南阳击虏所得，仍呼为虏疮。诸医参详作治，用之有效方：
>
> 取好蜜通身上摩。亦可以蜜煎升麻，并数数食。
>
> 又方，以水浓煮升麻，绵沾洗之。苦酒渍弥好，但痛难忍。②

---

① ［美］戴维·库克：《疾病和伊斯帕尼奥拉的人口锐减（1492—1581年）》，载美国《殖民地拉丁美洲评论（总2卷）》1993年第1期，第236页。

② （东晋）葛洪：《肘后备急方》，北京：人民卫生出版社，1963年，第42页。

《肘后备急方》为东晋时期医家葛洪所著，后经陶弘景、张文仲、杨用道等增补，成为现存的《肘后备急方》。"有病时行"说明当时发生了一种流行病，其症状"仍发疮头面及身，须臾周匝，状如火疮，皆戴白浆，随决随生，不即治，剧者多死"；其愈后"治得瘥后，疮瘢紫黑，弥岁方灭"，这些症状与天花吻合，因此这段文字被认为是我国和世界关于天花最早的文献记载。只是文中记述的时间"永徽四年"和"建武中"，大家对此认识不一。"永徽四年"是唐高宗年号，为653年，晚于葛洪出生300多年。以"建武"为年号则有六个朝代，分别为东汉光武帝刘秀年号（25—55）、西晋晋惠帝司马衷年号（304）、东晋晋元帝司马睿年号（317）、后赵武帝石虎年号（335）、西燕帝慕容忠年号（386）、南朝齐明帝萧鸾年号（494—497）。这给天花传入时间的确定带来了困难，并引发了学界对此的激烈争论。

　　对于"建武"的年号，后世医家一般认为是东汉光武年间的"建武"，明代万全撰《痘疹世医心法》，其中说：

　　　　或云自建武征虏遂染其毒，流布中国，谓之虏疮……汉建武二十五年马伏波征武陵蛮，时甚暑……

　　这是第一个明确指出"建武"为东汉马援时的"建武二十五年"，又据《后汉书·马援传》记载，建武十六至二十年（40—44）马援率兵征交趾（今越南）：

　　　　二十年秋，振旅还京师，军吏经瘴疫死者十四五。①

① 　马伯英：《中国医学文化史（下）》，上海：上海人民出版社，2010年，第103页。

依据《后汉书》的记载，大家认为在建武二十年（44），马援从交趾将天花带入中国，然后流毒中国，这也是后来的主流观点。

中华人民共和国成立初期，医史学家范行准对"永徽""建武"两个年号作了细密的考证，认为《肘后备急方》中部分文字为陶弘景所增补，"永徽"为"元徽"之误，它是南朝宋后废帝的年号，痘疮应当是元徽四年（476）从西域传入我国东部，"建武"则是南朝齐明帝的"建武"，即是年痘疮从南阳再次传入。[1]另一位医史学家李经纬则认为"永徽四年……"一句为唐代张文仲所补入，就是唐高宗的永徽四年，而"建武"则是通行的汉光武帝的建武年号。他还认为汉代传入的天花可能只在部分地区流行，由于长江等大河大山的阻隔，天花在北方地区并不普遍发生。到了唐代，随着与西域交流广泛，天花在此时再次传入我国。[2]由于古代交通不发达，再加上天然地理屏障的隔绝，天花在某个区域不流行是非常可能的，比如清代满人入关以前，关外并无天花流行。

天花自1世纪传入中国后，有关天花的记载见于历代典籍，其名称多种多样，如虏疮、天行斑疮、豌豆疮（其疮形如豌豆，故名）、登豆疮、皰疮、豆疮、斑豆疮、麸豆疮、天行痘疮、斑疮、肤疮、痘疮、疮疱等十多种名称。唐宋以后，此病逐渐增多，一般将之纳入伤寒热病之类。15世纪以后，由于交通发达，人员往来频繁，天花在我国广泛流行，甚至蔓延到深宫禁苑。清代，天花成为清宫皇室的大敌。进入中土的满族人，由于对天花缺乏免疫力，许多人丧命于天花的魔爪之下，谈"痘"色变，民间开始有"生娃只一半，出花才算全"的谚语流传。

三、天花的危害

天花是人类迄今为止唯一战胜的烈性传染病，天花亦是人类最危险的

---

① 范行准：《中国预防医学思想史》，第106—110页。
② 李经纬：《记载天花最早文献的辨证》，《广东医学（祖国医学版）》1964年第2期。

传染病之一，具有高传染力、高致死率，迄今没有有效药物可以治疗。感染天花病毒后，重者夭折死亡，或损伤手足眼耳，失明失聪致残；轻者留下瘢痕，毁容成为"麻脸"。

西方学者将天花称为"死神的忠实帮凶"。在一般人的印象中，"黑死病"（鼠疫）是历史上最可怕的流行病，然而疾病史研究学者按照死亡率排列出人类历史上七种死亡人数最多的瘟疫，鼠疫仅排在第三，天花排在第一。[①]据估计，在6—19世纪之间，整个欧洲至少有3亿多人被天花夺去宝贵的生命。而16—18世纪200年间，欧洲每年有50万人被天花残杀，亚洲更多，达80万。仅18世纪的100年中，欧洲就有1.5亿人死于天花。在19世纪之前，天花的病死率高居于各种传染病之首，活动最为猖獗，危害也最为严重。正如英国史学家纪考莱所言："鼠疫或其他疫病的死亡率固然很高，但是它的发生却是有限的。在人们的记忆中，它们在我们这里只不过发生了一两次。然而天花却是接连不断地出现在我们中间……"[②]天花比战争更具杀伤力，病毒一旦传染开来，不但会有数以万计的人口死于非命，而且还会导致文明的颠覆、部落的毁灭、战争的受挫、王朝的终结，如世人皆知的阿兹特克（Aztec）和印加（Inca）帝国的衰亡。16世纪初，美洲曾有强大的阿兹特克帝国和印加帝国，人口达两三千万。人数仅几百人的西班牙殖民者，竟然凭借所带入的天花病毒，让两三千万的美洲原住民在不到100年的时间内，仅留下160万人。因而世人一般都认为天花是导致美洲印第安人种族灭绝的第一杀手。

无论是平民百姓还是王公贵族都难逃天花病毒的魔爪，罗马帝国皇帝奥勒留、英国女王玛丽二世、俄国沙皇彼得二世、荷兰国王威廉一世、法国国王路易十五、西班牙国王路易斯一世，还有中国清初的豫亲王多铎、

① 马伯英：《中国医学文化史》，上海：上海人民出版社，2020年，第461页。
② 转引自黄金生：《收割人类三千余年　灭绝依靠中国智慧　天花：第一个被人类击败的传染病》，《国家人文历史》2020年第8期。

顺治皇帝、同治皇帝等，都死于天花。甚至天花还深入雪域高原，西藏史料记载，"十二年之间，比丘和俗人大都信教，生活幸福。正在那时，由于群魔侵扰，带来黑痘等各种疾病。文成公主由于沾染黑痘之症，痘毒攻心而死"①。在西藏天花分为黑天花（大天花）与白天花（小天花），"黑痘"即指黑天花。藉由史料，可知远嫁吐蕃，为促进唐蕃间经济文化的交流，增进汉藏两族关系的文成公主也是死于天花。

天花传入中国后，宋元时期开始流行，进入明代后渐为肆虐。因天花的流行，存活下来的成年人具有了免疫力，因而天花逐渐演变而成主要感染孩童的一种疾病，"婴儿痘疹，有生不免，实为要紧一关"②，成为民间百姓的共识。"时遇天行，国中无一宁户。虽都鄙僻隅，多因惨遭其害，或损兄弟，或损儿孙。父子亲眷，悲切难闻。若侥幸命存，或痘痏疾于耳目手足，难以枚举。即王侯士庶，家家户户，无不惊惶"③。婴幼儿因此殇亡者，史不绝书。如明弘治年间，周正在南京国子监，"子女罹痘疫，累累而殇"；丁元荐（1563—1628）也说："予生平前后子女，殇于痘者十九。"进入清代，天花更为流行，清中期的王鸣盛（1722—1797）居京师，殇亡子女五人，其中多因于痘疹④。哪怕是皇室，也难以幸免。比如顺治皇帝就有多个子女死于天花。造成婴幼儿大量死亡的原因主要是疾病，而天花则名列杀手之魁。雍正三年（1725）四月八日，雍正皇帝曾在一道谕旨中指出："看来满洲、蒙古等艰于子息者，大都为出痘所殇。"⑤即使到了清中后期，嘉庆十六年（1811）绍兴人许葭村在北直隶州担任幕友，也有记载："自七小儿痘殇之后，大儿、八女、九女，均因出花而夭。

① 王尧、陈践译注：《敦煌吐蕃文献选》，成都：四川民族出版社，1983年，第153页。
② 严世芸主编：《中国医籍通考》第3卷，上海：上海中医药大学出版社，1994年，第4398页。
③ 范行准：《中国预防医学思想史》，第159页。
④ （清）王鸣盛：《西庄始存稿》卷26，上海：上海古籍出版社，1995年，第334页。
⑤ 胡忠良：《康熙皇帝与天花》，《北京档案》2003年第6期。

四十日内，丧亡相继。"①

　　感染天花的患者即使能逃过一死，愈后也会在脸上留下疤痕，这是天花的另一重大危害。因为天花的典型特征就是"天女散花"般的满脸痘疹，对人的容颜带来破坏。6世纪时北齐的崔赡因患天花而得后遗症，《北史·崔赡传》记载："赡字彦通。洁白，善容止，神彩嶷然……赡经热病，面多瘢痕。"②"热病"留下的瘢痕，其实就是天花的典型特征。当时天花尚未流行，所以时人以崔赡之麻面为奇，对其讥讽嘲笑。到五代时期，陈黯患痘新愈，满面痘痕斑斑，遭人取笑。陶岳的《五代史补》卷一记载："陈黯，东瓯人。才思敏速，时年十三，卷袖谒本郡牧，时面上有疮瘢新愈，其痕炳然，郡牧戏之曰：'藻才而花貌，何不咏歌？'黯应声曰：'玳瑁宁堪比，斑犀讵可加；天嫌未端正，敷面与装花。'"③这便是生动地描述了天花的后遗症——在患者的脸上留下麻子。英国女王伊丽莎白一世、法国国王路易十四、清王朝的康熙皇帝、俄国沙皇彼得三世、美国总统林肯、苏联领导人斯大林等都曾因感染天花在脸上留下印记。18世纪天花肆虐欧洲，使欧洲很多人的脸上布满痘疮，法国大思想家伏尔泰（1694—1778）甚至说他那个时代欧洲有五分之一的人死于天花，有五分之一的人成为麻子。

　　正因为如此，当时的人们把天花看作是"毁灭性的天灾，是不可战胜的"。人们只有跪在神灵面前，苦苦哀求上帝或神灵的保佑，或者听凭上天的安排。天花严重威胁着人类的生存，人们惶惶不可终日，英国著名史学家纪考莱称天花为"死神的忠实帮凶"。鉴于天花的危害之大，人类对于天花的治疗与预防进行了长期的探索。

①　（清）许葭村著，宋晶如编译：《秋水轩尺牍》，台南：大孚书局，1987年，第183页。
②　许嘉璐主编，周国林分史主编：《二十四史全译·北史（第2册）》，上海：汉语大词典出版社，2004年，第673—675页。
③　范行准：《中国预防医学思想史》，第111页。

第二节　天花的预防：人痘接种术

天花已经灭绝近半个世纪，它或许在世人的记忆中已经模糊，但是它带给人类的危害和灾难却刻骨铭心，无法忘却，尤其在新冠肺炎疫情持续肆虐的时期，更在警示着人们：既要敬畏病毒，也要勇敢地面对，努力探索战胜病毒的科学方法。

一、人痘接种术的发明

强传染性、高致死率以及愈后的后遗症（脸上留下瘢痕，破坏容颜）——天花严重威胁人类的健康，因此，人们很早就在摸索防治天花的方法。

欧洲人尝试过催吐、老鼠泡酒、马粪研末、胸前挂樟脑香囊、放血降温、发汗调整体液平衡等传统疗法，甚至还有将房间布置为红色、裹上红色毛毯、喝石榴汁的"红色疗法"。实际上，放血、发汗，对发热降温或许有效，但并不能控制天花病情的进程。能否幸存，只能凭借病人自身的"天然自愈力"。

古代印度的梵文典籍已提到天花。古印度人以为该病由女痘神所致，便以她的名字湿陀罗（Sitala）作为病名。在较晚的印度文献中对痘疮的形态症状已记述很清楚，其疗法主要是一系列的宗教仪式。

美洲人认为瓶子草（Pitcher Plant，又称猪笼草）的根须有药性，对治疗天花有效，一般用它来熬汤内服外洗；或者通过洗冷水浴降温减轻感染天花后的痛苦。无论是瓶子草疗法还是洗冷水浴都曾在美洲盛行，可是效果并不好。

中国晋代名医葛洪关于天花的记载是世界上最早有关天花的文献记

载，其书中也录有治疗"虏疮"的药方。之后中国历代医家对于天花的药物治疗进行了不懈的探索，有用兔皮、地黄汁、水解散、针灸等，再到稀痘方的出现，最终发明出人痘接种术，并启发了英国人詹纳发明牛痘接种术，为人类战胜天花提供了中国智慧。

其实，中国早期的《黄帝内经》《五十二病方》《伤寒杂病论》等医学著作中并没有关于天花的确切记载，说明春秋战国至两汉时期天花在中国的流行不严重。关于天花的记载最早出现于葛洪的《肘后备急方》中，书中有关于天花症状和用药治疗的医方的记载。之后的历代医家伴随着天花在中国的流行展开了持续的探索，如唐代《千金要方》《外台秘要》都记载有天花的治疗方法，并将天花叫作豌豆疮。宋元时期，一些综合性医书中有专门的章节对痘疹进行论述，还出现了痘疹的专科文献。明清时期天花盛行，有关痘疹的文献纷纷出现，如《痘治理辨》《保婴撮要》《古今医统大全》《痘疹心法》《幼科证治准绳》《痘科玉函经》《痘疹金镜录》《保赤全书》《痘疹不求人》《活幼心法》《痘科慈航》《痘科定论》《摘星楼治痘全书》《痘疹秘要》《痘疹发微》《治痘方函》《救偏琐言》《痘疹正宗》《痘疹全集》《痘疹定论》《痘科金镜赋集解》《痧痘集解》《痘科扼要》《种痘新书》《痘疹心法要诀》《痘疹良方》《天花精言》《痘疹精详》《种痘心法种痘指掌》等，痘疹医书已经是汗牛充栋。

总体而论，隋唐时期，天花在中国并未广泛流行，但当时的医家已认识到天花是一种传染病，并将天花归为伤寒类，是由于热毒蓄积五脏，外泄于皮肤表面所致。到宋元时期，天花逐渐广泛流行，医家对于痘疮的认识进一步加深，着力于分析天花的致病原因，早期认为痘疮是由于脏腑积热，后期则多认为是在胎儿时期吸食了胎内的秽液导致疾病的发生；并且能够区别水痘、麻疹与天花的不同。明清时期，关于天花的文献大幅增加，认识进一步深入，首次明确提出"胎毒"说，认识到感染一次天花以后不会再感染，对痘疮疾病的初发期、发疹期、化脓期及结痂期的相关症

状进行了完整的描述，能判断疾病的预后，并根据天花预后的不同，将天花分为吉痘、逆痘、凶痘、险痘等，甚至出现了带有初步科学预防知识的稀痘方：

> 用白水牛虱一岁一枚，和粉作饼与儿空腹服之，取下恶粪，终身可免痘疹之患。①

此方记载于明初谈论的《试验方》中，后来被李时珍收入《本草纲目》卷四之中。

由上可见，对于天花的认识是随着时间的推进不断深入的，这些认识为人痘接种术的发明奠定了基础。

但是，人类对于天花治疗方式的探索一直没有获得理想的效果，甚至充满了迷信且可笑，如欧洲的"红布蒙头"，印度、中国的祭祀痘神，清初还有"滚猪窝"的记载：

> 李海涛，名医也，一日应黄某之约，往其家治其小儿痘。见其子已狂热神昏，腮门下陷，曰"不可为矣"。黄大痛，强乞之。李沉思良久，乃裸儿体，抱置之于后院猪栏中。至夜半，闻儿哭声。视之则生矣，乃投以温补之品，一剂而愈。黄问活儿之术，李曰：此儿多痘毒，苦于体弱，不可透，内部相攻。有此现象实死症也。若治之早，尚可为力。吾来时，攻固不可，达又不及矣。旋思今方伏暑，蚊蚋最甚，蚊蚋能吸人毒血，若以置于秽恶之地，使蚊蚋集其身，以吮其毒血，毒血尽，儿或可望生。②

---

① 范行准：《中国预防医学思想史》，第111页。
② （清）龚炜撰，钱炳寰点校：《巢林笔谈》，北京：中华书局，1981年，第140页。

不过，人类在与天花斗争的漫长过程中，不断积累经验，并发现了一个重要的规律：凡是感染过天花的人，如果能活下来，以后基本就不会再次感染。明代医家万全在《痘疹世医心法》中提到："将谓时行正病耶，何以自少至老，但作一度，厥后再无传染也？"[①]从这种疑问和观察结果出发，古代中国人作了一个推断：给一个健康人接触少量的天花病源，故意让其得一场小型天花，从这样的小型天花里康复之后，人体内就有了免疫力，这个人以后就再不会感染天花了。这就是人痘接种术，其最早还是来源于中国古代"防未病"和"以毒攻毒"的思想。通过人为地主动接种天花痘苗，其发病历程与天行痘疹大致差不多，即"三日发热，三日出齐，三日起胀，三日灌浆，三日收靥"，历时十五日左右，即可痊愈，从此不再感染天花。

　　但是对于人痘接种术到底源于何时何地？学界对此莫衷一是。主要有三种观点：

　　一是起源于唐代开元年间。清光绪十年（1884）武荣纶和董玉山合撰的《牛痘新书》言："考上世无种痘诸法，自唐开元间，江南赵氏始传鼻苗种痘之法。"[②]这种说法出现的时间最晚，而认为最早起源于唐代，又是孤证难鸣，并且也不符合人痘接种术的技术演进顺序路径，即由最早的简单原始的痘衣法，再演变为鼻苗法，而《牛痘新书》中一出现就是鼻苗法，所以一般不为学界认可接受。

　　二是源于北宋真宗（998—1022）时期。清康熙时期医家朱纯嘏于康熙五十二年（1713）刊刻《痘疹定论》，种痘法首次出现于公开出版的医书里。据书中所述，种痘法始于北宋，丞相王旦所生诸公子俱死于痘，后老年再生一子名素，为避免再因痘疹夭殇，王旦乃广招当时知医者而告之

①　（明）万全著，罗田县万密斋医院校注：《万氏家传痘疹心法》，武汉：湖北科技出版社，1985年，第9页。

②　转引自史兰华等编：《中国传统医学史》，北京：科学出版社，1992年，第250页。

曰："尔等明于痘乎？"咸应之曰不敢言明于痘，但知治痘之法耳。王曰："既知之各以千金赠矣，小儿出痘，众皆请来认证议方用药，还原之后再行厚谢，幸勿见吝。"时有四川做京官者闻其求医治，乃请见，言四川峨眉山有女神医，种痘"十可全十，百不失一"。王旦听了非常高兴，乃相请代为延至。事后不到两个月，神医被请到汴京。她见了王素，摸了摸他的头后说："此子可种。"即于次日种痘，十二日后结痂。朱纯嘏在书中又记载，这位女神医自称是天姥娘娘，系观世音菩萨转世，并向信众说："凡种痘之家，焚香礼拜，称扬天姥娘娘，吾即于虚空之中，大显神通，化凶为吉，起死回生。"①乾隆初年《御纂医宗金鉴》也采此说，认为宋真宗时期由峨眉山人发明了人痘接种术，之后从江西传入北京等地。从此，"11世纪中国出现人痘接种术"的观点开始在中国广泛流传，乃至现代著名的医史学者马伯英《中国医学文化史》和李经纬的《中外医学交流史》都持此说。不过，这种观点并不为学界普遍接受。因为学界大多数人无法理解的是天花危害如此之大之烈，为何发明于11世纪的人痘接种术，直到17世纪才有文献记载（当时还是出现在手抄本中），正式出现在公开出版的医书中则到了18世纪初。其实，此种说法在清代就已经遭到学者吴汝纶（1840—1903）的反驳，他认为峨眉山人发明种痘术是误上加误的讹传，近人章次公（1903—1959）则指出，这个神话传说是湖州府德清县生员胡璞假造的。②

三是起源于明隆庆年间（1567—1572）。清雍正年间俞茂鲲的《痘科金镜赋集解》中记载："又闻种痘法起于明朝隆庆年间，宁国府太平县，姓氏失考，得之异人，丹传之家，由此蔓延天下。至今种花者（笔者注：

---

① （清）朱纯嘏：《痘疹定论》（据清康熙五十二年刻本影印，收入《续修四库全书》第1012册）卷2《种痘论》，上海：上海古籍出版社，2002年，第26b—29a页。
② 范行准：《中国预防医学思想史》，第113页。

种花即指接种人痘），宁国人居多。"①提到种痘的方法最早开始于明隆庆年间，由安徽宁国府太平县的一位医者发明，从此这种方法就传遍大江南北。而且古往今来，安徽地区种痘的人数较其他地方偏多。

20世纪50年代初，范行准在《中国预防医学思想史》中对此说进行了细致的考证，指出第三种说法最为可靠，得出"16世纪中后期中国已有种痘法"的结论，成为学界主流观点。

中国人痘接种术的具体方法，依据康熙年间张璐的《张氏医通》（1695年刊）和乾隆初年《医宗金鉴》的记载，主要有四种方法：一是痘衣法。此法是寻访出痘灌浆三四日的孩童，取其贴身内衣，给未出痘而欲种痘的小儿穿上两三日，夜间也不可脱下，使其感染。二是痘浆法。用棉花沾染天花患者的痘疮浆液，塞入未出天花者的鼻腔内。三是旱苗法。将痊愈期天花患者的痘痂研成细末，用银管吹入未出天花者的鼻孔。四是水苗法。将痊愈期天花患者的痘痂研细后，先用水调湿，再用棉花蘸湿塞入鼻孔。回望历史，人痘接种术的发明绝非一蹴而就，而是经历了一个漫长的探索、发现和演进的过程。四种具体的接种方法也不可能是同一时期出现，而是有一个由原始到逐渐精细的过程。

按照范行准的推测，最早出现的应该是痘衣法，它简单原始，疗效较差，清初董含的《三冈识略》（1697年刊）对此有最早的记载："安庆张氏传种痘法，云已三世。其法，先收稀痘浆，贮小磁瓶，遇欲种者，录小儿生辰，焚香置几上，随将黄豆一粒，傅以药，按方位埋土中，取所贮浆染衣，衣小儿。黄豆三日萌芽，小儿头痛发热。五日豆长，儿痘亦发。

① （清）俞茂鲲撰：《俞天池先生痧痘集解》（亦名《痘科金镜赋集解》，据清光绪十一年重刻本影印，收入《四库未收书辑刊》拾辑捌册）卷2，北京：北京出版社，1997年，第468页。

十日而萎，儿痘随愈。自言必验。"①这种把所种黄豆的生发萎谢作为种痘全程的标准，带有浓厚的封建时代的迷信色彩，其"自言必验"的效果是不可信的。据《望山堂文集》的记载，痘衣法的接种后未出痘者有"十之二三"，即有百分之二三十不成功，可见这种简易原始的痘衣法，其效果并不理想。但这种简单原始的预防天花的痘衣法在民间应该是广为传播的，因为简单，也因部分有效。

由痘衣法逐渐而发展为痘浆法，《正字通》午集"疒"部"痘"字条是这样解释的："痘疮，方书胎毒也，有终身不出者。神痘法：凡痘汁纳鼻，呼吸即出。"这里使用的痘浆种痘法，直接从天花患者的脓包中挤出痘浆汁，纳入欲接种儿童的鼻腔中。康熙十一年（1672）陶耀在《弋阳县志》中也记载了此法："黄晏曙，五十三都人；徐成吉，五十五都人，得十全神痘法：以棉絮取痘浆之佳者，送入鼻内，及愈，有瘢如真，往往灵验，远近皆闻风焉。"②可见，在清初痘浆法是广泛流传的，但是痘浆法因直接挤破婴孩的脓包，操作上显得有些残忍，加上剂量上不好控制，有可能因毒性过大引发重型天花，所以还不是理想的接种术。

随着经验的积累，痘浆法逐渐为旱苗法和水苗法取代。所谓苗者，非痘浆，而是痘靥，即天花患者痊愈期的痘痂。具体方法是收集痘疮的痂，将之研末，旱苗法则是用银管等将之吹入接种者的鼻腔中，使接种者患上轻微的痘疮。《医宗金鉴》所述为："旱苗种法，用银管约长五六寸，曲其颈，碾痘痂极细，纳于管端。按男左、女右，对准鼻孔吹入之，至七日而亦发热。今时多用此法，盖取其简便捷入，不致脱落而有透泄苗气之患也。第恐后人用之不善，轻吹之则不骤入，重吹之则迅烈难当。且恐流涕

① （清）董含撰，致之校点：《三冈识略》卷2《种痘》，沈阳：辽宁教育出版社，2000年，第32页。
② 范行准：《中国预防医学思想史》，第118页。

过多，苗随涕去，往往不验。"①注意到了鼻涕会将痘苗带出，影响接种的效果，因而再演进出"水苗法"。水苗法在方法上更为进步，即是采集上佳的痘痂将其研碎，然后用水将其调匀，用新鲜的棉花蘸取一定剂量后塞到接种者的鼻腔中，通过接触而发病。具体的操作方法如下：

> 种痘之时，要细阅小儿气血冲和，脏腑均平，内无痰热食积所伤，外无六淫之气相侵，方可用上好痘痂种之。一岁者，用二十余粒。三四岁者，用三十余粒。置于净磁钟内，以柳木作杵，碾为细末，以净水滴三五点入钟内，春温用，冬热用。干则再加水几点，总以调匀为度，不燥不湿。用新棉些须摊极薄片，裹所调痘屑在内，捏成枣核样，以红线拴定，仍留寸许，工则剪去。将苗纳入鼻孔，分男左、女右，不可离人，时时看守。倘小儿用手拈弄，争禁止之。或被嚏出，急将苗塞鼻内，不可稍缓，恐泄苗气。下苗后必以六个时辰为度，然后取出。如遇天气严寒，多留数刻；若遇时令和暖，早取数刻亦可，要在临时斟酌。痘苗取出之后，其苗气渐次而入，传遍五藏。至七日始发热，发热三日而苗见，见苗三日而出齐，出齐三日而灌浆，浆足三日而回水结痂，大功成矣！②

水苗法解决了鼻涕将痘苗携带而出的问题，在剂量的掌控上也更为自主，因此清乾隆后的医家多使用水苗法，认为此法最佳。《医宗金鉴》也是力推水苗法："夫水苗之所以善者，以其势甚和平，不疾不徐，渐次而入；既种之后，小儿无受伤之处，胎毒有渐发之机，百发百中，捷于影

---

① （清）吴谦等撰，石学文等点校：《医宗金鉴》，沈阳：辽宁科学技术出版社，1997年，第552页。

② （清）吴谦等撰，石学文等点校：《医宗金鉴》，第552页。

响，尽善尽美，可法右传，为种痘之最优者。"①并且认为旱苗法虽直接吹入，犹与水苗法相近，但需"儿体壮盛，犹或可施"，对于接种对象身体条件的要求比较高。

通过长期的探索和经验的积累，从痘衣法到痘浆法再到旱苗法最后到水苗法，方法上从原始到精细，疗效上从效果不佳到"百发百中"，开始形成一套完整的人痘接种技术体系，并且在疫苗的选择、制备与保存，接种时间的选择，接种对象的选择，接种的方法，接种后的注意事项，判断接种是否成功，补种等方面益加完善。

不过，人痘接种术在晚明时期出现之后，流行的范围并不广泛，仅散见于南方地区民间的零星记载。作为新生事物，甚至遭遇很多怀疑和反对，如清初的董含说："夫痘疹事关先天，生死预定，乃欲以人工夺之，可乎？予终未敢深信。"同时期的程云鹏也有相似的看法："其未发也，深藏潜伏，声臭俱泯，正如闾阎无事时，未可执人而诛之，曰：'尔将为寇也。'奈何世有预解痘毒之说者。"②这都是相信天命观的人，反对以种痘法的人工方式去改变人的天命。这种观点甚至到了清中叶嘉庆时期依然存在，洪亮吉（1746—1809，常州阳湖人）在为崔金南著的《覆车悬鉴》所撰序中说："近世又有种痘之法，皆病未盟而先以药劫之，往往至于破败决裂。余尝譬之，其病自至而死者，令终者也；其病未至而矫揉造作，以猝至于死者，无异于兵杀者也。"因此，他认为："为父者即爱其子，为祖者即爱其孙，不妨时其饮食寒暖，以待其气机之自发，何必矫揉造作，使可以死、可以不死者之必至于死，且必至于速死乎？"③洪亮吉认为

---

① （清）吴谦等撰，石学文等点校：《医宗金鉴》，第550页。

② 范行准：《中国预防医学思想史》，第124页。

③ （清）洪亮吉：《更生斋集》（据清光绪三年洪氏授经堂刻增修本影印，收入《续修四库全书》第1468册）卷3《崔上舍金南〈覆车悬鉴〉引》，上海：上海古籍出版社，1995年，第17b页。

种痘乃"矫揉造作",是违反造物者的安排。可是,随着天花的流行,接种人痘逐渐被人们发现是战胜天花唯一有效的方法,开始由南向北传播,在康熙时期,人痘接种术已成为被朝廷认可的医疗技术。

二、清皇室与人痘接种术

人痘接种术在16世纪的中国就已出现,一直到康熙中叶,其主要还在南方省份如江西、湖广、安徽、江苏、浙江、福建、广东等地传播,在北方殊少流传,即使是清王朝政治中心的北京,清初也不见史料记载采用人痘接种术预防天花。但人痘接种术能够不断精进技术并且广泛地传播开去,却又与清皇室有着密切的关系。

满人一直住在山海关外,地广人稀,气候寒冷。喜热厌寒的天花病毒难以传播,东北原本没有天花流行,明末中原地区还流传着"北虏不出痘"的说法。所以,满人非常惧怕天花。《清世祖实录》记载,1644年,清军准备入关,大军出发在即,肃亲王豪格却心惊胆战地说:"我还没出过痘呢,此番入关作战,叫我同去,这不是要我的命吗?"及至多尔衮挥师入关,顺治君临天下之后,满人多从北方迁至中原地区,不习水土,加上天花频繁肆虐,对天花基本没有免疫力的满人,无论老幼青壮皆有染天花者,死者甚众。天花于满人而言,是"谈痘色变""畏之如虎"。

定都北京后,为预防天花,清皇室采取一套严格的制度,不仅将在东北就有的查痘章京(负责检查患痘疹者情况的官员)继续设置,还建立避痘场所隔离病人,实行"避痘"和"驱痘"的方法。所谓"避痘"即不与出痘者接触,杜绝天花病毒的传染,远离传染源,或将患痘者彻底隔离,以控制传染源,切断传染途径。在不明天花病因与病理,不知如何正确治疗的情况下,"避痘"不失为一种避免感染的好办法。满人入关后主要是采用这种措施来预防天花。顺治时期,北京城外西苑和南苑建有两处避痘所,一遇天花流行,皇帝就到避痘所躲避,即使遇到重大政治活动和庆典,也会因避痘而缺席。据正史记载,顺治皇帝在位时期至少有五次避

痘的记录。康熙幼年尚未出痘时，也曾有与保姆避居于紫禁城西华门外的经历。《四库全书》卷一《圣祖仁皇帝圣训》中就有此记载："钦惟世祖章皇帝，因朕幼年时未经出痘，令保母护视于紫禁城外。父母膝下未得一日承欢，此朕六十年来抱歉之处。"这是康熙拒绝满汉大臣为他举行在位六十年庆典时所言之语，可见天花在其心里留下深深的伤痛。

对于患痘者则采取"驱痘"的办法，即将患痘者搬迁远离。顺治初年，谈迁（1594—1657）曾云："满人不出疹，自入长安，多出疹而殂。始谓汉人染之也，于是民间以疹闻，立逐出都城二十里。"①这种严格的"驱痘"制度，给百姓带了无尽的痛苦和灾难，当时的士人官员对此多有议论，如陈名夏（1601—1654）说：京师"城居之民，困敝极矣，始而僦城外屋，继而有黄口出痘，又远去三十里。民不乐数迁，且杀其子女，以安一厘。又有委弃道路，听其子女自死"。②还有官员如顺治初期的南城巡视御史赵开心为此专上奏折：

> 近奉敕旨：凡民间出痘者，即令驱逐城外四十里，所以防传染也。奈所司奉行不善，有身方发热，及生疥癣等疮，概行驱逐者。贫苦小民，移出城外，无居无食，遂将弱子稚女，抛弃道旁，殊非仰体朝廷爱养生息之意。请嗣后凡出痘之家，必俟痘疹已见，方令出城。有男女抛弃者，交该管官司，严加责治。其城外四十里，东西南北，各定一村，令彼聚处，庶不致有露宿流离之苦。③

---

① （清）谈迁撰，汪北平点校：《北游录》，北京：中华书局，1960年，第355页。
② （清）陈名夏撰：《石云居文集》，见《清代诗文集汇编》编纂委员会编：《清代诗文集汇编》16，上海：上海古籍出版社，2010年，第126页。
③ （清）勒德洪等奉敕修：《清世祖实录》卷14，台北：华联出版社，影印本，1964年，第13b页。

奏疏上呈之后，得到朝廷的回答："民间男女，果系真痘，自当照例移出。令工部择定村落，俾其聚居得所。至身方发热，未见痘疹者，毋得辄行驱逐。"①这种严格的驱逐政策，一直到顺治七年（1650）摄政王多尔衮死后，才略有松弛，调整为家里有出痘者"疹家报兵马司，即引绳度邻右八十步，绳以内，官吏俱不许入署，都民始安"。但是直至顺治十二年（1655）春，"驱痘法"依然使用，"仍逐疹如前，以驾在南海子，遂禁人南出"。②即因顺治皇帝在南海子避痘所避痘，不许人们从南边进出。

　　然而，朝廷即使采取了"避痘""逐痘"的严格措施，清顺治帝还是逃不出天花的魔掌。顺治十八年（1661），"京师有痘疫，十不三四全"，顺治帝在这次天花流行中驾崩。根据王熙（1628—1703）自撰的年谱记载：顺治十八年正月初六日三鼓，奉召入养心殿，清世祖谕之曰："朕患痘，势将不起，尔可详听朕言，速撰诏书。"王熙即就榻前书写遗诏，初七日经三次进呈修改后，于日落时始定稿，当夜顺治帝即驾崩。③在顺治皇帝出痘时，朝廷还"传谕民间毋炒豆、毋燃灯、毋泼灰"，外面始知皇帝所患为天花。直至康熙年间，痘疹仍困扰着皇室，朝廷亦继续利用隔离法以应付，如康熙十三年（1674）六月十一日，奉上谕："宫内众太监及宫中行走人等，如家中有出痘疹之人，好者在家住一个月，不好者在家住一百日。若邻居甚近之家出痘疹，好者忌半月，不好者忌一个月，再入宫行走。"④这种状况的改变，则始于康熙帝延请南方医家接种人痘。

　　康熙十七年（1678）皇太子二阿哥胤礽初出天花，康熙宣召痘医傅为格入宫种痘。《康熙起居注》中记载："武昌府通判傅为格善为小儿种痘，

①　（清）勒德洪等奉敕修：《清世祖实录》卷14，第13b页。

②　（清）谈迁撰，汪北平点校：《北游录》，第355页。

③　（清）王熙撰：《年谱》，见《清代诗文集汇编》编纂委员会编：《清代诗文集汇编》109，第443页。

④　（清）鄂尔泰、张廷玉编纂，左步青校点：《国朝宫史》，北京：北京古籍出版社，1994年，第5页。

曩皇太子喜事，令诊视疗治，获奏痊愈，现今宫中有未出痘阿格（哥），理当取来。"且又记"今宫中小阿格（哥）等欲种痘，已令往取"。①根据傅商霖《广布天花说》的序文指出，其族人傅为格从江西王、唐两先生学习种痘术，并游都十余年，为诸王公大人子弟种痘，声誉远播，于是康熙召其入宫为皇太子种痘。阿哥痘疹痊愈后，康熙下谕礼部，择吉日遣官到圜丘、方泽、太庙、社稷等地举行祭祀，行告谢礼。同时，康熙下令吏部，议叙调理皇太子出痘的医官甄国萧与候选知县傅为格议叙，以示加恩。②给予两位痘医官职，以示奖赏。

康熙对于痘疹尤为关切，不仅因其幼年尚未出痘时，曾与保姆避居于紫禁城西华门外，未能承欢父母膝下，也因他的父亲顺治皇帝24岁即死于天花，从此父子天人永隔，为此抱憾终身。但是，避痘也未能使康熙躲过天花劫，他最终依然感染天花，虽大难不死，可是在脸上留下了永恒的痘痕。康熙皇帝是个麻子，大多数中国人是不知道的，因为近臣们避忌谈论，史书亦不会记录。但是外国传教士却在传播，当年在康熙身边的传教士南怀仁（1623—1688，比利时人）透露了这个消息。另一位法国传教士白晋（1656—1730）也描述说："康熙帝略微弯曲的鼻子上有一些天花后的麻子，不过并不影响他的俊朗。"③

而年仅8岁的玄烨能登上皇位，也是得益于曾经的天花经历。顺治帝死于痘疹之后，在皇位接班人选的问题上，传教士汤若望建议让已出过痘疹的皇三子玄烨继之为君，以免重蹈覆辙。④康熙帝在招痘医入宫治愈了皇太子的天花之后，更加重视人痘接种，开始在皇宫推行人痘接种术。

---

① 中国第一历史档案馆整理：《康熙起居注（上册）》卷2，北京：中华书局，1984年，第645—646页。

② （清）康熙：《康熙帝御制文集》卷8，台北：台湾学生书局，1966年，第3—4页。

③ 马伯英：《中国医学文化史》，第497页。

④ ［德］魏特著，杨丙辰译：《汤若望传》（第2册），北京：知识产权出版社，2015年，第45页。

康熙二十年（1681），内务府郎中徐廷弼奉旨到景德镇烧造御用器皿，并传达皇帝旨意，命令江西督抚考选种痘医者二人晋京。经江西粮道李月桂考选后，挑中朱纯嘏、陈添祥两位痘医，于康熙二十年七月二十二日自江西省城出发，八月十四日到达北京。到京后，奉旨选种试苗，皆获痊愈，然后奉旨在大内，遇喜处种痘。朱纯嘏在其《痘疹定论》中云："予自辛酉（康熙二十年）秋考选进京，为圣子、皇孙、公主、郡主种痘，仰赖皇上洪福，历二十五年之久，凡所出种，俱获全安。"①由于江西痘医种痘成效显著，所以康熙在《庭训格言》中对诸皇子说：

> 国初人多畏出痘，至朕得种痘方，诸子女及尔等子女，皆以种痘得无恙。……尝记初种时，年老人尚以为怪，朕坚毅意为之，遂全此千万人之生者，岂偶然耶！②

清皇室开始大力推广人痘接种术，除皇室成员之外，随侍在皇族身边的护卫，后来也奉旨种痘。雍正三年（1725）四月初八日，雍正帝降旨："新满洲、蒙古侍卫官员等，有未经出痘之子弟，欲行种痘者，著告知太医院，交刘声芳看好时候，派种痘之医生，令其诊视。若痘疹科医生不敷用，著奏请添取。"③甚至将种痘作为一种恩惠推及身边的宠臣，如治河有功的直隶总督桐城人方承观。乾隆二十八年（1763），方承观在他的《燕香续草》中有一首《携耆儿迎驾》的感恩诗："造膝几人容抱子，眷怀昨岁诏迎医。"原注云："曾蒙恩诏，谕为耆儿种痘，得奏请御医。"④

①　（清）朱纯嘏：《痘疹定论》卷首《自序》，第3b—4a页。

②　（清）康熙撰：《庭训格言》，郑州：中州古籍出版社，2010年，第32页。

③　（清）允禄编：《世宗宪皇帝上谕八旗》（收入《景印文渊阁四库全书》第413册）卷3，台北：台湾商务印书馆，2008年，第13a页。

④　范行准：《中国预防医学思想史》，第128—129页。

人痘接种术除了在京城传播之外，还向塞外蒙古等地传播开去。自明后期以来，蒙古人对痘疹也是甚为畏惧，入清后亦然。据清人云：蒙古人以未出痘者为生身，已出痘者为熟身，未出痘入关者，"往往以痘疹死"，故不敢至内地。康熙帝为体谅蒙古王公，遇痘疹流行年份，常令未出痘者免来朝贺。除了免其来朝之外，他还主动命太医至塞外种痘。朱纯嘏就曾在为皇室种痘后，被派往边外各蒙古地方种痘。康熙帝在晚年亦曾云："今边外四十九旗及喀尔喀诸藩，俱命种痘，凡所种皆得善愈。"①如康熙四十六年（1707）九月二十一日康熙帝传旨："诸蒙古扎萨克等知悉：明年春节种豆（痘）医生去时，接取披甲人等儿女以上皆种痘，凡六七岁儿童皆可种，十六七岁儿童各由他父母随便也。蒙古等不种者，不须进京，长大成人以后出天行痘者，必死无疑。此命交理藩院，明年春季派种痘医生前往种痘。"②

雍正四年（1726），皇帝也曾命太医院每年派遣在京医生二人，带好痂苗，前往察哈尔蒙古，"相度彼处气候，如法种痘"，并著为定制。至雍正六年（1728），又奉圣旨："本年医生停止前往，明年察哈尔旗下有要种痘者，总管等皆于年前请医，报院具奏，再令医生前往。"③从此后，皆先由察哈尔蒙古提出需求，再由太医院派人前往种痘，这种制度一直延续到乾隆、嘉庆时期。此即清人萧奭所云："蒙古之地苦寒，居人终身不出痘，一入关则寒气所感，势更烈。每岁例遣太医赴诸部种痘，以便朝贡往来。"④

在康熙帝的推动下，其后虽依然还有皇室成员因痘而殇者，如乾

---

① （清）康熙撰：《庭训格言》，第32页。

② 赤峰市档案馆藏档案：《翁牛特右旗扎萨克衙门档案》，全宗号1，第10号档。

③ 乾隆《钦定大清会典则例》（收入《景印文渊阁四库全书》第620—625册）卷142《理藩院》，台北：台湾商务印书馆，1983年，第56b—57b页。

④ （清）萧奭撰，朱南铣点校：《永宪录》卷1，北京：中华书局，1959年，第65页。

隆十二年（1747），皇嫡子永琮年方二岁，以出痘夭殇；乾隆三十七年（1772），皇四子的次子一岁，因出痘而殇；道光年间，三公主与七公主亦俱因出痘致死。但整体而言，天花不再对清皇室产生重大威胁，昔日"避痘""逐痘"之举也成为陈年往事。嘉庆时，进士吴振棫就说："王师入燕之始，凡民间出痘者，移之四十里外，防传染也。……今岁月寝久，不复以痘为虞，旧制全革。"①

在清皇室的推动之下，种痘术在北方也开始传播，不仅传往塞外蒙古等地，乾隆末期还传入东北，人痘接种术在中国南北皆传播开来。尤其是皇室采纳施行种痘术后，上层人士种痘之风渐开，日本平泽元恺《琼浦纪行》记载了他与乾隆后期到日本传医的中国汪姓医者（其名已不可考）之间的一段问答：

　　余问："《医宗金鉴》载种痘法甚悉，此际未有行者，不知中土一般皆用此法否？"汪曰："种痘之法，由来已久，中土高贵之家，种者十之八九"。②

到乾隆初期，御医吴谦等人有感于人痘接种术"皆互相授受，未有成书"，于是"取专科世业，屡经试验方法，载之于书"，③编辑刊行《御纂医宗金鉴》（1742年刊）。晚明以来私家秘传的种痘术，至此正式纳入官方编订的医书之中，种痘法进一步流布，清皇室对此与有力焉。

不过，进入晚清，大清已经走向衰颓没落，康熙帝当年的庭训也已被遗忘。到19世纪中后期，同治帝再死于天花。同治得病，初以为风寒，第九日现点后才诊断为天花。然后慈禧及文武大臣在宫内外供送痘神，张挂

①　（清）吴振棫：《养吉斋丛录》卷25，北京：北京古籍出版社，1983年，第267页。
②　范行准：《预防医学思想史》，第129页。
③　（清）吴谦等撰，石学文等点校：《医宗金鉴》卷首《凡例》，第10页。

驱邪红联，穿"天花衣"，"奏折用黄面红里，穿花衣补褂，供娘娘，递如意"，①到景山寿皇殿行礼，求祖先神灵赐福，闹得不亦乐乎，可最终同治还是因天花卒于19岁。当时牛痘接种术已经在中国多地传播，人痘接种术更是流行于大江南北，守旧保守的慈禧忘记了祖先的训诫，葬送了其唯一的儿子——年纪轻轻的同治皇帝。

三、人痘接种术的对外传播

出现于16世纪的人痘接种术具有开创性的意义，它首先揭开了人工免疫的新篇章，是现代免疫学的先驱。它对于预防猖獗几千年却无药可医治的天花疾病提供了一种比较安全可靠的方法，在清代，它不仅在中国大江南北流布，而且传往世界各地。

最早到中国来学习人痘接种技术的是俄国人，据说在17世纪下半叶时，俄国政府因天花流行伤透脑筋，乘中俄《尼布楚条约》（1689）签订之机，派遣留学生来华，其中有一部分人专门学习中国的人痘接种术，道光年间俞正燮《癸巳存稿》（1847年刊）中曾有记载："康熙时，俄罗斯遣人至中国学痘医，由撒纳特衙门移会理藩院衙门，在京城肄业。"②这些俄国留学生学成回国，把中国发明预防天花的人痘接种术传往世界各地。如清代陈忠倚编辑的《皇朝经世文编三》中就有如此的记载："国初俄之遣人来学痘医也，由撒纳特衙门移会理藩院，在京城肄业者有年。种痘之法大行于西国，于时阿非利加有藉痘痂种花者。康熙末，英使驻土耳其，其国之医为使臣夫人种之有效，夫人随传其术于英国，一时神其术，求种之人罔不争先而恐后……"③

---

① （清）翁同龢著，陈义杰整理：《翁同龢日记》，北京：中华书局，1998年，第1074页。

② （清）俞正燮：《癸巳存稿》，沈阳：辽宁教育出版社，2003年，第248页。

③ （清）陈忠倚辑：《皇朝经世文编三》卷6《泰西医学源流》，上海书局石印本，1901年，第13页。

同时，西方传教士更明确地指出中国人痘接种术的传播路线，一位英国来华的著名传教士医生德贞（John Dudgeon，1837—1901）曾就此事记述于《中西闻见录》中："自康熙五十六年（1717）有英国钦使曾驻土耳其国京，有国医种天花于其使之夫人，嗣后英使夫人递传其术于本国，于是其法倡行于欧洲。"①另一位传教士医生鲍尔也在《中国风土事物记》中谈及此事："说也奇怪，像其他许多事物一样，种痘术也是由中国传入西方的，这术约八百年前，中国宋朝已经应用，于1721年由驻君士坦丁堡的英国公使夫人蒙塔古最早介绍来英国。"②从西方传教士的记载中可以得知俄国人从中国学会人痘接种术之后，传往与俄罗斯邻近的土耳其，然后通过土耳其传至英国，再传遍欧洲。

其实早在1700年，英国著名医生、皇家学会会员李斯特收到一封寄自中国的信件。写信人是在中国做生意的东印度公司商人，寄信日期是1700年1月5日。在信中，他报告了在中国看到的人痘接种过程。几乎与此同时，1700年1月14日，哈维斯医生在英国皇家学会的一个报告会上介绍过人痘接种预防天花的"这种中国人的实践"。不过，当时英国医学界并未认真关注人痘接种法，李斯特收到信后，将其送入皇家学会图书馆存档了事，哈维斯的报告也没有引起任何共鸣和进一步的讨论。而这种技术真正在欧洲推广则得益于蒙塔古夫人，即德贞和鲍尔两位传教士提到的英国驻土耳其大使夫人。

玛丽·沃特蕾·蒙塔古（Mary Wortley Montagu，1689—1762）是一位著名的英国诗人，她的丈夫于1712年成为英国驻土耳其大使。她曾因为天花失去了一个兄弟，她本人也感染过天花，并在脸上留下了严重的疤痕。她在土耳其期间，看到了民间每年秋天会进行一种叫作"接种"的活动。当

---

① ［英］德贞：《牛痘考》，载《中西闻见录》第2册第13号，1873年8月（同治十二年七月），第221页。

② 刘学礼：《种痘术及其中外交流》，《自然辩证法通讯》1993年第4期。

时土耳其的"接种"活动是这样的：村民预先判断自己家中是否有人会在这一年得天花（这有点神奇），然后，有一个老妇人带着一个盛满感染液体（即天花疱浆）的坚果壳来到这户人家，用蘸过液体的针划开病人的一根静脉。这时候，一家人在旁边吟唱。接种者在接种之后会生病，偶尔有人会因此而死亡，但绝大多数人只会经历温和的发病过程，然后可以避免天花，不再感染。经历过天花之厄运的蒙塔古夫人极为惊讶，决定为自己的孩子进行人痘接种。只是土耳其的接种法与中国已有区别，它不是采用鼻苗法，而改为针刺法了。1718年3月，蒙塔古夫人就在伊斯坦布尔使馆让使馆的外科医生查尔斯·梅特兰为她6岁的儿子爱德华接种人痘。孩子接种之后情况良好，使蒙塔古夫人开始有了要把这种接种方法传到英国的念头。

1720年她回到英国，便开始向朋友介绍人痘接种的优越性，并再次邀请梅特兰医生在一众宫廷医生包括国王的御医、皇家协会会长汉斯·斯隆爵士的面前，再为她3岁的女儿玛丽接种。这是第一次在英国进行的人痘接种，获得成功，小玛丽经过轻微的发热之后，即恢复正常，长大后嫁给了后来成为国王乔治三世首相的比特爵士。

1721—1722年，天花在英国爆发流行，死亡人数众多，国王乔治一世也为自己的家人感到担忧。他得知蒙塔古夫人的经历，也想尝试一下人痘接种，但为了保证安全，国王认为最好先在其他人身上试验。梅特兰医生选择了4名死囚接受接种，犯人们经历了轻微的天花过程，但在接种后2周内就完全康复了，并且得到了特赦。接种获得成功，其中一名女犯被送往伦敦附近的一个天花流行的村落，与一个10岁的天花患儿整天生活在一起，连续6天，接种了人痘的女犯始终没有感染天花。1722年初，为了进一步确定人痘接种的效果，梅特兰又进行了人痘接种的试验。这次试验整个过程向公众开放，人痘接种由此迅速在英国上层社会中传播，许多人纷纷要求梅特兰为他们的孩子进行人痘接种。国王乔治一世也最终让自己的两个女儿接受人痘接种。1746年，伦敦天花大流行时，甚至还建立了一个"接种医院"为人们无偿地进行人痘接种。

对于蒙塔古夫人从土耳其传人痘接种术进入英国，18世纪法国著名启蒙思想家、哲学家伏尔泰在他的《哲学通信》中有详细的记述：

　　我在这个问题上所要说的，就是在乔治一世时代初年，有一位温特莱·孟代居夫人，是一位智勇双全的英国妇女，跟着她的丈夫出使君士坦丁堡，毫无疑虑地大胆地给她在这个国家所生的一个孩子种痘。她的牧师枉费心机地跟她说这种经验不是基督教的，只能在非基督徒身上有效果。温特莱夫人的儿子种了痘却很好。这位夫人回到伦敦后，就把她的经验告诉给现今做女王的加里斯公主了。应该承认除尊号与王位之外，这位公主天生好鼓励一切技艺，好为人做好事，简直是一位在王位上的可爱的哲学家；她从来没有放过一个学习的机会，放过一个慷慨施惠的机会……她刚一听说种痘的事，便令人在四个判处死刑的罪犯身上作试验，她给四个死刑犯挽救了两次生命；因为她不只把他们从绞刑架上救了下来，并且由于这种人工种痘的好处，使他们不至沾染天花，否则以后他们可能沾染这种病而死去。

　　公主确信这次试验的效果，便令人给她的孩子们种痘：全英国都追随了她的榜样。从这时候起，至少一万万个家庭的儿童是由于女王和温特莱·孟代居夫人而得救的，这些女孩也亏得女王和温特莱·孟代居夫人而保持了她们的美貌。①

人痘接种术从英国又传往北欧各国，1721年北欧开始施行天花接种术，然后传遍欧洲。伏尔泰在法国积极提倡使用中国的人痘术，他不止一次在信件及文章中赞扬中国的人痘术，他说："我听说一百年来中国人一

---

① ［法］伏尔泰著，高达观等译：《哲学通信》，上海：上海人民出版社，2014年，第53页。

直就有这种习惯（笔者注：人痘接种），这是被认为全世界最聪明、最讲礼貌的一个民族的伟大先例和榜样。……这一点也可以证实：倘若我们在法国曾经实行种痘，或许会挽救千千万万人的生命。"①

18世纪初叶非洲北部突尼斯等国也已使用人痘接种术。只是由俄国传去的中国人痘接种方法，已有演变改进，不用鼻苗法而是先将被接种者的虎口刺破，再用痘浆注入包扎，后来亦有种在手臂上的。其中英国的人痘接种术发展最快，在减毒、制取疫苗、接种方法、免疫效能、受种者的预后等方面都在欧洲领先。1768年，俄国女沙皇叶卡捷琳娜二世（1762—1796年在位）就曾从英国招来医师到俄国为她施行人痘接种。

1721年，人痘接种术传到美洲，从波士顿开始，在北美逐渐得到推广。波士顿一位名叫马瑟的牧师，通过他家雇用的一位来自北非的黑奴欧奈锡姆了解到人痘接种方法，十分感兴趣，觉得这种方法应该在波士顿推行。1721年恰逢波士顿爆发天花，马瑟写信给当地医生协会，请求他们给居民接种人痘。但是，这个建议遭到了很多医生的抨击，甚至有些人认为这是有意将天花疾病带给健康人群；同时遭到其他牧师的斥责，说疾病是上帝给人类安排的惩罚，依靠接种预防天花是对神的亵渎。很少有人认为人痘接种术是值得信赖的，只有其中一位叫波尔史东的医师接受了马瑟的建议，他先为自己的儿子和两名奴隶接种试验之后，认为技术足够安全，着手推广人痘接种术，大概说服了近300人接种，但是被当局下令禁止。后来，波士顿政府进行人口调查，比较接种和不接种居民的死亡率，发现人痘接种人群的死亡率只有约百分之二，不接种人群的死亡率高达百分之十七。为表彰波尔史东率先接种人痘的拓荒工作，皇家学会赠予他会员身份，这在一定程度上表明政府肯定和认可了当时的人痘接种术。于是，人痘接种术也在美洲传播开来。

---

① ［法］伏尔泰著，高达观等译：《哲学通信》，第54页。

　　1736年，美国著名科学家本杰明·富兰克林的儿子因为腹泻不能接种天花，导致感染天花而死。他对自己很自责，告诫不愿接种的父母：未接种的孩子更容易感染上天花。在美国独立战争期间，天花在美军军营流行，华盛顿命令所有部队进行人痘接种，可见人痘接种术在美国已逐渐流行。从此后，天花偶尔还会出现，但已不再是危及美洲人生命安全的主要疾病了，人痘接种术很大程度上减少了天花疾病对美洲人的威胁，挽救了无数人的生命。

　　中国的人痘接种术在亚洲的传播，最早是传入日本。在乾隆九年（1744，即日本延享元年），杭州人李仁山到达日本长崎，开始把种痘术传给长崎医家折隆元、堀江元道，两人是奉长崎松波前守之命，向李仁山学习水苗和旱苗的种痘法。李仁山所著《种痘说》则由平野繁士朗等翻译成日文，名为《李仁山种痘说》，在日本刊行。同时，李仁山还在日本进行种痘的实践，先为肥前大村侯领地大浦的20个幼妓种痘，大获成功。乾隆十七年（1752），吴谦等编《医宗金鉴》传入日本，中国人痘接种术在日本逐渐推广开来。今天日本的一些科研院所还珍藏着明清时期中国传入的一些痘科医籍。例如京都大学藏有明代万全著、顺治十六年（1659）刊刻的《片言痘疹》和《痘疹心法》，明代朱惠明著、乾隆五十一年（1786）刊刻的《痘疹传心录》，清初朱纯嘏著、乾隆五十一年刊刻的《痘疹定论》等。东京大学则藏有宋金时期陈文中著、明代薛己注的明刻本《小儿痘疹方论》。1789年，日本天花流行，曾就学于长崎吉雄之门的藩医绪方春朔以鼻旱苗法预防，获得良效。1795年，绪方春朔著有《种痘必须辨》，为日本人所著第一部种痘专书，人痘接种术在日本全境流行，直到牛痘接种术传入后才逐渐被取代。

　　中国种痘法，传入朝鲜，时间较日本为晚。1763年，在朝鲜人李慕庵的信札中记载了中国的人痘接种术。1790年，朝鲜派使者朴齐家、朴凌洋到中国京城，回国时带走御纂的《医宗金鉴》，书中《幼科种痘心法要旨》介绍了接种人痘的方法和注意事项。后来，朴齐家出任永平府使期

间，指派一乡吏按该书中"种痘心法要旨"所传的旱苗法作试验，获得成功后，传给医家李钟仁。丁若镛在他的儿科中医文献《麻科会通》中记载道："朴公又得《医宗金鉴》中种痘要旨，传之抱川李生员（钟仁）氏，令以时苗试种四五传，遂如方书所言。李公故习于痘者，入京城，得儿稚与种，法遂得行；此东国种痘之始也。时圣上二十四年庚申，三月，即嘉庆五年（1800）。"[1]1808年，朝鲜翻刻朱纯嘏的《痘疹定论》；1834年，翻印曾香田的《痘疹会通》，人痘接种术在朝鲜也开始普遍流传。

中国发明于明代晚期的人痘接种术，通过俄罗斯传往土耳其，再传入欧洲大陆，继而传往美国，在亚洲则传往日本、朝鲜。17—18世纪是天花在全世界肆虐的时代，中国的人痘接种术在全球的传播，为世界减少因天花而死亡的人数作出了积极的贡献，这是在英国人詹纳发明牛痘接种术前最为有效的预防天花的方法，也是古老的中国为世界贡献的中国智慧。

---

① ［韩国］丁若镛：《与犹堂全书》第34册《麻科会通》，韩国茶山学术文化财团，2012年，第15页。

牛痘东来与初遇牛痘

第一节　詹纳与牛痘接种术

自有天花流行以来，人类所受其害史不绝书。为了战胜如此可怕的流行疾病，世界各国医学界都进行过不懈的努力探索，但是在药物治疗天花方面一直没有突破。直到16世纪中晚期中国人痘接种技术发明后，给人类预防天花的流行提供了一个崭新的思路和方向。18世纪初，中国的人痘接种术也逐渐传往世界各地，各个国家在人痘接种术的基础上继续探索和不断改进。1796年，英国医生詹纳发明牛痘接种术，为人类最终战胜天花作出了巨大的贡献，其发明被西方医学界誉为医学史上最伟大的成果之一。

一、詹纳其人

爱德华·詹纳（Edward Jenner，1749—1823），在中国有将之称为琴纳、咕嗱、隋那、贞纳、占拿等不同名称，出生于英格兰格洛斯特郡一个叫伯克利的村庄。祖父是面包师，父亲是牧师，在格洛斯特郡教堂任职。那时候的欧洲，牧师就像中国古代的私塾先生一样，是"有学问"的代表，牧师家的孩子通常都能得到良好的教育。詹纳5岁时父母双双亡故，但是因为他的牧师家庭背景，再加上有比他年长近40岁的大哥操持，他接受了良好的早期教育。14岁时，大哥把詹纳送到邻

图2　爱德华·詹纳

村的一位乡村外科医生丹尼尔·拉德娄那里，以学徒的身份学习外科。因

为当时的英国尤其在乡下，除了牧师，另一个比较体面的谋生之道就是做医生。

1770年，詹纳21岁，已当学徒7年，按行规可以出师了，能够自立开业行医。但是他的师父拉德娄认为詹纳还有潜力，应该找更好的老师进一步深造。拉德娄的儿子曾师从英国著名的外科泰斗、解剖学家约翰·亨特（John Hunter，1728—1793），于是拉德娄写了推荐信，把詹纳送到了伦敦，进入英国久负盛名的圣乔治医院，在亨特门下做寄宿生，修习更高阶段的外科知识。每年学费大约100英镑，由詹纳的大哥支付。

詹纳于1770—1772年间在伦敦圣乔治医院跟随亨特继续学习了两年的医学。除了教授外科医学的科学方法外，亨特还特别注重给詹纳传授基础学科如生物学、博物学等知识。1772年5月，亨特为詹纳签署了一张学业证书，上面写道："爱德华·詹纳先生，外科医生，曾经勤奋地参加学习我的解剖学和外科四项课程。"詹纳跟随亨特两年的学习经历，对其日后的医生生涯产生了深远的影响，两人亦师亦友，一直保持着深厚的友谊，詹纳后来发明牛痘接种术，成为免疫学之父，很大程度上得力于亨特。

离开伦敦和亨特后，詹纳回到家乡伯克利开了一间小诊所，成为一名乡村医生。詹纳个性笃实，对待工作认真负责。当时英国乡村医生的日常工作就是骑着马在各个村庄行走，为病人提供上门服务。曾经有一次，有人捎来口信，说20英里之外的一个村子里有人生病了，需要医生帮助。那时是隆冬季节，大雪纷飞，詹纳没有半点犹豫，上马就走。路上寒风凛冽，到了病人家里，詹纳差不多休克了，是病人的家人先拿被子把他焐了半天，才使詹纳缓过气来，开始给病人看病治疗。

詹纳不仅个性笃实，还热爱大自然，善于观察和研究，尤其是师从亨特这位不仅是外科泰斗也是博物学家的老师之后，詹纳对大自然的热爱和研究更加着迷。他一边为村民们治病，一边热衷于研究大自然，了解自然万物的原理。比如，亨特曾想研究刺猬冬眠期间体内能量代谢的变化规律，但是在伦敦城里一直找不到刺猬，就给詹纳写信请求帮助，并远程指

图3　伦敦肯辛顿花园詹纳塑像（来自郭世杰编著《科学实验之旅》）

导詹纳开展研究。詹纳欣然接受，经过一段时间的观察，詹纳提出一个设想，可是不大确定自己这个想法能不能行得通，便写信咨询亨特的意见。亨特的回信直截了当："为什么要问我呢？我认为你的想法有道理。可是，为什么要在意我怎么'认为'？你直接就可以开始实验，用实验来检验你的想法。"亨特这种鼓励独立思考、自主研究的方式，有助于詹纳独立研究精神的形成以及研究能力的提高。

亨特还指导詹纳对杜鹃鸟生活习性的观察。杜鹃繁殖后代，不是自己孵蛋，而是把杜鹃鸟蛋放到别的鸟窝借力孵卵。可是一旦孵出杜鹃雏鸟，窝内尚未孵出的鸟卵和其他已经孵出的雏鸟都会滚出巢外，包括代孵妈妈自己的雏鸟。这是怎么回事？谁干的？从两千多年前的亚里士多德开始，人们就对自然界的这种生物现象困惑不解。两千年来，人们提出过各种解释，有人说是杜鹃母鸟会在一旁窥探，等自己的孩子孵出来，代孵妈妈出去觅食的时候，就到巢里干这种卑鄙勾当。也有人抒发情怀，认为是代孵妈妈看到孵出来的雏鸟个子这么大（因为杜鹃总是找体形比自己小很多的鸟作为寄生对象），为了保证有精力养活这么个大个子，就把其余的孩子全扔掉了。

得到亨特委托观察杜鹃的任务，詹纳欣然接受，历时十多年的观察，终于有重大发现。詹纳爬到树上，做了长期的观察和记录，发现干出这个排斥异己行为的，不是孵卵的母鸟，也不是杜鹃妈妈，而是刚孵出的杜鹃雏鸟。小杜鹃孵化出来之后，眼睛还没睁开，第一件事就是用自己的背部把身边的所有蛋和雏鸟都拱到巢外。于是，詹纳将关于杜鹃雏鸟的生活习性观察的结果撰写成文，1788年发表在英国皇家学会的《自然科学会报》上，揭开了两千年来自然界的一个谜案，为此英国皇家学会接受詹纳为会员。①

这就是笃实认真、喜欢钻研的詹纳，正是这种钻研精神帮助他发明了牛痘接种术。

二、牛痘接种术的实验与发明

天花是最早被人类用文字记载的病毒性传染病之一，人们从古埃及法老木乃伊的身体上就发现过类似天花留下的瘢痕。天花在古希腊、中国、罗马帝国都出现过大规模的流行，后来几乎在全世界每一个角落都留下过足迹。18世纪的欧洲天花频繁流行。英国在玛丽·蒙塔古夫人的倡导和皇室的支持推动下，推广了人痘接种术。1754年，英国皇家医师学会正式宣告支持人痘接种术之后，不但外科医生，而且内科医生也执刀为人种痘，詹纳在伯克利做乡村医生时也是人痘接种师。

人痘接种术为人类预防天花作出可贵有益的探索，但有很大的局限性。传到欧洲后，被希图借此牟利的医生进行了种种包装，比如在接种前要采取放血、泄泻、减食等一系列的操作措施，致使接种时接种者的身体处于衰弱状态（这已违背了中国人痘接种术对接种对象要具备健康的身体条件的规定）。最重要的是，人痘是活的天花病毒，来源于天行天花患者

---

① 朱石生：《天花旧事——詹纳与牛痘接种》，北京：新星出版社，2020年，第40页。

的脓疱痘痂，实质是人为地造成一次轻度的天花感染，尽管对于疫苗采取了减毒的办法，可是当时对于疫苗毒性强弱和剂量尚未能以科学的方法进行控制。如果使用的疫苗毒性太弱、剂量太少，没能激发抗体产生，就不能获得免疫能力；如果毒性太强、剂量太多更不行，那可能会人为地导致天花病毒的流行，甚至引发重型天花，所以仍有一定的风险性。人痘接种术的这种不确定性，促使喜欢观察和钻研的詹纳一直在苦苦思索，他一心想能寻找到一种更好的预防天花的方法。

当时詹纳居住的伯克利乡村，流传着一种民间说法：如果一个人感染了牛痘，就不会再感染天花。奶牛的身上尤其是乳房旁边会长一些疱疹，当挤牛奶的女工接触到奶牛的疱疹被感染后，会出现发热、出疹等症状，但是症状比较轻微，这就是当时英国所称的"牛痘病"。这个说法不断得到证实，一名农场挤奶女佣患过牛痘，在她哺乳期感染天花，她的孩子也感染了，但是她和孩子都没有出现天花的不适症状。类似的案例越来越多，这一奇特的现象引起了詹纳的注意和思考。

在中国出现的第一本关于牛痘接种术的著述《暎咭唎国新出种痘奇书》中记载："适有医生名咕嚧者，国内声名昭著，颇称济世良医。见遭天花之患，不可胜数，常欲明达救济之法。随即往视，果见揸牛乳者，不染天花之奇。是以坚意细察，见牛奶及奶头奶傍之处，有小蓝疱，形类如痘，细猜牛痘莫非能解散人痘之毒乎？"[1]喜欢钻研的詹纳，开始思考：人被牛痘感染了，这样人体身上出现的疱疹就会带着牛痘病毒。既然同是牛痘病毒，它应该也会感染给下一个人，也可以对其激发出对于天花的抵抗力。

为了证实这个奇妙的医学猜想，爱德华·詹纳开始了他伟大的实验。首先，詹纳将天花患者的痂皮给患过牛痘的挤奶工接种，观察其对天花是

---

① 范行准：《中国预防医学思想史》，第159页。

否有免疫力；然后他给他十个月大的儿子接种了猪痘，这种猪痘与牛痘非常类似，属于一种无害天花病毒，与天花的症状相同而病情较轻。一年之后，詹纳又给儿子接种天花痘苗，发现和牛痘患者的结果一样，都不会再感染天花。

于是在1796年5月14日，詹纳做了一个公开的实验。他从感染了牛痘的挤奶女工萨拉手上的疱疹中取出了脓液，在得到许可后，詹纳在他家园丁8岁的儿子菲普斯的手臂上

图4　詹纳在给菲普斯接种牛痘（来自朱石生《天花旧事：詹纳与牛痘接种》）

图5　詹纳为受试者接种牛痘

The COW POCK—or—the Wonderful Effects of the New Inoculation!—Vide, the Publications of ye Anti-Vaccine Society.

图6　抨击牛痘接种术的漫画

割开一个切口，把牛痘脓液通过伤口传染给了菲普斯。3天后，菲普斯手臂接种处出现小疱疹，第七天腋下淋巴结开始肿大，第九天有轻度发热，略感周身不适，不久局部结痂，留下一小疤痕。接种后第七周，詹纳再给菲普斯接种天花患者的脓液，几周过去了，菲普斯安然无恙，没有出现天花的症状，证明他对天花确实产生了免疫力。

　　在菲普斯之后，詹纳又给其他的儿童和成人进行牛痘接种，均获得成功。詹纳写出一篇包括 23 个案例的报告《一种见于英国西部特别是格洛斯特郡、名为牛痘的疾病，原因及其结果之研究》，于1797年提交给伦敦的皇家学会委员会，但是没有受到重视。在当时，用动物病毒给人类接种，是一种全新的概念，在没有充分的证据证明安全性之前，皇家学会不敢贸然采纳。以动物的"毒液"来给人体培养抗病能力，当时正统的医学专家们难以接受这种超乎寻常的做法。一位漫画家画了一幅漫画：詹纳在给一个惊恐万状的妇女种痘，他左边是等着接种牛痘的人，右边是已经接种过牛痘的人,他们身上有的长出了牛角,有的甚至长出了小牛头。还有人说接种牛痘后,浑身长出牛毛,咳嗽起来声音就像牛叫。甚至一些著名学者也对詹纳的牛痘接种术提出异议,如著名哲学家康德就曾担心,接种牛痘的人会和动物处于同样的地位,并且保持动物粗野的特性。一部分保守派医生则认为,任何违背自然或上帝旨意的行为都是不道德的,故意将致病物质引入人体是可憎的。

詹纳的开创性工作受到了同行和教会的联手攻击,格洛斯特郡医学会的同行们甚至要开除他的会员资格。不过笃实坚定的詹纳深信自己屡经检验的真理,他继续完善自己的科学实验。他发现最初接种牛痘效果也不稳定,经过观察和思考,开始注意到疫苗的卫生问题。便在取浆和切开皮肤时采取消毒措施,完善一些细节。在获得更多的病例和证据来支持自己的理论之后,詹纳接下来又发表了《关于牛痘的进一步调查研究》和《牛痘的事实与观察的延续》两篇论文,公开自己的研究结论:牛痘可以感染人体,发病症状比天花病毒轻微、安全,绝不会致死;而且感染牛痘之后,人体不再会感染天花;感染牛痘的人体的脓疱浆液带有牛痘抗原,可以作为有效疫苗提供给其他人使用,但与人痘疫苗不同,人痘接种有可能因接触或飞沫传播发生感染,出现天花流行,牛痘必须接种才能产生抗体,则不会导致天花流行。

詹纳的研究使牛痘接种术从民间方术上升到科学的免疫方法,终于在欧洲学界引起轰动。牛痘接种术的安全、方便、效果好的长处得到了社会的承认。1800年,英国国会通过一项议案,赐赠1万英镑奖金给詹纳,以表彰他的丰功伟绩。第二年,设立了皇家詹纳学会,推詹纳为终身主席。英国开始广泛推行牛痘接种术,在一年半的时间内接受牛痘接种的人数超过10万,天花所引起的死亡下降了三分之二。1840年英国国会立法,禁止使用人痘接种,普遍推广牛痘接种。

牛痘接种的方法也迅速传播到全欧洲。在欧洲最早接受牛痘接种术的是奥地利,然后荷兰、匈牙利、意大利等跟进,俄国也派人来学习牛痘

接种术，并在欧洲最早强制实行全国接种。法国当时正与英国作战，牛痘术并未受到英法战争的阻隔，依然传入法国，在1808—1811的三年内法国接种人数达到170万。拿破仑更是对詹纳充满崇敬，称詹纳为"人类的救星"。有一次，为了营救几名在英法战争中被拘留在法国的英国人，詹纳致函拿破仑请求释放英国战俘。当拿破仑听闻此事立即表示拒绝时，约瑟芬皇后提到了是詹纳写来的信："啊，是詹纳吗？对他的请求是不能拒绝的。"拿破仑随即同意释放了被俘的英国人。①

为什么接种牛痘可以预防天花？牛痘是牛身上发生的一种不常见疾病，通常是温和的，可以通过牛身体长出的疱疮传染给与之发生接触的人类。牛痘病毒（cowpox virus）属于正痘病毒（orthopox virus）家族，这个家族还包括马痘病毒（horsepox virus）、猴痘病毒（monkeypox virus）和引起天花的天花病毒（variola virus）。在电子显微镜下观察，牛痘病毒与天花病毒非常相似，两种病毒的遗传物质（DNA）基本相同。当牛痘病毒进入人体后，免疫系统能产生中和病毒的抗体。由于这些病毒之间可以产生交叉免疫，感染牛痘所产生的抗体也就可以对天花病毒发生作用。詹纳将这些可以保护接种者不受天花感染的提取物称为"Vaccine"，这个单词来自拉丁文"Vacca"，即"牛"（cow）的意思。后来，法国著名的科学家巴斯德为纪念爱德华·詹纳对于人类免疫学作出的重大贡献，就用"Vaccine"表示所有预防性接种的物质，也就是我们现在知道的名词"疫苗"，以表达对詹纳的敬意。

在詹纳发明牛痘接种术的基础上，英国科学家于19世纪20年代改进了预防天花疾病的牛痘疫苗。直至1980年5月，世界卫生组织宣布人类成功消灭天花，其方法便是采用詹纳发明的安全、简便的牛痘接种术，詹纳为世界作出了不可磨灭的贡献，美国总统杰斐逊称赞詹纳"为人类祛除了最大

---

① 朱石生：《天花旧事——詹纳与牛痘接种》，第97页。

的苦难"。中国现代文学奠基者鲁迅先生在1934年写了《拿破仑与隋那》一文，他说："但我们看看自己的臂膊，大抵总有几个疤，这就是种过牛痘的痕迹，是使我们脱离了天花的危症的。自从有这种牛痘法以来，在世界上真不知救活了多少孩子。"[①]文中鲁迅将詹纳与拿破仑对比，认为拿破仑等杀人者是在毁坏世界，詹纳等救人者在修补世界。鲁迅的评价实为公允，那么鲁迅文中所称的牛痘法又是何时以及如何传入中国的呢？

第二节　牛痘接种术的东来

詹纳发明了牛痘接种术，宗教界人士和"反种痘联盟"等社会力量强烈反对用动物疾病来感染人类，但是它与人痘接种相比较表现出来的有效和便捷性，尤其是牛痘接种对接种者没有任何危害，也不存在感染周围人的危险，逐渐得到了人们的认同和接纳。詹纳的论文在发表后的三年内，相继被翻译成德文、法文、荷兰文、西班牙文、意大利文和拉丁文，牛痘接种术也逐渐取代人痘接种术在全欧洲推广开来。然后再由欧洲传往美洲、亚洲等世界各地，甚至很多国家把接种牛痘作为一种强制义务。在其发明后的第九年即嘉庆十年（1805），牛痘接种术也从西方东传进入中国，最早想把牛痘接种术传入中国的是英国东印度公司。

一、英国东印度公司的尝试

詹纳将接种牛痘的发明公之于世后，英国东印度公司在各地的职员及医生，便承担起了把牛痘接种术传播开去的重大责任。他们从伦敦出发，陆续经维也纳、君士坦丁堡、巴格达、巴士拉等地，于1802年6月把牛痘接

---

① 李新宇、周海婴主编：《鲁迅大全集》8，武汉：长江文艺出版社，2011年，第293页。

种术成功传入英属印度西岸的孟买省；而东印度公司职员与医生继续接力传播，再将疫苗绕经东岸的马德拉斯省，最终在1802年11月传抵孟加拉省的首府加尔各答，即印度大总督的驻地，牛痘接种术开始传入整个印度。

当时英国驻印度大总督理查德·韦尔斯利（Richard Wllesley）想将詹纳发明的这项造福人类的新方法传播至更远的东方，包括英国在亚洲的各殖民地与中国等地。1803年6月8日，韦尔斯利和印度管理委员会两名成员共同署名，发函给英国东印度公司广州商馆的大班（即东印度公司驻广州商馆的贸易委员会主席）哆啉哎说明他们的想法，但担心中国官府误解英方此举带有恶意，因此要求哆啉哎考虑是否先和广东当局沟通，一旦确定中国官方愿意接受疫苗传入与接种，韦尔斯利即下令所属医药委员会设法将痘苗从印度运至广州。

哆啉哎于8月2日收到印度大总督来函，但他觉得没有疫苗在手，不容易和当时的广东当局沟通这件看起来不够具体的事情，决定拖延一下，等待更好的机会再去沟通。同一时间在印度却有人比韦尔斯利更积极地采取了行动，他们更急于把传到印度的牛痘法传往中国。这就是印度孟买省的总督乔纳森·邓肯（Jonathan Duncan），他下令将牛痘苗运至中国，并安排当地负责牛痘接种的医生稽尔（George Keir）于同年8月4日采集一批痘苗，分别使用不同方式进行包装，以便提高痘苗存活的机会，然后委托交给即将起航来华的东印度公司"孟买城堡号"（Bombay Castle）商船的医生布来登（James Brydon），交代他妥为保管牛痘苗并带往中国；同时还附带上如何使用牛痘苗的说明书，作为在中国推动牛痘接种的参考。

1803年10月1日，"孟买城堡号"到达广州。因为痘苗已经到达，哆啉哎觉得可以行动了。于是便找来十三行行商说明英国想传牛痘术进入中国，并征求志愿尝试接种的人选，打算接种成功后再和官方接洽进一步的事宜。各行商对于这项新发明很感兴趣，也预测到这可能为中国人带来莫大的好处，但是毕竟没有经验，所以都反对自己的家人和店里伙计作为试验品首先接种。经过哆啉哎和行商们的一番努力，最终好不容易才有东生行行商刘德章（Chunqua，章官）的弟弟芝官（Cheequa），同意让他女儿接受试验。哆啉哎非常高兴，称赞芝官"不像一般华人那样迷信，而是更有勇气"[1]。但是，当时芝官的女儿身体出现不适的状况，只好推迟几天进行接种的试验，直到10月9日才进行接种，同时又增加了几名孩童愿意一起接受试验。但是这次历史性的华人接种牛痘的创举失败了，因为印度到中国路程遥远，航程旷日废时，路上已经差不多耗时了近两个月，到达广州后又延搁了几天才接种，痘苗已经失效。不过，此次参与其事的华人经哆啉哎等西方人士的详细介绍，并且看了附带而来的说明书，已经了解到牛痘接种法与中国传统人痘接种法的区别，对于牛痘接种法的安全简便有所相信，表示愿意协助推广。于是，哆啉哎给韦尔斯利大总督回信，提出改善运输方式，送来更多的痘苗，以造福深受天花肆虐的中国。

韦尔斯利对于哆啉哎反馈的中国人的反应感到非常满意，交代印度政府的医药委员会改变牛痘苗的运输方式，采取人传人的活疫苗的传播方式：选派一批人上船后，让他们沿途逐一接种痘苗，然后一直传至中国。韦尔斯利相信，推动此事将有助于改变中国人对英国人的反感和憎恨，从而改善中英两国的关系，促进双方的商业贸易，这样对于东印度公司和英国都是极为重要的正面利益。当时中国还处于一口开放的闭关锁国状态之下，与世界已有严重的隔阂，加上中外贸易中，西方人尤其英国人大量走私鸦片进入中国，中国哪怕是对外开放的唯一口岸的广州，都充满着对西方人的憎恨。正如《澳门新闻纸》中所说的："中国之人民，平常尽皆恨恶我等，不欲与我等往来，况又有官府之严禁，致我等虽用尽法子欲解除中国人恨恶我等之心，惟总不能得之，在我等各样事业之中，只有医学乃系中国之人颇肯信之。"[2]

---

① 苏精：《西医来华十记》，北京：中华书局，2019年，第14页。

② 杨家骆主编：《中国近代史文献汇编》，《鸦片战争文献汇编》第2册，台北：鼎文书局，1973年，第491页。

在接下来的1804年内，英国东印度公司载运牛痘苗到中国的行动继续进行。因为印度到中国航程实在太远，韦尔斯利决定改为从马六甲海峡北端、距中国相对较近的英国属地槟榔屿出发，抵达中国后由广州商馆医生接种到华人身上，但是这次不知何故依然没有成功。与此同时，东印度公司还通过委托不同的商船携带牛痘苗来华，也尝试以不同的方法改善痘苗的包装，却依旧失败。

二、巴尔米斯医疗队的成功传入

就在英国东印度公司历经一年半的功夫，还未能成功将牛痘苗传至中国之际，广州商馆却意外地从其他的渠道获得了牛痘苗。1805年5月17日，澳门的葡萄牙商人啤道路滑（Pedro Huet）①的船只"希望号"（Esperanza）从菲律宾的马尼拉抵达澳门，船上的人员在离开马尼拉前都接种了上个月才传至马尼拉的牛痘苗，这是由西班牙医生巴尔米斯（Francisco Javier de Balmis）奉其国王之命，传播牛痘苗往西班牙各属地进行的环球之旅而传入菲律宾的。

詹纳发明的牛痘接种术公开后，很快传入欧洲的伊比利亚半岛，也如同欧洲其他地方一样，牛痘首先为王室和上层社会所认可和接纳。1799年，葡萄牙国王的两个王子接种了牛痘，在第二年天花流行时得以避免感染。1802年，西班牙国王卡洛斯四世的公主路易莎通过接种牛痘也得以从天花中康复，于是国王开始给他的其他孩子们都接种牛痘，并开始在国民中推广。1803年，卡洛斯四世发布一道谕令，命令曾在军队做过外科医生的巴尔米斯（1753—1819）率领一支医疗队前往美洲和亚洲的西班牙所属殖民地传播牛痘术。其目的是要将牛痘术传到大西洋彼岸，并且在所到之

---

① 啤道路滑是一位定居澳门的葡萄牙商人，拥有几艘商船，从事澳门、马尼拉和巴达维亚航线贸易，也积极参与澳门市民事务。1813年，啤道路滑被判事官阿里亚戈派往印度（孟加拉）收集英国鸦片生产信息。

处建立牛痘局以保存痘苗和进行常规种痘，以及培训种痘医生，顺路还将收集各地人们所使用的医疗知识，同时考察所经地区的动植物情况，这是第一个正式的全球性免疫计划。

在西班牙国王的支持下，巴尔米斯从福利院招募了22名未曾患过天花也没有接种过牛痘的孤儿，先为其中两人接种牛痘，一般经过7—10天，接种处会长出脓疱，便可从中提取浆苗，再接种到另外两名儿童的手臂上，22名儿童可以将活痘苗传播到100个航行日程之外的地方。巴尔米斯医疗队于1803年11月底从西班牙拉科鲁尼亚出发，经加那利群岛横渡大西洋，抵达美洲的波多黎各，开始在美洲传播牛痘术；接着前往委内瑞拉、古巴和墨西哥，所到之处除为人接种牛痘外，还培训本地的牛痘接种师。然后巴尔米斯携带26名墨西哥儿童再横跨太平洋，到达亚洲的菲律宾。这种从手臂到手臂的活痘苗的传播方法，在现代疫苗没有出现前是成功传播牛痘接种的有效办法。在巴尔米斯医疗队之前，葡萄牙国王也资助过类似的跨洋传播牛痘术医疗队，用人体携带痘苗，将牛痘术成功传入巴西。

历时近两年，1805年4月，巴尔米斯医疗队跨越大西洋再横渡太平洋到达亚洲菲律宾的马尼拉，在此建立种痘局，推广牛痘术。刚好当时来自澳门的葡萄牙商人啤道路滑正在马尼拉贸易，他让所有船员接种刚到达马尼拉的牛痘苗，然后乘坐"希望号"商船于1805年5月10日起航返回澳门，当时马尼拉至澳门的航程为8—10天左右，当船员到达澳门时所接种的牛痘正好是成熟采苗的好时机，于是牛痘术就这样被成功地传入澳门。

5月17日，"希望号"抵达澳门，当时英国东印度公司的人员已结束当年在广州的贸易季，正前往澳门避暑，即时获悉葡萄牙人啤道路滑带来牛痘苗之事。这是他们曾经尝试过数次而没有成功的心愿，激起了他们极大的兴趣和关注。他们觉得这和从英国的属地直接带来的意义相同，都符合将这项无价的新发明贡献给中国的目标。于是就在"希望号"抵达的当天，大班哆啉哎等人立即要求才到职不久的商馆助理医生皮尔逊（下一章详细介绍）设法保存痘苗并延展其效力，等待大班伺机说服中国地方当局

后，传牛痘术进入广东。这说明他们在历经引入痘苗的失败经验后，已经深刻体会到痘苗的时效性，因此必须迅速采取行动。

1805年5月27日，也就是"希望号"带痘苗到达澳门的第十天，广州商馆的档案簿上就有如下一段文字的记载，标题是《皮尔逊先生展开痘苗接种》：

> 今天皮尔逊先生以痘苗开始接种。我们认为超越中国人反对引入这项宝贵发现的最有效方法——他们以各样理由反对所有的创新——应当是准备一份说明其发现、好处和接种方法的简短论述。于是，由皮尔逊先生拟成一篇短文，说明各项最重要的事实，由斯当东爵士（Sir George T.Staunton）在一名华人医生的协助下译为中文。同时，鉴于在中国的印刷费用非常低廉，我们计划印刷数百份广为流通。……正巧在澳门的会隆行行商郑崇谦（Gnewqua）也肯定此种看法，他还承诺协助翻译并附上其名，这将有利于流通本书，因为在中国印书最好是由公众性的人物印刷或赞助。①

由上述引文所见，牛痘术已经成功传入中国。这就是第一本在中国传播牛痘接种术的中文小册子《暎咭唎国新出种痘奇书》（详见下章的阐述），皮尔逊也开始了在澳门和广州为人们接种牛痘预防天花的一项崭新的事业。

由于当时信息沟通的不便，在马尼拉一直为人接种牛痘的巴尔米斯以为牛痘术尚未传入中国。他想在返回西班牙之前，绕道澳门和广州，将牛痘术带进中国。他向菲律宾总督提出前往中国澳门的计划，申明其理由是

---

① 苏精：《西医来华十记》，第16—17页。

为了西班牙在中国地区的商业利益。菲律宾总督同意了他的计划，并从国库拨款200比索予以资助。1805年9月初，巴尔米斯带着由马尼拉一位教士提供的3个菲律宾小童作为痘苗携带者，乘坐葡萄牙商船前往澳门，于9月10日抵达澳门港，但是由于遇到暴风而无法靠岸。在澳门外港停留到9月16日改乘中国渔船登陆澳门，澳葡当局当即任命巴尔米斯领导推广澳门牛痘接种活动。

当啤道路滑船员将牛痘带入澳门之时，澳门判事官兼仁慈堂董事会审理法官阿里亚戈（Miguel de Arriaga）立即制定了一个推广牛痘的计划。他在1805年5月发布一项命令："由于一次偶然的机缘，一种天花接种的方法被带到了本澳，此法将成为为人类谋福利的必不可少的手段，成为病人们最大的福音。本董事会准备在慈仁堂医院中辟出一间屋子，以供接种之用。每天从早晨开始，由议事会医生向自愿前来接种者施种。"[1]他设想在澳门专为老人、残疾人和穷人医治疾病的仁慈堂医院准备一个舒适的房间，成立"种痘暨保存痘苗部"，在那里每天定期为人接种牛痘，以广其传。尽管判事官有如是之计划，仁慈堂也同意在医院中保持有4位种痘医生并负责相关开销，但是直到巴尔米斯9月到达澳门之前，该设想并没有付诸实施。直到巴尔米斯到达后，决定由议事会医生兼任军医的戈麦斯（Domingos Gomes）负责牛痘接种的推广工作。1805年9月16日，戈麦斯在巴尔米斯的协助下第一次公开为人接种牛痘，种痘之所设在判事官家中，接种对象就是判事官阿里亚戈和澳门教区大主教加尔迪诺（Manuel Gualdino）神父，并发布通告，召集全城居民，特别是为人父母者及其子女和奴隶，前来阿里亚戈的住所观看接种牛痘的过程，目的是打消人们对于牛痘的恐惧和偏见。

在官员的这种示范作用之下，牛痘法在澳门逐渐推广，巴尔米斯和戈

---

① 董少新：《牛痘入华：一项由多国多人共同完成的技术交流》，《文化杂志》2007年第65期。

麦斯每十天一期地开展公共种痘活动，之后一年的时间里大约接种了691人。在培训完澳门医生如何种痘及安全保存疫苗的方法后，1805年10月5日，巴尔米斯带着一个年轻人作为牛痘苗的携带者前往广州，并在那里逗留了近两个月。但是当时已有东印度公司的商馆助理医生皮尔逊在广州为人接种牛痘，巴尔米斯在广州传播牛痘术并不顺利，仅为数十人接种牛痘，两个月后就返回澳门。1806年2月，巴尔米斯携带了几百幅中国植物图谱和十箱活的植物，乘船驶往里斯本；6月，他抵达英属圣海伦娜岛，又将牛痘接种法传播到圣海伦娜岛；9月初，他回到西班牙并受到了国王卡洛斯四世的热烈欢迎，成功地完成了人类历史上的第一次全球免疫计划。

经英国、西班牙和葡萄牙等多国商人、医生、官员等人历时几年的共同努力，安全、便捷、有效的牛痘接种术也从遥远的西方传入中国。具有首传之功的皮尔逊也曾如是说：

> ……后来相传至大西洋，亚细亚，亚美利架等国，依法栽种。男女大小数百余万，无一损伤，无一复出。此法继传至大吕宋（作者注：西班牙），得闻如此奇妙，伊国王不惜万金，特发一船装载婴儿驶至本国，传种此痘。由船次第轮种回返，依法而行，每种必效，随后发谕伊所属国小吕宋，亦遍行栽种，其经种者，果免天花之患。如此奇法，保全生灵无限，实伊国中之大幸也。兹于嘉庆十年四月内，由啤道路滑船，由小吕宋装载婴儿，传此痘种到澳。本国医生协同澳门医生，照法栽种华夷童稚不下百数，俱亦保全无恙……①

人痘接种术传入西方后并经过詹纳的改进优化而成为更加安全稳妥的

---

① 范行准：《中国预防医学思想史》，第159—160页。

牛痘接种术，它克服了人痘接种术有可能带来天花流行和偶尔会出现接种失败导致死亡的致命弱点。在中国跨入近代的门槛前又从西方返传回来，从当时对外开放的唯一口岸的广州传入，然后在中国这块古老大地上缓慢地传播，为中国于20世纪60年代战胜天花作出了重大的贡献。

但是，究竟是谁最先把詹纳发明的牛痘术传入中国的呢？1816年2月18日，皮尔逊写了一份关于牛痘在中国传播情况的报告，于1833年5月发表在《中国丛报》上，报告中有这样一段话：

> 1805年春，时值哆啉哎骑士担任东印度公司驻该国事务主席，葡澳商人啤道路滑先生从马尼拉带来了牛痘。他的天主教陛下已通过专业人士，以一适当的方式，将牛痘经南美大陆传播到了菲律宾群岛。我注意到他们中的一位（巴尔米斯）宣称是他将牛痘法传入中国的。但是在他来到中国之前，葡国医生在澳门已经广泛实行种痘，我本人也在澳门和中国人中推行种痘。我所编写的小册子，已由斯当东先生翻译成中文，并在巴尔米斯来到澳门之前几个月已经出版。①

皮尔逊所言是事实，但也不是事实的全部。综上所述，其实我们可以看到将西方这一先进的医学技术传入中国是经历了诸多力量的共同努力，既有英国东印度公司的最早尝试，也有西班牙王家医疗团队的牛痘环球旅行，也离不开澳葡政府的推动。

对于英国、西班牙和葡萄牙等西方国家如此热衷执着地传播牛痘接种术，固然不可否认有近代中西方科技文化交流背景下的人文主义情怀，但是也无法忽视情怀背后的经济利益和政治目的。例如，西班牙西印度委员会主席曾力促国王向墨西哥派遣一个医疗队，因为"人口的削减导致贡赋

---

① Chinese Repository,Vol. Ⅱ. May, 1833, P36—37。

减少，商业萧条，土地荒芜，矿产量下降，结果王室收入大不如前"。①
保持殖民地充足的劳动力是西方各殖民国家，尤其是葡、西两国所关注的
问题。在17世纪，由于巴西甘蔗园的很多印第安人奴隶死于欧洲人带来的
诸如天花一类的疾病，西方殖民者将非洲奴隶贩往那里作为补充。19世纪
初，詹纳发明牛痘接种术后，西方殖民国家积极地将它传往他们所属的殖
民地，积极为那些殖民地的奴隶们接种，以保存劳动力。而正在肆力打开
中国贸易大门的世界头号强国——英国则是想以可以解除病人痛苦的医学
技术手段，改变中国人对外夷的敌视态度，促进中英之间的贸易关系。

第三节　邱熺与牛痘相遇

天花乃死亡之花，尤其是剥夺婴幼儿生命的第一杀手。在《引痘题
咏》②中哀叹天花残杀幼儿的诗句俯拾皆是——"每逢大界③年，夭殇不可
计；柳穗市一空，蒿冢系万瑑"（张炳文）；"可怜白骨青山下，半是蓬
松赤子魂"（叶梦草）；"天花散处满愁声"（周祚熙），"最是惊心人
发痘"（武良）；"矧兹大界行，十户九不全"（梁信芳）等，哀痛悲彻
流于纸端。其实，天花对于成年人亦有威胁，中国民间一直流传着"人生
必出痘一次"的说法。1805年5月17日，澳商啤道路滑的"希望号"商船从
马尼拉回到澳门，带来了英国人詹纳发明的牛痘苗。正在澳门英国东印度
公司商馆担任买办的邱熺，时年已过而立，他一直还没有感染过天花。他

---

① 　[葡]伊莎贝尔·莫赖斯：《种牛痘与澳门葡人》，《广东社会科学》2007年第1期。
② 　《引痘题咏》是邱熺将官员、士绅等为其题赠的诗文编辑成册，共3卷，其中第2卷是
《引痘略》，另2卷为诗文，于道光三年（1823）刊行。因引自此书之处较多，不一一标注，
而只在行文中注明作者。
③ 　广东把天花流行称为"大界"。

的东家——英国东印度公司为牛痘术传入中国曾几经努力而失败，而啤道路滑船员却意外地把牛痘苗带至澳门，于是东印度公司立即行动，公司助理医生皮尔逊积极为大家接种牛痘。作为公司的一员，而且未曾出过天花的邱熺，勇敢地进行了尝试，"试之果验"。在澳门与牛痘的相遇，改变了邱熺一生的轨迹，他由商人变为"痘师"，成为中国牛痘术传播的先驱。

一、邱熺生平

邱熺的生平行谊史料阙如，资料少之又少，[①]笔者依据收集的零星资料，对其生平略作阐述。邱熺（1773—1851），字浩川，广东南海人。依据邱熺留下的唯一的文字记载《引痘略》（撰于1817年）中说"洋医为予种时年三十二岁，今已十有三年矣"，推断他应该出生于乾隆三十八年（1773）；去世的时间是依据同治年间重刊的《引痘略》邱熺长子邱昶的补序，"先君于咸丰元年易簀之日"，即知邱熺于咸丰元年（1851）去世，享年78岁。

图7　邱熺画像

邱熺为广东南海人，具体的家世已不可考。嘉庆、道光年间任羊城书院山长的广东知名绅士谢兰生说邱熺是"君本世家子，簪缨著华族"，很遗憾找不到具体的资料。与谢兰生同年中举的钟启韶则说"浩川家枕八桥，与予居接屋"，即两家比邻而居，但是钟启韶的故居也已不得知，只知悉两人都居住在广州荔枝湾一带，清时属于广州府南海县管辖。当时广州西关因为河涌纵横，桥梁众多，最有名的是德兴桥、达观桥、义兴桥、

---

① 陈垣在《牛痘入中国考略》中记载"《邱氏家传》云：由夷医跋臣授之。跋臣者，印度洋商公司之医生"。可能清末民国初，陈垣见过《邱氏家传》，但不知何时已佚。

永宁桥、志喜桥、三圣桥、蓬莱桥、汇源桥，号称西关"八桥"。邱熺家居住在"蓬莱桥"边，即今丛桂路十二甫西街与蓬莱正街相交处，故有"家枕八桥"之说。邱熺去世后，其长子邱昶子承父业，继续主持牛痘局的事务，同治年间邱昶将痘局迁到十二甫邱家老宅，由此推知邱熺出生成长在广州荔湾西关十二甫的"蓬莱桥"旁边。清中期的西关已是繁华之地，十三行商馆和屋舍大多建筑在此，来华贸易的外国商人租赁居住行商建造的夷馆也在西关。已不可考邱熺祖辈从事何业，但生活在西关的邱熺从小深受商业环境的影响，所以后来远赴澳门经商。

《引痘题咏》中有一首花县（今广州花都）叶大林（字敏斋）题赠邱熺的《七截（绝）并序》："浩川邱子，余同学生也。少有异资，余师学林陈夫子，曾一见而器重之，谓此子他年必有所就。既而邱子别业，偶游澳门，因得夷人种痘善法，井里赖其生活者，年以百计。"钟启韶则说邱熺"素善鼓琴"。

图8 邱熺简介（摄于广州中医药大学大学城校区"岭南名医壁"）

从中可推知，邱熺从小聪慧，擅长弹琴，跟随陈学林夫子（其生平事迹不可考）就读，走科举之路。可惜多次应试皆不成功，便放弃举业，前往澳门，担任英国东印度公司澳门商馆的买办，走上从商的道路。

在第一次鸦片战争之前，澳门是中国与西方世界连接的一个重要港口，西方来华贸易的船只都是先到澳门，再进入广州。清乾隆时期，澳葡当局给予外国人居留澳门的优惠政策，允许外国商号入驻澳门，英国东印度公司遂于邱熺出生之年即1773年在澳门建立下属公司，称为英国东印度公司澳门分公司。英国东印度公司澳门分公司成立后，澳门不仅成为广州贸易季结束后公司职员及家属居留地，而且也是除广州之外英国东印度公司对华贸易的中心。科举仕途之路走不通的邱熺，便前往澳门，进入英国东印度公司澳门分公司充当买办。邱熺前往澳门的具体时间已不得而知，只能推知在嘉庆十年（1805）之前。

这个时期的买办不同于鸦片战争之后的买办。鸦片战争之后废除了行商制度，外商可以直接和中国商人贸易，买办就是中介或者经纪人，既可以进行市场交易，又可以得到固定的佣金，甚至可以享受和外国人一样特殊的待遇，即买办可视同于外国人，受列强领事裁判权的庇护。所以鸦片战争以后，很多买办出生的人跻身于上层社会，如郑观应、徐润、唐廷枢、席正甫等。

邱熺是在嘉庆初期充当买办的，当时按清政府规定，外国商船进入中国先泊澳门，经粤海关监督派员丈量许可后，由引水引入广州黄埔港。东印度公司的大班、二班必须居住于广州行商专门为外商所建造的商馆，其余船员仍住澳门税馆。在广州商馆和澳门税馆中，除配备有通事、工役等外，还设有买办。"夷商所需食用等物，因言语不通，不能自行采买，向设有买办之人。"[1]停泊在澳门的外国商船上也有买办，为外商供应食用等物，并代雇码头搬运工人、代办驳运等。即买办主要是为外国人采购食物的工作人员，一般家庭出身不高。

商馆买办，名为代购食用之品等物，其实也是商馆内生活事务的总管，与外商在经济上也有比较紧密的联系，所以他们的操行和能力必须由行商作出保证。凡商馆中雇用的一切其他中国人，如仆役、厨师、苦力，都是由买办负责招募，但当时买办不许参与对外贸易活动，外商货物的出售和购买出口货物，都是由政府给予特权的行商包揽和垄断。因此买办没

---

① 陈旭麓：《近代中国社会的新陈代谢》，上海：上海人民出版社，1992年，第126页。

有佣金收入，他们只有固定的薪水，年薪三四百元左右。

但是，买办也如同行商一样，有监督、管理外商之责。外商"如有买卖违禁货物及偷漏税货，买办不据实禀报，从重治罪"[1]。嘉庆初期又规定，夷商买办人等，地方政府官员应该慎重选择，"夷商买办，应令澳门同知就近选择土著殷实之人，取具族长保邻切结，始得承充，给与腰牌印照。在澳门者由该同知稽查，如在黄浦即交番禺县就近稽查"[2]。后来更规定行商、通事、买办的"层递箝制"办法，即商馆中的看门、挑水、看货等人夫，"责成夷馆买办代雇，买办责成通事保充，通事责成洋商保充，层递箝制，如有勾串不法，唯代雇保充之人是问"。[3]

由此可知，在鸦片战争前的买办并不是一个非常令人羡慕的职业。首先，买办并不需要专门的职业技能，但对于品行有较高的要求，需要诚实守信，而且需要行商担保，因为买办直接插手到外国人的生活之中，甚至有时还为外国人管理其财务。其次，买办不能从事贸易，没有佣金，只有并不高的固定薪水[4]。最后，买办职业具有很大的危险性。闭关政策之下，夷夏之大防，朝廷的防夷章程中对于"通夷"有严格的处罚，轻则流徙，重者远戍遣罪，更甚者就地正法。清政府虽然赋予买办以监督外商活动的职责，但买办与外商在生活上与财务上有密切联系，不少人终不免与外商相互勾结，狼狈为奸。清政府一再申诫"买办唯利是图，恐不免勾通内外商贩，私买夷货，并代夷人偷售违禁货物"，[5]也即买办容易犯"通夷"罪。在社会上地位和风评都不太高，所以邱熺只称自己"时操业在澳"或者说在澳经商，绝不提自己担任英国东印度公司的买办，也即有所顾虑矣。

---

①　许涤新、吴承明主编：《中国资本主义发展史》第2卷，北京：人民出版社，2003年，第137页。

②　许涤新、吴承明主编：《中国资本主义发展史》第2卷，第137页。

③　许涤新、吴承明主编：《中国资本主义发展史》第2卷，第137页。

④　同时期，谢兰生担任广州府属羊城书院山长，年薪除生活费外是五百两银子。

⑤　许涤新、吴承明主编：《中国资本主义发展史》第2卷，第137页。

但是在澳门公司，邱熺遇到了改变命运的机会。1805年西班牙御医巴尔米斯医疗队以人传人的方式把牛痘苗从欧洲带往美洲，然后又从美洲横渡太平洋带至马尼拉，在此开设痘局免费为人接种牛痘。澳门商人啤道路滑的船只"希望号"刚好在马尼拉，船员接种牛痘后上船返回澳门，路程一周左右。5月17日，"希望号"到达澳门，船员们接种牛痘后处于出痘后起疱到灌浆期。东印度公司广州商馆的人员刚好结束贸易季居住在澳门，他们曾多次通过印度传牛痘苗来中国却一再失败。啤道路滑的船员到达澳门，恰好处于苗熟采浆期，一个个都是活体"疫苗"，东印度公司不想错过这个机会，决定在澳门开始为人施种牛痘。大班哆啉哎立即安排商馆助理医生皮尔逊从"希望号"船员手臂上取出痘浆，开始了澳门牛痘接种的工作。

　　如同所有地方一样，牛痘术在澳门的传播最初也是遭遇怀疑。但是牛痘传入澳门，得到了澳葡政府和宗教组织的支持，澳门判事官和天主教会的大主教邀请医生为其接种牛痘，而且邀请很多家长和市民旁观，以打消顾虑。正在东印度公司澳门分公司的邱熺对此事应该是非常知悉和关注的，他年过三十，没有出过天花，"人生必出一次痘"属于当时人们的常识，东印度公司又如此积极热切推广牛痘，邱熺说"闻其事不劳而效甚大也"。具有广府人务实且敢为人先精神的邱熺勇敢地尝试，验之果效，成为中国最早接种牛痘的人员之一。而且邱熺还不仅止于自身尝试，他还让他的家人戚友也接种牛痘，"无不应验"。这一次在澳门初遇牛痘，邱熺从此与牛痘结下了不解之缘，他成为中国传播牛痘术的先驱和最大贡献者。

　　一直执着于传牛痘术入华的英国东印度公司，在牛痘苗到达澳门10天后，就开始安排商馆助理医生皮尔逊撰写宣传册子，为牛痘术传入内地做准备。为推广牛痘术的传播，皮尔逊认识到还必须培养中国种痘师，于是邱熺成为皮尔逊的学徒。据方志说当时是有行商郑崇谦出资招募梁辉、张尧、谭国、邱熺4人跟随皮尔逊学习牛痘接种术，邱熺以其杰出的判断力、耐心和观察力成为其中的佼佼者。邱熺也由此完成了人生的一次华丽转

身，离开澳门返回广州，由买办变为中国最早的职业牛痘种痘师。

1806年，邱熺开始在广州为人接种牛痘，成为皮尔逊的得力助手。1810年在行商的捐资下，广州牛痘种痘局成立于十三行行馆，邱熺离开皮尔逊英国东印度公司广州商馆诊所，主持广州种痘局事务。邱熺以高超的技术和丰富的经验，成为种痘局的首席痘师。痘局夏月以八日为一期，春秋冬三季以九日为一期，依照出痘、起疱、灌浆、浆满、取浆、结痂的规律按期为人轮流施种，周而复始，风雨无改。接种的具体日期，还会张榜宣传，南海人李鏊赠邱熺的《七截（绝）》中就有注云"榜之通衢，九日之期"；新会的张衍基（嘉庆十三年进士）也在赠邱熺诗中说"君按法治痘，有定期，届期婴儿咸集公所，以千百计"，邱熺自己也说"间途接踵而至者，累百盈千"。

1817年，在丰富的施种牛痘临床经验基础上，邱熺撰刊《引痘略》一书。此书包括《引痘说》《首在留养苗浆》《次在认识疯疾》《引泄法》《度苗法》《出痘时宜辨》《出痘后须知》7篇，并且图文并茂，附有药方及4幅图画，标注出具体接种牛痘的穴位位置、种痘所需工具以及如何执刀的手势动作。书的内容篇幅不多，但具体清晰，既有理论阐释又有操作技术，是一部全面且详尽地介绍牛痘新法的专书。邱熺还以问答的方式行文，如"痘何以曰牛？""何曰引？""无故取婴孩而与之以病，可乎？""种牛痘有死者否？""取浆之小儿有妨碍否？"等，旁征博引，结合经验和具体案例一一回答，以解除人们对牛痘的偏见和疑问。此书相较于皮尔逊以英文撰写、由斯当东翻译的《暎咭唎国新出种痘奇书》，更详尽、更具理论性、更具操作性，所以《引痘略》一出，《暎咭唎国新出种痘奇书》基本就消失不流传了。《引痘略》成为中国关于牛痘新法的经典著述，流布全国，翻刻近百种。其实笔者翻阅《中国医籍通考》发现中国牛痘著述似乎只有邱熺一家，后来的相关著述都是在《引痘略》基础上的增补删减。因此，邱熺成为中国牛痘界的祖师爷实非浪得虚名。

为推广牛痘，邱熺作出更大努力的是寻找上层人士对于牛痘的认同支持。《引痘略》于嘉庆二十二年（1817）刊行时，便有温汝适撰序，温氏是乾隆四十九年（1784）进士，顺德人，官至兵部右侍郎。这是第二个为牛痘接种术站台的高级官员，第一个是嘉庆十九年（1814）以"勿药有喜"四字题赠邱熺的广东布政使曾燠。邱熺在为人施种牛痘的过程中，最在意的就是达官贵人、文人绅士为其题赠诗文，到道光三年（1823），邱熺已收集这类的赋诗题咏180余篇，便将之裒辑自费刊行，书曰《引痘题咏》，里面有两广总督阮元、巡抚康绍镛、藩臬曾燠等116位作者，大都是嘉庆、道光年间广东的上流阶层人士。邱熺自掏腰包刊行，并且免费赠送，以广宣传。这种操作方法，属于中国传统做法，人痘接种术亦如是，在没有朝廷力量介入的前提下，也是借助攀附官绅的力量来推广。不过，邱熺在此方面用力太过和过于高调，以至后世研究者如台湾学者梁其姿和张嘉凤都觉得他有点自诩。

牛痘局为人接种牛痘是免费的，邱熺也一再强调自己"不取人丝毫之利"，《引痘题咏》中也有多人提及邱熺为人种痘不索利、不受赏。但是从当时痘师人数之众和皮尔逊的说法中来看，痘师是名利双收的。因为有钱人家一般是邀请痘师上门服务，这是可以收取费用的，而且是人之常情，病家对于治愈病人的医师都是不胜感激。何况，邱熺技术高、名气大，邀请他的官绅人家众多，南海人、曾任学博的伍良就说："先生百身不暇，拨冗为之。"同时，邀请其上门服务的都是非富即贵的人家，如前述的总督、巡抚、布政使，还有学政、知府、知县等，邱熺晚年还受邀至花县知县张崇恪家为其家人接种牛痘，留住一月有余；甚至还有外省的邀请。因此，邱熺成为痘师之后，以为人接种牛痘成为巨富。嘉庆、道光年间，邱熺在荔枝湾泮塘购地建筑私家园林，原名"虬珠园"，道光初改名为"唐荔园"，在行商巨富私家别墅花园林立的荔枝湾，毫不逊色。

泮塘，位于广州城西荔湾区，即今广州荔湾湖公园南侧、仁威祖庙西边，今泮塘社区内立有牌坊，额书"泮塘"二字。史书记载"广州城西数里许曰'半塘'，居人以村荔为业者数千家，长至时，十里红云，八桥画

舫，游人萃焉"。①谭宗浚（同治十三年进士，谭莹之子）则说邱熺的园林是建在"半塘（即泮塘）之墨砚洲上"，可是参照《广州城坊志》卷五引《学海堂集》熊景星《岭南荔枝词》所言：虽红云十里，纵横皆可称，然难称"洲"；盖此地虽水多，多为池塘，故屈大均谓"广州郊西自浮丘以至西场，自龙津桥以至蚬涌周回廿馀里，多是池塘，故其地名曰'半塘'。土甚肥腴，多膏物，种莲者十家而九"，②以产五秀即茨菰、马蹄、菱角、茭笋、莲藕著称。

嘉庆、道光年间（具体哪年已无可考证），邱熺看中了这块风水宝地，斥资于此购地建筑一座私家园林别墅，取名"虬珠园"。园内山水花卉、曲桥荷荔、竹篱瓦屋、亭台楼阁，布置极具匠心。尤其在园林内地势高处构建"擘荔亭"一座，每当夏季荔枝成熟之际，游人如织，成为当时广州人消暑品荔观景的胜地，风光盖过当时荔湾的其他园林，包括四大行商总商潘、伍、叶、卢家在西关的园林别墅。

谢兰生的《常惺惺斋日记（外四种）》③中，有许多关于"擘荔亭"的记录，这是他每年五月必往之地，也是他携友游览荔湾必去之所。如："饭后，浩川邀游荔湾，与芸圃往，拉墨池，亦欣然偕往。诸君携笔砚，芸圃携采兄同至擘荔亭，诗字画与清唱间作，是文字饮而兼醉红裙。自来游荔湾以此为最胜。"（嘉庆二十五年五月十二日条）"有新安邓君邀游荔湾，重上擘荔亭。"（同年五月十六日条）"放船入荔湾，上擘荔亭，弦管竞作。余君船亦至，所携来之客众甚。午后散去，卢君船又至，游客又复一队，其余来往之客如织，多相识者。"（道光元年五月十七日条）

① （清）吴兰修、梁廷枏辑，陈鸿钧、黄兆辉补征：《南汉金石志补征 南汉丛录补征》，广州：广东人民出版社，2010年，第286页。

② （清）吴兰修、梁廷枏辑，陈鸿钧、黄兆辉补征：《南汉金石志补征 南汉丛录补征》，第286页。

③ （清）谢兰生著，李若晴等整理：《常惺惺斋日记（外四种）》，广州：广东人民出版社，2014年。本节所引此书，都在行文后标注日期。

图9　泮塘牌坊

"偕墨君步行上擘荔亭，已有游客四五辈先至久候。"（同年五月廿一日条）"与荆人及次女、长媳乘舆至柳波涌，下船入荔湾上擘荔亭，主人邱君眷属款接甚殷，再到松阴暂泊，午饭后即还。"（道光二年五月十一日条）"午后到荷香馆会集诸君至擘荔亭，游人颇众。"（同年五月十五日条）

当时游览"擘荔亭"留下的诗作也是不计其数，谢兰生有赋《擘荔亭诗》三首："龙华会上有云裳，天女维摩结道场。勘破色空真境界，一时心地顿清凉。""得兼文字与红裙，酒兴人人张一军。却笑张黎二夫子，不持白堕对炎云。""侧生孤干本天然，恰架红亭绿水边。翠袖斜挨低照影，似同陈紫门婵娟。"（嘉庆二十五年五月十三日条）张岳崧（广东琼州府人，嘉庆十四年殿试探花，官至湖北布政使）有《擘荔亭二首》："一湾烟雨傍郊垧，买夏呼朋到此亭。水色半蒿围坐处，树阴人影共清冷。""驿路红尘一笑夸，目将名字斗词华。侬家却有烟霞伴，云水疏亭

倚日斜。"①除了这些社会名流的赋诗吟诵之外，来自黄埔没有功名的梁松年（1784—1857）有《荔枝湾舟中劈荔有感 寒韵》诗："我来珠海已安澜，鼓棹西游竟日欢。风曳蝉声千树碧，霞飞虬火半林丹。繁华散尽红云淡，霸业消馀绿水寒。大嚼琼浆歌旧曲，扣舷聊仿汉家弹。""昌华凋谢汉刘杳，此地祇如荔火丹。荔火烧空夏复夏，我来选胜空嗟叹。红云千树繁华歇，绿水一湾终古寒。停棹拟餐三百颗，不禁蝉曳夕阳残。"②甚至还有女性留下《擘荔亭》诗："泛绿水，登红亭，海山仙子来娉婷。一湾自得泉石趣，十里远隔城市情。"③

　　"擘荔亭"何以如此名声之盛？从上面的所引诗文中可知，大家来此都有怀古之情。据说邱熺所建的"虬珠园"地址原是南汉政权所建"昌华苑"所在。五代十国时期，南汉王刘龑在荔枝湾上广圈荔林建起昌华苑，广袤数十里。清代文人仇巨川《羊城古钞》中记述："荔支湾在城西七里，《古图经》云：广袤三十余里。南汉创昌华苑于其上，今皆居民。"④《广东新语》的《宫语·名园篇》对此也有记载："……又五里有荔枝湾，伪南汉昌华故苑，显德园在焉……其在半塘者，有花坞、有华林园，皆伪南汉故迹。"⑤当年的昌华苑，丹墙黄瓦，金碧掩映，望若半天彩霞。墙外是大片的荔枝林，沿河涌密植。红棉花刚刚谢过，又到了荔枝成熟季节，香雨漫天，红云遍地。池塘春水涨满，绿叶翻飞，荷花盛放，好一片锦绣皇家领地。每当荔枝成熟时便与群臣游宴，品食荔枝，号称"红云

① （清）张岳崧著，郭祥文点校：《筠心堂集》卷2，海口：海南出版社，2006年，第39页。

② （清）梁松年著，刘正刚整理：《梁松年集》，广州：广东人民出版社，2018年，第822页。

③ 嶙峋编：《闺海吟》（上），北京：华龄出版社，2012年，第337页。诗作者陈淑珍，番禺人，知县陈仲良女。

④ （清）仇巨川纂，陈宪献校注：《羊城古钞》，广州：广东人民出版社，1993年，第140页。

⑤ （清）屈大均著，李育中等注：《广东新语注》，广州：广东人民出版社，1991年，第417页。

宴"。后来，南汉被宋所灭，昌华苑也在战火中轰然倒塌，变成废墟，留下一条昌华涌，在今昌华大街一带。

道光四年（1824），"虬珠园"改名为"唐荔园"。为何改名？缘起于道光三年（1823）夏天两广总督阮元的儿子阮福（后任甘肃平凉府知府）受邱熺邀请游览荔湾，上"擘荔亭"，见到了传闻中的"红云宴"，采摘荔枝回家，给其父阮元品尝。阮元品荔后非常高兴，赋诗一首，并撰序云："广州城西荔枝湾，荔林夹岸，白莲满塘，即南汉昌华苑也。诸儿游此，折荔归来，题图一首。"其诗云："海珠台外珠江湾，夹岸万树荔子丹。偶然小艇拨荷去，绿杉野屋围阑干。红云低压白莲水，论园买夏邀人看。劙枝不用纵猿摘，归来劝我还饱餐。是时积雨净暑气，甘浆迸齿尤清寒。黄蕉白藕且相避，案前堆满玻璃盘。绿苞倒持小香凤，冰珠探出鲛宫丸。连枝带叶插帘户，譬在林下垂团栾。新图一幅写幽净，我亦著眼生喜欢。何时我可棹船去，清游叹息何其难。"[①]诗中"劙枝不用纵猿摘"，乃指宋代宰相陈尧佐（963—1044）的故事。据说，陈尧佐贬至广东，曾在惠州西湖栽种了一株荔枝树，当地人民称它为"将军树"。又诗中"绿苞倒持小香凤"句，乃指增城挂绿，广东有一种翠羽小鸟，俗名倒挂鸟，以此喻挂绿荔枝，属于荔枝中的佳品。

阮元于嘉庆二十二年（1817）来粤，已经6年，勤于政事，一直还未曾游览荔湾。上面的诗句中亦流露出想去一览的心情，"何时我可棹船去，清游叹息何其难"。这年五月廿七日是阮元夫人生日，阮元为逃避客人，携夫人游览荔湾，上擘荔亭休息。回去赋诗一首，诗题《内子生辰，复避客，独舟荔枝湾。息擘荔亭，归示福祜孔厚，即用前寒韵加删韵》，曰："荔枝湾中水几湾，荔枝仙成十万丹。我独棹船出江关，穿林拂叶来河干。羊城六度荔子殷，昌华故苑今才看。亦霞绛雪何斓斑，就树颇有游人

---

① 广东炎黄文化研究会、广州炎黄文化研究会编：《岭峤春秋：广府文化与阮元论文集》附《阮元督粤纪事年系》，广州：中山大学出版社，2003年，第442页。

餐。柴门草阁见青山，雨余五月江深寒。野塘荷气清如兰，白菡萏摇翡翠盘。亭林静寂泉幽潺，况有黑叶垂晶丸。夏游得隐荔树间，春游竹里吟檀栾。归来写诗自解颜，为此枉驾真古欢。若非避客来偷闲，尔亦叹我清游难。"此诗将他来粤6年后，第一次游览荔枝湾的心情充分流露。

阮元（1764—1849），字伯元，号芸台、雷塘庵主、挚经老人、怡性老人，江苏仪征人，乾隆五十四年（1789）进士，先后在礼部、兵部、户部、工部供职，并出任山东、浙江学政，浙江、江西、河南巡抚及漕运总督、湖广总督、两广总督、云贵总督等职。阮元于嘉庆二十二年（1817）出任两广总督，先后在广东任粤督9年，六次兼署广东巡抚。阮元重视广东的文化教育建设，并对此贡献很大。他主修的《广东通志》334卷，是现存广东省志中较为完备的一部，被称为"阮志"。他倡办学海堂，曰"昔者何邵公学无不通，进退忠直，聿有学海之意，与康成并举"①，借用东汉著名今文经学家何休的典故，以"学海堂"为书院之名，是希望为广东培养忠直而又有学术成就的人才。学海堂建于越秀山麓，先后延聘著名学者吴兰修、林伯桐、曾钊等为学长，近代著名学者陈澧、桂文灿、文廷式、梁启超等，都是出自学海堂。阮元学术造诣深厚，是经学家、训诂学家、金石学家，生平著述丰富，撰有《挚经室集》《挚经室续集》《经籍纂诂》《十三经注疏校刊记》等30余种著述传世。早年及第时，乾隆帝高兴地对大臣们说："不意朕八旬外复得一人。"意思就是说："想不到我年过八十还得到了阮元这样的人才。"嘉庆皇帝评价阮元"有守有为，清俭持躬"。道光帝称他"极三朝之宠遇，为一代之完人"。晚年官至体仁阁大学士，致仕后加官至太傅，死后获赐谥号"文达"。阮元督粤，是其人生的一个高光时期，他也是岭南近百年中声名最隆盛的督抚之一。

阮元还是牛痘的拥趸，在《引痘题咏》第二页就有阮元题赠诗，诗

---

① （清）阮元：《挚经室续集》第4卷《学海堂集序》，北京：中华书局，1985年，第5页。

后还有自注云："南海邱氏浩川传西洋引小儿牛痘之法，二十年来行之甚广，余家小儿也引之有验。"可见邱熺亦曾受邀到总督府为阮元家人接种牛痘。所以，阮元家人出游荔湾，会登"擘荔亭"，并赋诗记录。还不止于此，当时关于南汉"昌华苑"的遗址有不同的说法，因此游玩"擘荔亭"后，阮元还命其儿子阮福作一文考证。经阮福考证，发现邱熺的园林"虬珠园"所在位置"昌华苑"，其历史更为久远，可以上溯自唐代，因此建议邱熺改名"唐荔园"。邱熺欣然接受阮福的建议，于道光三年（1823）开始扩地改建"虬珠园"。《常惺惺斋日记（外四种）》中亦有相关记载："邱浩川买地筑亭已成。"（道光三年四月十八日条）五月初三日记"浩川改造擘荔亭未成，荔子未熟"。道光四年（1824）改造完成，园林名改为"唐荔园"。道光四年四月初四日，谢兰生的日记有"午后与云圃、笛江到唐荔园，遍观所筑亭池，甚有布置"的记载，第二天的日记中则有《唐荔园诗》："唐朝留得荔枝孙，待到邱迟盖作园。千树丹砂百壶酒，一家长日住桃源。"谢兰生称赞改建而成的唐荔园更加风光宜人，如同桃花源。而且将邱熺称作邱迟，邱迟是南朝齐梁间的著名文学家，有《邱司空集》传世。这也是嘉庆、道光年间文人的一种社交手段，

图10　荔湾湖公园（当年的唐荔园旧址）

以其先祖有声望者为比附，以示对邱熺的尊重。

道光四年（1824），阮元亦作《唐荔园》，有诗句云："茉莉不强牡丹胜，昌华废苑成荒村。方今承平岭海盛，夷宾十倍唐昆仑。贡献屏绝尤物贱，百蛮其仰朝廷尊。节使公余但缓带，荔湾一任开园垣。士民竞赴半塘社，家家画舫倾芳樽。……曹诗岿然见文苑，古园不泯因诗存。喜从新构得陈迹，社诗千首题园门。"①阮福则作《唐荔园记》：

广州城西荔支湾，旧谓刘汉昌华苑，福谓不然。盖植荔非十余年不实，实亦非数十年不繁。伪刘僭窃，爰乃大侈，计爰至铢，仅廿年耳，而红云宴已特闻，则荔林非始于刘氏可知矣。《文苑英华》有唐曹松《南海陪郑司空游荔园诗》云："叶中新火欺寒食，树上丹砂胜锦州。"所谓南国名园，已具红云之胜概。然则昌华红云，即因荔园故址为之耳。曹松者，《唐诗纪事》以为舒州人，字梦征，学贾浪仙为诗。天复初，年七十余始及第，松游广州作诗当在天复之前、咸通之间，距铢宴八十余年矣。唐末郑氏镇广州者，一为从谠，一为愚。从谠节度岭南，在咸通末年，愚镇岭南两次，在从谠前、后，两郑皆拜平章，其年与松皆相合。然从谠荥阳人，愚即岭南人，松诗有"他日为霖不将去"之句，则司空为从谠无疑。又考《唐书》表、传，从谠节度岭南，在咸通十三四年，至广明元年节度河东，始加检校司空。和诗题"司空"者，文人诗稿，从后改写，亦往往有之，愚固未尝检校司空也。夫以唐咸通诗人吟宴之地，岂不甚可传，乃独使刘汉传称之，何可哉！近年荔支湾中有南海邱氏所构竹亭瓦屋，为游人擘荔之所，外护短墙，题曰："虬珠圃"。福惜唐迹之不彰也，

---

① 广东炎黄文化研究会、广州炎黄文化研究会编：《岭峤春秋：广府文化与阮元论文集》附《阮元督粤纪事年系》，第442—446页。

因更名之曰："唐荔园"。盖以文人所游，乐有古迹，迹之最古者，当溯而著之矣。[①]

郑从说，是唐僖宗时的名相，其祖父郑余庆也是唐代名相，祖孙两人均有政绩和文才。唐咸通十一年（870），郑从说改任广州刺史和岭南节度使。咸通十三年（872）到达岭南赴任，在保境安民方面颇多贡献，留下不少佳话。乾符元年（874）他离开岭南，回朝任刑部尚书等职。在岭南期间，他见泮塘墨砚洲一带水网纵横，风景秀丽，颇适合在此建造园林，于是斥资构造荔园，与文人墨客品酒赏荔。为防止水灾，他带领民众筑堤防洪，该堤被称为"郑公堤"，惠及乡民，在民间留下口碑。当时著名诗人曹松〔安徽舒州（今安庆潜山）人〕追随郑从说游荔园并写下游园诗篇，邱熺的"虬珠园"改名为"唐荔园"，即纪念此事也。

阮福的考证引起了学海堂弟子梁松年的兴趣，他亦作《唐荔园》一文继续补充：

嘉庆间，南海邱浩川，慕往昔昌华之胜，怜今时游剧之盛，即于其地创虬珠圃擘荔亭，谓是红云旧地，以为游人擘荔之所。

扬州阮赐卿福为之易其名，曰唐荔园。而为之序曰：广州城西荔枝湾，旧谓南汉昌华苑。福谓不然，盖植荔非十余年不实，实矣，非数十年不繁……

松谓：地有以人传，有以事传，诗人游咏固足传，传以示劝也；霸主豪华，亦未尝不可传，传以示戒也。而赐卿以荔之实繁年数，定其为唐荔园，而非红云宴，是大不然。即以植荔论，松尝闻之荔农云，荔植五六年即结实，不可留。清明后，实如大

---

① （清）阮元：《揅经室续集》第5卷，第47页。

豆，即尽去之，则树壮茂。八九年而实繁，若至数十年，谓之老树，则多枯弱而子希，荔农则伐以为薪矣。何得谓铄仅廿年而不能有荔也。且地，城西植荔之地，不一而足，安知曹松与郑司空所游之荔园之必为荔枝湾也？况邱氏之圃，其址乃潮坦锹筑基礨以为围田，田中树荔，不及二三十年。且环圃皆水田，无有高地。南汉时尚为沧海，其不为昌华故地也，明甚。又何得谓此地即唐曹松时之荔园故址，邱氏因之而为虬珠之圃，擘荔之亭也。谓为唐之荔园固非，即谓为昌华苑旧地，亦未见其是。赐卿之说附会，不足据。虽然，江南无荔，赐卿不知植荔法，亦无足怪。

由上可见，当时的"唐荔园"在广州的声名之盛。改名扩建而成的"唐荔园"，编竹为篱，依树为幄，园林建造赏心悦目，阮元亲题"唐荔园"三字。每年的五月，荔子成熟季节，搭盖建亭举办"荔湾之游会"，盛况空前，谢兰生油然兴叹"甚矣，粤人之好事"。当时荔湾众多的荔枝园中，风光无出"唐荔园"者。但是遗憾的是道光十年（1830）左右，"唐荔园"出卖转手，为行商潘仕成所购，潘仕成将之并入"海山仙馆"。海山仙馆自道光九年（1829）至同治五年（1866）历时近40年始建成，占地数百亩，集山水园林、江南亭台、西洋装饰、文苑珍藏于一体，馆门悬挂对联"海上神山，仙人旧馆"。园林里楼台华整，花木繁茂，茂林修竹，风景秀丽，极擅台榭水石之胜。潘仕成不仅建筑华丽的海山仙馆，还以其雄厚的财力，着力搜求古帖、书画、善本、金石等文物，藏于海山仙馆，并把所藏文物，通过摹刻勒石、编印书籍等方法，以公之天下并传诸后世。建成后的"海山仙馆"名气达及峰值，甚至广东地方当局接待重要人物如朝廷命官和外洋使者也都于此举行，当年洋人参观后直呼海山仙馆比一个国王的领地还大。

而邱熺为何转手"唐荔园"？不见于任何史料的记载，只是后来研究者一般都是在研究"海山仙馆"时会提及"唐荔园"，然后一句"唐荔园盛极而衰"带过。因资料阙如，对其真正的转手原因已难以追寻，笔者依据所阅资料，略陈一管之见。

"唐荔园"建成后，谨慎而又精明的邱熺表现相当高调，遭时人嫉妒，尤其是与邻居刘步蟾发生冲突，恰好遇到潘仕成扩建"海山仙馆"，或许便想玉成其事，因而将之转手。潘仕成乃行商潘启官家族成员，是启官弟弟的曾孙，世代经营盐业。在潘有为去世后，潘正炜主持同文行时期，潘仕成和其父亲潘正威也多参与同文行事务，潘正炜当时十分富有，潘仕成亦成为豪商巨富。潘仕成家族本来在泮塘有园林别墅，名曰"清华池馆"，与邱熺的"唐荔园"比邻。道光九年（1829）潘仕成意欲扩建园林，邱熺便顺势转手，玉成其事。而且邱家与潘家之间的关系一直不错，道光十二年（1832），潘仕成赴京参加顺天乡试，得皇帝恩赐举人，开始步入仕途。在京粤之间往来长达10余年，其间将牛痘再次传入京师，即是潘仕成邀请邱熺（后因邱熺以年老未往，而由其长子邱昶赴京为人接种牛痘近一年而返）而得以实施和成功。

道光四年（1824）"虬珠园"改名"唐荔园"并扩建，阮元父子赋诗、撰文为记，阮元并亲题"唐荔园"门额，对于没有功名的邱熺而言，这是无上的荣耀。邱熺当时甚为高调，邀请清代著名书画家陈务滋绘《唐荔园图》两幅，加上题跋，成两长卷。其一图为绢本设色，绘唐荔园全

图11　1848年夏銮《海山仙馆长卷》之中部①

---

① 杨宏烈：《"海山仙馆"相关历史画卷的识读》，《广东园林》2015年第1期。

景，并附陈务滋楷书阮福所撰的《唐荔园记》；另一图为纸本设色，绘唐荔园门一角，同卷有黄鹄举《唐荔园图》。卷内还有阮元题跋："红尘笔罢宴红云，二百余载荔子繁。十国只想汉花坞，晚唐谁忆咸通园。"这两幅图画把该园曲桥荷荔、亭阁华整的优美景色，描入图中，成为一幅极具历史和艺术价值的图画。考陈务滋，字树人，号植夫，湖北安陆人，所绘山水气韵弥厚，竹石花卉亦超脱，又工楷、篆、隶书，为清代有名书画家。受邱熺邀请绘《唐荔园图》时，陈务滋刚好任广东佛冈司狱。

唐荔园扩建而成后，邱熺时常邀请官员、文人骚客在园中举行诗酒文会，赋诗、绘画、奏乐。邱熺还曾邀请文人举行诗文大赛，获诗数千，从中挑选千首刻在"唐荔园"的大门墙上，即前文阮元诗中所说"社诗千首题园门"。

此事可能也是导致唐荔园转手的一个重要因素。同治年间的谭宗浚在《荔村随笔》中有记载：

> 三水刘羽樵茂才（步蟾），工制艺，诗才亦警敏，然性滑稽，人多畏其口。南海邱姓筑唐荔园，阮仪征（即阮元）制府为署额，中有擘荔亭诸胜，制府尝驻节往游。邱氏于亭边刻石云：阮制府尝游此。又遍征同人诗文，延制府评阅。浙中童莘君太史时在幕府，代定甲乙。邱故俗物，仿春秋闱揭晓例，于三更后奏乐，然骤张巨榜于所居三界庙前。刘即作俳诗刺之，中有句云："至今擘荔亭边石，犹说芸台（阮元号芸台）小便香。"黰夜即黏榜上。迨晨早看榜者并见此诗，无不掩口。邱大恚，欲纠人欧辱之，或力阻，乃止。①

---

① （清）谭宗浚：《芳村随笔》，《丛书集成续编》第26册，上海：上海书店出版社，1994年，第512页。

刘步蟾，字羽樵，三水人。祖上从三水迁住广州西关牛乳桥，与邱熺接邻而居。13岁考上秀才，能文擅诗，在嘉庆、道光年间颇以诗气闻名。但多次参加科举乡试，皆未中举，一生穷困潦倒。所以，看到唐荔园主人邱熺如此高调地附庸风雅和攀附权贵，甚是看不惯。而记录此事的谭宗浚，同治十三年（1874）以一甲第二名榜眼高中进士，也流露出对邱熺攀附总督阮元深深的鄙视之意，如文中"邱故俗物"。还有前文中所引梁松年的《唐荔园》，也是满满的酸醋味。的确，邱熺对于权贵的攀附有点过于露骨，加之曾为社会地位并不高的买办，邱熺后来成为痘师为人施种牛痘跻身于豪富之列，遭致时人嫉妒也属世之常情。

道光十年（1830）后，唐荔园是否盛极而衰，实在是没有资料可佐证。《引痘略》撰于嘉庆二十二年（1817），《引痘题咏》刊于道光三年（1823），谢兰生的《常惺惺斋日记》也只记录到道光九年（1829）。但是在1829年的谢兰生日记中，倒是丝毫看不到"唐荔园"衰败的迹象。这一年正月十三日条下记录："邱洁川送来玉蝶梅两大束，花头甚繁，插诸瓶盎，香满一室，快事也。询诸来使，云是唐荔园所植，荔园以荔著名，不意梅花一盛至此。甚矣，邱君可人而予与唐荔园有缘也。"四月初七日记载："会周秀甫，即到鲍东方寓所会同云谷、春塘，到荔湾晤邱浩川，周览花木，比前荣茂。荔子约如绿豆，大者竟似白豆矣。……今年荔子比去年较盛，浩川云李氏苏园闻不搭盖大亭了。"然后五月是荔枝成熟季节，谢兰生这个月11次到唐荔园。六月日记中有五次提及邱熺，两次是邱熺送荔枝给谢兰生，还有一次是谢兰生送荔枝给邱熺。六月十四日更是有详细的记录："午间与衢尊到东方寓斋午面，即下船入荔园会浩川、乔梓，云明日即将诸亭子拆去，今日酧诸友唱曲钱荔，亦韵事也。唉黑叶及九里香数枚，听数曲即还，并赋数诗。《钱荔诗并序》：'己丑六月十四日，与东方、衢尊入荔园，得唉黑叶及九里香数枚。其在树上者，不可留矣。浩川主人集名辈、善丝竹者，与太翁欢宴迭歌、以毕今年荔事。予曰：以斯钱荔韵，甚唐风而兼魏风矣，诗三章、章四句以实之。吹面波心

图12　道光四年（1824）唐荔园局部图[①]

杨柳风，摘珠还喜廿人同。明朝仙袂归山海，兼拔亭台上太空。桐深竹翠石玲珑，隔幔低回唱恼公。不许周郎通一顾，赚人花外想惊鸿。岂识庞眉河上翁，歌喉能啭大江东。年年约定溪南叟，来饯仙官一品红。’”从谢兰生的诗作中丝毫不见唐荔园衰败的迹象，反而是更加繁茂。道光九年五月开始搭台设帐举行赏荔之事，六月十五日拆去，前一日邱熺与其父邀请名流，演奏弦乐、赋诗设宴，为这一年的荔枝饯行，甚是一派喜悦祥和的景象。

谢兰生的《常惺惺斋日记》记录时间是嘉庆二十四年至道光九年（1819—1829），也是邱熺比较活跃的时间。谢兰生进士出生，后辞官回家，历任广东三大书院山长，擅长作画和书法，是嘉庆、道光年间广州城里名气响当当的名人绅士。其日记中大量的记录都是他与官、商、绅、寺

① 杨宏烈：《“海山仙馆”相关历史画卷的识读》，《广东园林》2015年第1期。

庙人士之间的交往，几乎每天都是会客、宴饮、出游、作画。邱熺极少参与这种文人雅集，日记中关于邱熺的记载大多都是去邱熺荔枝园游玩啖荔，还有就是为唐荔园作画赋诗，以及邱熺赠送礼物给谢兰生等。笔者觉得，邱熺是小心翼翼地维护与官员、文人绅士之间的关系，其目的就是传播当时从西洋传入尚未为时人所信的牛痘接种术，他需要这些上层人士的支持，他们具有强大的社会影响力，登高一呼，就会收到风吹草偃之效，邱熺用心良苦矣。

其实，邱熺性格中具有非常谨慎的一面，也具有商人的精明。嘉庆十年（1805），为打消中国人对于牛痘新法的疑虑和抗拒，东印度公司大班要求商馆医生助理皮尔逊撰写一个关于牛痘的宣传小册子，即《暎咭唎国新出种痘奇书》。此书刊行后，东印度公司商馆大班原本计划通过行商首领潘有度将宣传册子呈递两广总督与粤海关监督，安排邱熺将书送给行商潘有度。负责传书的邱熺担心官府援引《防范外夷规条》究治他们未经许可擅自印书的罪责，不愿意承担送书的任务。大班只好另外请人重新缮写，还加上一封禀贴同时进呈，可见邱熺性格中谨慎的一面。当然这一次进呈并没有成功，因为当时英国一艘兵船闯入黄埔港口，导致清政府极为紧张，双方正处于剑拔弩张之际。还有邱熺的著作中只字不提郑崇谦（详见第三章介绍），乃至于道光十五年（1835）《南海县志·艺文略》中说："《种痘奇书》一卷，国朝郑崇谦撰。按牛痘之方，嘉庆十年自外洋至，崇谦为洋行商，刊此书，募人习之。同时习者数人，今则人精其业矣。崇谦殁后，后嗣式微，遂有窃其书而增益之以问世者，不复举崇谦之名氏也。良可慨矣！"①郑崇谦因经商亏损严重，拖欠税饷和外商货款，被流放新疆伊犁，旋即客死他乡。方志作者在文中充满了对郑崇谦深深的同情，亦在含沙射影邱熺剽窃其书而成《引痘略》。从中也可窥见，当时有部分人

———

① （清）潘尚楫主修，（清）邓士宪总纂：道光《南海县志》卷25《艺文略》（一），同治刻本，第12页。

包括同乡对邱熺的不满，原因已难以追寻。

其实，方志作者完全没有搞清楚《种痘奇书》的来龙去脉，对邱熺的确是误会。只是通过此事，亦可知邱熺谨慎的性格，为免受郑崇谦案的影响，邱熺取明哲保身之道。还有邱熺也只字不提皮尔逊，皮尔逊可是极为欣赏邱熺。当时夷夏之防甚严，何况邱熺还有充当买办的经历，可能稍不小心就会触犯"外夷管理章程"。邱熺去世后，其长子邱昶继承父业，依然主持痘局。咸丰十年（1860），传教士嘉约翰拜访邱昶的痘局，并报道说："邱先生在他的办公室中挂有皮尔逊医生的一副画像，是奇纳利（Chinnery）所绘原作的镌刻版，画像旁边是皮尔逊对种痘的中文介绍。邱先生也有介绍种痘局简明历史的文宣，以作散发之用，文宣完全承认这种技艺源于外国，实令人欣慰。"①时间已是咸丰末年，时势易也，夷夏观念已有改观，所以邱昶能把皮尔逊的画像挂出来了，而其父邱熺曾经只字不提教其牛痘接种术的师父皮尔逊。

邱熺坚持一生为人施种牛痘，哪怕年逾古稀，仍前往花县为知县张崇恪家人接种牛痘，在生命的最后亦是以牛痘之事谆谆告诫其后人，"使昶永其传，并谕以后世子孙毋或失坠"②。而且当时外地人士皆慕名而来广州，拜邱熺为师，其弟子遍布大江南北。邱熺从32岁与牛痘相遇，坚持种痘长达40多年，把牛痘接种术从广东传往全国各地，称其为"中国接种牛痘先驱"毫不为过。

二、君是众人之母

西方人称邱熺为A-hequa或长头医生（Dr.Longhead），"A-hequa"是"阿邱"的英译，长头医生则可能是说邱熺的长相了，头比较长，这是

---

① 梁其姿：《面对疾病：传统中国社会的医疗观念与组织》，北京：中国人民大学出版社，2012年，第82—83页。

② 高日阳主编：《岭南医籍考》，广州：广东科技出版社，2011年，第402页。

来自西方人对邱熺的描述。而中国对于邱熺的记载殊少，仅有邱熺自刊的《引痘题咏》二卷诗文中有所记载。不过，《引痘题咏》是邱熺为达官贵人、文人绅士、行商巨富的家人接种牛痘之后，他们主动或者被动（在邱熺的请求下）赋诗赞美，其可信度的确需要谨慎对待。但是116位上层人士180余首诗文的满口称赞，以及牛痘接种术的效果"万举万全""百无一失"，还有皮尔逊对邱熺的褒奖"判断精准、才思敏捷、持之以恒"，那么也可推断出《引痘题咏》还是基本可信的。

　　翻阅《引痘题咏》则满是对邱熺的赞誉之声，有说"而君气恂恂，谦怀诚若谷"（谢兰生）；"有功不乏乃歉受，渊衷大度人难窥"（何有书）；"邱君习此思济世，诚求保赤心实慈"（张维屏）。有人称邱熺为道人丘处机，以邱长春相赠"仙乎邱长春，海上方独有"（符泰辑）；"道人邱长春，引痘参秘诀"（张如芝）；还有将邱熺直呼为菩萨"黄金合铸长春像，留于家家拜礼佗"（吴家树）；"菩萨心肠菩萨身"（伍良），"岁活孩提以万计，家家颂生佛焉"（蒋婉仪）；"顶礼黄毛菩萨，家家愿奉弥陀"（叶应泰）；而苏青简以二十字的诗句给邱熺作出了极高的赞美："老者得终其寿，幼者得以全育。甘棠之爱，不是过矣。"

图13　邱熺壁画（摄于广州中医药大学大学城校区"岭南名医壁"）

在对邱熺的交口称赞中，用得最多、最符合实情的赞叹是"君是众人之母"，180余首诗文中，有数十首都有"众人之母"句，歌颂邱熺挽救婴幼之功。"一片婆心，君是众人之母""是谓众孩母""众人之母君克任""赤共呼同母""良相功同真众母""众人之母合称子""君心合称众人母"等，为何获如此之高的评价？可以从以下三个方面来分析。

首先邱熺敢于尝试，自己率先接种牛痘，以身先试法。西洋牛痘新法与中国人痘法不一样，人痘法使用的是人体感染天花之后的痘浆为苗，牛痘是从牛身上的痘疱中取浆接种到人体；操作方法不同，人痘法是把痘苗放入鼻孔，牛痘法是在手臂上用刀切开皮肤放入痘苗。牛痘传入中国，"人之不信"为普遍现象，而正在澳门的邱熺却勇于尝试。《引痘题咏》中番禺的庞茂荣（字鹿门）撰文对邱熺的这种尝试精神大为赞赏：

共睹目前之利而又可以济人者，人情莫不争为；阴冀将来之利而亦易以济人者，人情或可勉为；共睹目前之利而未尽可以济人者，人且皲然为或不肯为；不冀将来之利而且以身先为试，以征信于人者，虽其道可以济人，人亦必不乐为。苟非好善坚笃，仁厚诚恻，不惜以一身济人，曷能毅然为之哉！

嘉庆九年，有外洋夷医，传其引痘之法于粤，人初莫之敢信。诚以痘患禀受于胎先，感天气而散行。其伏之愈深，则其发之越迟，则其为害尤大，故自童年未经痘疹者，莫不惴惴焉，思善以治之，而未得其术也。欲早以弭之，而莫敢引其发也。岂不恐能为发或不能为收，反为身累乎？

邱君曰若其道诚不足以济人斯已矣，苟其道诚足以济人，虽以身为试，庸何伤？且其道可以济人，虽于吾身无所利，亦何伤？慨以壮年未经痘疹之身，先为试之，悉究其术，进而种诸家人以及戚友，且广其传于退迹，复恐痘种不接于夏秋之时，酿金生息，听贫民来种，酬以金钱，俾痘种得源源不绝。又虑疯疾小儿来种者，传染不善，请诸有司，每期使疯园中识此疾者二人察验，以防贻误。其术良善，其虑良周，而厥初用心，亦良挚矣。曷尝略有利之意存哉！

凡事功已昭著，利有所归，人乐得而勉为。而当其利或未形，害未可必之初，肯以身为天下征信，非天资仁厚，悟理深彻者亦不能传其术以济其人也。迄今引痘之法行，而赤子婴孩无困厄之苦，其皆邱君之美德，广披于无暨乎。引痘之方，具明于自叙，仁术之善，歌咏于词人，兹不详述。其所难能者，成事之始无所图，度以开其先，斯存心为足重也。[①]

引文用了比较长的篇幅深入地分析了邱熺以身先试的"天资仁厚"和"悟理深彻"。当时牛痘初入中国，与传统的鼻苗法大不相同，而且没有成功的案例。尤其是大家都认为，年龄越大出痘越危险，民间有这种说法："成人而痘，十无一生。"而邱熺却敢于试验，这种勇毅不能不让人佩服。的确，诚如庞茂荣所说的，没有一种悲悯情怀和超拔常人的智慧，是难以去冒险尝试的，这正是邱熺身上具有常人不具备的一种优良的品质。不过引文中也可读出时人对于邱熺以接种牛痘牟利的议论，这应该也是庞茂荣撰写此文的目的所在，意在为邱熺辩白。邱熺本是在澳门充当买办，却通过为人接种牛痘跻身于豪富之列，遭人议论嫉妒乃属世之常情，古今中外皆如此。

但是，对于邱熺的这种以身先试，还是得到很多人的敬佩。如"君先以身试，妙理毫厘析""始言夷术未为真，赖得君家试自身""浩川身试先，仁术播高迥""年壮伪痘常怒焉，幸得其方先试己""现身说法示来因"等。邱熺也正是因为以身先试，对于接种牛痘有亲身感受，如"其初

---

① （清）邱熺：《引痘题咏》卷3，道光三年自刻本，第3—5页。

一二日所刺处常如蚁咬""第六七日水足灌浆微微觉痒""八九日灌浆满足两腋底微疼",这种亲身的体验感对于接种者是很好的安抚,可以减少因对牛痘新法的未知而产生的恐惧。

其次,邱熺在皮尔逊传授的接种方法上进行了创新和完善,确保牛痘接种的百无一失。皮尔逊是第一个给中国人接种牛痘的英国医生,他是在人的表皮上用锋利小刀切出小口,将牛痘苗植入。为操作方便,一般选择在手臂上切口,不择左右手,切口为一个。邱熺跟随皮尔逊学习种痘法,使用的教材也是皮尔逊所撰的《暎咭唎国新出种痘奇书》。但邱熺善于思考,他在为人接种的过程中,发现种痘后有出和不出的现象,当时还没有现代的免疫学知识,无法解释这种现象。而这种情况的存在更使人难以相信牛痘法,接种牛痘后会复发的说法铺天盖地。邱熺亦困惑于理论的短缺,只能依照传统的路径,以胎毒的轻重来解释:毒轻者出痘较少较小,出了有可能被忽略了;毒重者则一般剂量的痘苗难以引发出其毒,故此有种痘而不出的情况。为改变种痘不出的现象,善于思考的邱熺创新皮尔逊所授的方法,为人接种时,不止有一个切口,而是多切口,多植入痘苗,以足以引发先天之毒。"每臂每穴各种一颗,如孩童至八九岁以上,日食腥腻五味,恐或有后天之毒,则于两穴上下相连之处,中间各种一颗,不宜出四颗六颗数外。"在此基础上,邱熺再提出补种的方法,为牛痘接种进行双保险。他总结了三种需要补种的情形:"然或虑引泄未清,恐有后患,则须俟其元气既复,一年、半年之后,再补种矣";"又有八九日灌浆如蓝紫色,此系胎毒极盛,亦必须次年补种";"更有种一次一颗不出,至种第三次始出者,此非引泄不验,良由小儿先天毒气太盛,根深蒂固,一时难于引拔,尤须随期复种"。①

邱熺的理论阐释放到今天的背景下的确有点荒唐,其实当时西方传教

---

① (清)邱熺撰:《引痘新法全书》,第88—89页。

士也不信服这种理论阐释，认为是故弄玄虚。但是实践上却是非常有效，"妙手空空信可嘉""空空妙手如神仙"的赞叹之声不绝。即使对于邱熺的理论阐释不屑的西方传教士，对于其效果也是佩服的。嘉约翰于1861年写道："他的接种方法是在手臂上做四五个横向切口，痘苗直接由一个人的手臂输入另一个人的手臂。这种手术方式所留的水泡既不圆也不规则，但处处显示出这种种痘是切实有效的。"德贞也在19世纪70年代表现出对于中国所用方法的钦佩："（由天花而引发的）死亡率在已接种牛痘者中间实在微不足道。中国人已经非常接受种痘，这项技术也产生了它极好的效果。中国人将传统的理论与这项技术结合起来，尽管因此种痘被置于一种神秘的氛围之中，但并不减手术傲人成就。他们极讲究痘苗、孩子的身体条件、节气等，巨大的成功是对他们苦心孤诣的回报。整个问题充满趣味，这里甚至有一些值得我们学习的地方。"[1]

最后，邱熺为人接种牛痘技术高超。为人种痘，非艰深技术，但是中国传统的鼻苗法，技术一般是秘而不宣，以保持其神秘性和垄断性。邱熺却不仅将牛痘方法公开，还撰书详尽介绍，免费送书，广做宣传。施种牛痘虽非高深医术，但邱熺接种牛痘是按照穴位切开皮肤，这还是需要技术的。首先切口不可太深，因为接种对象大多是婴幼孩，惧怕疼痛乃常情；还有切口深、出血多则将植入的痘浆携带出去了，这样就收不到种痘的效果，还需重新接种；另外切口太大，可能会导致伤口难以愈合甚至感染；尤其不好把握的是不能偏离穴位。所以，张崇树跟随邱熺学习种痘，可以见效，但是发现总没有"先生所种之痘美且好"即是明证。

接种牛痘持刀划开皮肤，这是第一道技术关口。"或见持刀医，怖惧勿敢试"，番禺人黄位清的诗句生动地刻画了被接种的孩子的恐惧心理。邱熺向皮尔逊学习时，就非常善于观察，注意皮尔逊执刀的动作、手的力

---

[1]　梁其姿：《面对疾病：传统中国社会的医疗观念与组织》，第82页。

度等，再结合自己的临床实践经验，在《引痘略》中邱熺已经能够具象化地精准描述持刀方法了。他说"其刺法，用刀不宜直竖，宜轻巧。将点苗刀尖，轻轻平刺皮膜如一纸之薄，刺处约宽一分，以微见血为度"；并且特别强调"断不宜手重"。这种持刀技术需要熟能生巧，更需要用心，邱熺将之操练得娴熟无比。行商南海人伍秉镛称赞邱熺"挑剔最纯熟"，南海人谢兰生则说邱熺"奏刀乃无力"，却能"启膜不至肉，皮内而膜外"。

接种牛痘还有一个技术关口就是穴位的把握。皮尔逊按照西方的接种方法，将痘浆植入表皮之下即可，选择手臂是便于操作。牛痘法进入中国，新鲜陌生，怀疑之声不绝如缕。邱熺苦心孤诣，把它与中国传统中医理论糅合起来，借用经络、脏腑、血气理论，进一步将牛痘接种技术精细化和标准化，确定手臂上的清冷渊、消泺、夹白穴位，从三焦命门来阐释牛痘运行和引发胎毒的原理。补充了皮尔逊在理论上的苍白，也为大众接纳牛痘法奠定了深厚的传统中医基础。那么对于穴位的把握极为重要，邱熺专门绘图标注穴位，而且强调个体胖瘦、大小、高矮的差异。邱熺技术练达，南海冯国均（字衡石）称赞其"奏刀不事惊骟然，信手直达清冷渊；如期收效皆十全，丹炉药鼎无烦煎"，说明邱熺对于穴位拿捏得精准。对于邱熺的高超技术，更多的亲见者则是用"庖丁解牛""郢人斫垩""运斤成风"来表达对邱熺技术的叹为观止，如番禺人罗大经说邱熺"有如良工运斤法，须臾去垩鼻不伤"；南海人徐士显说"昔闻庖丁善解牛，提刀四顾何神似"，番禺人张维屏更是叹曰"巧可夺天工"。

正是拥有如此高超的技术和亲身体验的悲悯，邱熺接种人数高达成千上万，不可计数。顺德黄允恂说"浩川先生神乎技，仁寿孩童数无纪"；顺德张廷臣家的儿辈皆请邱熺为其种痘，对邱熺赞颂曰"况活万人命，力挽九牛尾"；南海张乐亦说邱熺"所种人约万计，无再出，无夭殇"。天花危害大，重者夭折轻者瘢，这是当时人们对于天花尤为恐惧的原因，即使不死也是在脸上留下"瘢痕"，毁坏容颜，带来心理的创伤。有了牛痘接种术，人们可以摆脱"麻脸"。南海人熊景星（担任过学海堂学长）说"十五女儿颜胜雪"，顺德人梅璇枢说"青红儿女尽欢悦，不愁满面天花妆"，所以"黄童白叟纷瞻望"，甚至恨不早相逢。番禺黄乔松家最初出生的两个儿子皆因天花夭折，发出"当时恨不早相见，免令舐犊慈母悲"的感慨。番禺王和钧儿时出天花留下麻脸，对邱熺亦是相见恨晚："自笑索瘢如我面，卅年前恨未相遭。"

对于当时大多数人的疑虑排斥甚至诋毁，接受了牛痘接种的人士深感痛心，南海李麟发出"轻相诋毁群何为"的拷问。南海大盐商之子叶梦龙则以一家十人皆种牛痘为其硬核宣传："更我十孩凭此法，析疑何用问他人。"其弟弟叶梦麟也是奉劝为人父母者："为语养儿人，弗使余烦恼。"南海人伍良也是以亲历者的经验劝诫众人："堪笑纷纷观望者，此中何为误何人。"南海徐珮昌也发出了"过来人唤梦中人"的声音。尤其是对于当时严守夷夏观念的人，开明人士给予痛击，顺德人廖赤麟说"用夷用夏何必群言喧"，番禺黄乔松则是解气地说"先生用夷变于夏，顿令腐臭惊神奇"。正是这一批批敢为人先的广府英杰，使牛痘接种技术最终得到国人认可，拯救的孩童无数。

邱熺及其支持者基本都是广府人士，广府地区思想开放，勇于接受新事物的社会风气，使牛痘技术得以在广东广泛传播。皮尔逊就说过："所遇到的偏见阻碍，比预料的要少得多。"邱熺等中国痘师在广东为人接种牛痘后，"天花疫灾的危害比从前要轻得多"。道光八年（1828）香山人曾望颜就言："牛痘之法，吾粤家有其书，人解其术。"到19世纪50年代，香港总督德庇时也说："从各个方面看，牛痘在广东的发展已极为稳定。"到了60代初，博济医院的嘉约翰观察到："牛痘法在广州及附近地区人尽皆知，甚至可能整个省的人都知道。"到光绪五年（1879）《广州府志》中则记载："今粤人共知洋痘之善，惟岭外人尚有未深信者。"在光绪八年（1882）重刊乾隆时期治痘书籍《痘疹辑要》时，黄德华说："吾粤自种洋痘盛行，肆力痘科者（笔者注：指人痘接种）渐少，遇有各

痘症，欲延访医治，辄难得其人。"①可见，牛痘新法的传播最早进入广东，在广东也是推行得最为深入和广泛。

可是，作为牛痘新法传播先驱的邱熺，却不见于史乘。仅在阮元主持修纂的道光《广东通志》中，有"广东近时有邱氏种牛痘方，为效甚捷"一条近二百字的记录于《杂录》中，而《广州府志》尤其《南海县志》都没有为邱熺立传。对于此事，陈垣亦是大发感慨："吾独奇《通志》先以此事隶杂录，《广州府志》而下率因之。甚至寻常跌打诸医如某某某等，《南海县志》且为之立传，而牛痘一事，则皆附卷末，未闻有以邱氏隶方技传，而以郑、谭、张、梁附传者，亦关于士大夫之史识也。"陈垣觉得方志纂修者史识太低了，没有认识到牛痘术的意义，传播牛痘术的先驱被遗忘在历史的尘埃之中。陈垣还进一步说："由嘉庆十年至于今凡百有四年矣，日本明治三十一年犹赠楢林宗建正五位。楢林宗建者，以我道光二十九年就兰医传牛痘术，著《牛痘小考》，犹之我国之邱浩川其人也。而我国人对于邱、谭诸人又何如？"②陈垣更是将中日两国进行对比，晚于中国传入牛痘术的日本，尊重传播牛痘术的先驱楢林宗建，而对于邱熺在中国的遭遇表达出愤愤不平。

为何方志没有为邱熺立传？笔者认为，最重要的原因还是当时人们没有预防医学的观念，觉得痘师为"医之余技"，登不了大雅之堂。尽管中国很早就有"治未病"的思想，但是在日常医学实践中还是远远侧重于"治已病"，尤其重视对疑难杂病的治疗和探索。即使当时的西方传教士亦莫不如此。整个19世纪教会医院报告的主要内容是吸引中国读者和西方读者的大手术，对于种痘，仅兼作实施，附带提及而已，种痘在他们的医疗活动中的重要性持续不断地下降。1874年，嘉约翰在博济医院建立他的

①　严世芸主编：《中国医籍通考》第3卷，第4411页。
②　陈垣著，陈智超编：《陈垣早年文集》，台北："中央研究院"中国文哲研究所，1992年，第220页，第224页。

诊室15年后，很自豪于自己做了1084例外科手术，但种痘只有250例。更有意思的是，最早传牛痘术入华的皮尔逊也不喜欢种痘。在1816年的报告中，他说："现在我从亲手种痘这一繁重的、特别讨厌的任务中解脱了出来——我的责任只是检查脓疱。"[1]这一工作缺乏光环，可能令绝大多数西洋医生觉得乏味和厌倦，可是邱熺却执着于此40多年，种痘不倦，授徒不倦，还苦心孤诣地索求文人、地方官员等赋诗赠文支持，小心翼翼地维持与官员、士绅、商人之间的关系，殊为不易，更显弥足珍贵。

---

[1] 《中国丛报》，1833年，第36页。转引自梁其姿：《面对疾病：传统中国社会的医疗观念与组织》，第90页。

第三章

投身痘局与首席
种痘师

文历史

第一节　英国医生亚历山大·皮尔逊

西医自明代就已进入中国，清军入关以后，西医在中国得到了一定的发展，特别是在宫廷之中，如康熙皇帝对金鸡纳霜即奎宁（疟疾用药）的推崇。然而，对于绝大多数普通中国民众而言，有机会接触到西医还是开始于19世纪初詹纳发明的牛痘接种术的东来，这是西方医学技术传入中国的先声。牛痘接种术是在近代中国得到比较迅速推广的西方医学技术。通过牛痘接种术，中国人看到了西方医疗技术的进步，进而愿意接受西方医学，为近代西医在中国的立足和发展奠定了基础。对于牛痘接种术的东来，英国东印度公司的商馆医生亚历山大·皮尔逊是一个关键人物。

一、亚历山大·皮尔逊

亚历山大·皮尔逊（Alexander Pearson，约1766—1836），英国人，1805年由英国东印度公司董事会派往中国担任广州商馆医生，1832年离开中国，在华27年，为牛痘术传入中国和在中国的推广作出了非常大的贡献。

东印度公司是英国于1600年开始设立的对东方进行殖民贸易的垄断公司。为保证公司员工的健康，东印度公司很早就设置有专职医生的服务。它包括有三类医生：船医、商馆医生和印度等殖民地才有的军医。在中国的东印度公司只有船医和商馆医生。据记载，早在1637年威德尔率领船队来华寻求建立贸易公司时，其船上就配置有医生。此后，来华的东印度公司在每一艘贸易船上都派驻有船医和助手各一名，照料船长以及水手的健康问题。但是一直到18世纪中叶为止，船医的资格和任用都缺乏制度性的规定，有人说："许多不同国籍的船医，经由各种奇怪的途径进入公司服务。"于是从18世纪后期开始，东印度公司严格规定了船医的资格，必须拥有皇家外科医生协会（Royal College of Surgeons）颁发的医生证书，再通过东印度公司的考试，以医生助手身份上船服务一个航次后才能担任船医。

皮尔逊早年经过学徒阶段取得"皇家外科医生协会"的医生证书，成为合格医生，之后便投身东印度公司担任船医。他曾于1795、1799和1801年担任"阿尼斯顿号"商船的船医三次来华，对中国并不陌生。但作为船医，仅在贸易季来华，贸易结束立即跟随船只回国，他对中国的了解也是极为有限的。

随着中英贸易逐渐扩大，18世纪70年代初，东印度公司对华贸易制度有一项重要的变革，即来华人员从每年轮调改为常任派驻方式。从此，广州商馆成为常态性的组织，在固定配置的人员中开始包括商馆医生。商馆医生除了负责商馆工作人员和他们家属的健康提供服务外，公司还规定商馆人员若要提前返回英国，必须由商馆医生开具诊断书证明才能提前回国。英国从1775年开始在广州设置商馆医生，到1834年东印度公司广州商馆被英国驻华商务监督取代，59年间共有商馆医生与助理医生13人，皮尔逊是其中任职时间最长的一位，担任商馆医生27年。

可能因为商馆医生的生活比较安定，不必常冒风浪之险，因此船医有机会都愿意改任商馆医生。1804年5月，皮尔逊经东印度公司董事会任命由船医转为广州商馆助理医生。1805年1月初，皮尔逊依然搭乘"阿尼斯顿号"到达中国，开始了长达27年在华商馆医生的生涯。1805—1806年，皮尔逊担任了一年的助理医生，当时商馆医生是麦金农，1806年麦金农回国，皮尔逊升为商馆医生。

1805年，皮尔逊来到广州商馆任职，恰逢其前任商馆医生麦金农与十三行行商达成行的倪秉发（Ponqua）发生了交易纠纷，于是东印度公司对商馆医生管理做了重大改变。在此之前，因为商馆医生属于技术人员，只有固定的薪水，不能参与公司分红，因此允许商馆医生在工作之余可以兼做生意。1803年，商馆医生麦金农与行商发生交易纠纷，他不满商馆大

班哆啉哎的处理方式，同时又与商馆其他人员发生严重冲突，1805年底回国。于是，公司规定从此以后，商馆医生不得再兼做生意，以免重蹈覆辙，但是决定提高商馆医生的待遇，助理医生年薪从700英镑提至1000英镑，医生年薪则由1000英镑提至1300英镑。这项规定就从皮尔逊开始执行，所以皮尔逊当时与东印度公司签下了严格的契约书，不准从事私人贸易或担任代理人，若违反规定将遭受严厉处罚。①这项规则的改变，使皮尔逊可以心无旁骛地全身心投入医疗工作中，恰逢牛痘接种术东来，皮尔逊投身其中，为牛痘接种术传入中国竭尽努力，作出了巨大的贡献。

1805年5月，东印度公司结束贸易季，从广州返回澳门。初来乍到的皮尔逊也跟随公司退回澳门。恰好遇到葡萄牙商人啤道路滑的"希望号"商船将牛痘苗从菲律宾的马尼拉带到澳门。这是东印度公司历经近两年未能达成的心愿，于是大班哆啉哎嘱咐皮尔逊和澳门医生立即用这批疫苗给在澳门的外国人和中国人接种，并想办法保存疫苗。

皮尔逊首先是与澳门议事会医生戈麦斯一起在澳门为人接种牛痘，在澳门为人接种几个月后，随着贸易季节的到来，商馆人员前往广州贸易，皮尔逊也从澳门带着牛痘苗返回广州，在东印度公司商馆里开始为广州当地人免费接种牛痘。他最初主要是为穷人接种，他在提交给英国疫苗研究所理事会的报告中说："他们中的许多人是最贫穷的阶层，居住在拥挤的小舟或者其他什么地方，很有必要接种，以致于（天花是固定不变地在这个省流行的动物瘟疫）其效果很快得到证实。当英国商馆在那个季节从澳门迁往广州时，因为其（抗病）好处，一定程度的信心被建立起来了。并且在1805年到1806年的冬春之际，天花流行期间（每年天花袭击的时间在2月，到6月上旬才收敛），来接种者很多。……许多人（我相信我能说明有数千人）在12个月的接种过程中（得到接种）。"②

---

① 苏精：《西医来华十记》，第10页。

② Chinese Repository, Vol. Ⅱ. May, 1833, P37。

为了应对繁忙的接种工作和为了更广泛地传播牛痘接种术，在会隆行行商郑崇谦的资助下，皮尔逊招收中国学徒，开始培养中国种痘医生。对此，道光《南海县志》有记载：

> 牛痘之方，嘆咭唎蕃商哆啉哎于嘉庆十年携至粤东。其法刺牛膊上小痘，剔取浆水，点小儿两膊之夹白穴，痘即如期从穴出，嗣后以小儿痘浆，如法递传，如期奏功，永不复出。时洋行商人郑崇谦译刊《种痘奇书》一卷，募人习之，同时习者数人：梁辉、邱熹、张尧、谭国……①

皮尔逊自己也说："为了推广牛痘，我采取了最为有效的方式，我训练了几名中国人，尽力教他们种痘的每个细节。他们不仅在我的指导下为人接种，而且已经将此法推广到其它［他］地方。"皮尔逊培养的这些中国种痘医生是选自受雇于英国商馆的中国人，即上述的梁辉等四人。在皮尔逊和中国种痘医生的共同努力下，牛痘接种术在当时唯一开放口岸的广州逐渐推广。他说："它在这里肯定是在社会较低阶层中传播得很广，以至于在中等阶层中普及开来，并在较高阶层中成为经常的事。……但整体上来说，对它的效果的信心逐步得到确立。"后来的传教士也有相同的记载："在广东省城有啤呕医生（即皮尔逊）教人种牛痘时，就种之小孩不少，十二个月间，种痘小孩约有数千，亦有本地人到来学习种痘之法，传至邻近省份时，就医之人即少有来到外国人之处。"②

可是牛痘术在华推广中，也遇到困难，主要的问题就是疫苗问题。当时采用的是从手臂到手臂的活体疫苗，一旦没有人接种，便会出现疫苗

① （清）潘尚楫主修，（清）邓士宪纂：道光《南海县志》卷44《杂录》二，同治刻本，第20页。
② 李志刚：《基督教早期在华传教史》，台北：台湾商务印书馆，1985年，第242页。

断绝的情况。而中国文化中非常讲究时令节气，人们普遍认为夏天溽暑之季，天气炎热，父母一般不愿意带着孩子进行接种。正如皮尔逊所说的："这里只留下了唯一的一个偏见是，在很热的夏季和秋季，人们反对把孩子们送来接种。"于是曾多次出现疫苗断绝的情况。

在牛痘术初传中国之时，遇到牛痘苗断绝的情况，基本都是皮尔逊出面解决的。其中两次幸而在距离广州、澳门遥远的乡下，意外发现已经传至当地的痘苗，得以传回广州；还有两次则确实断绝，不得不再度设法从国外运来痘苗。皮尔逊在1816年的报告中也提及："当瘟疫停止流行，其所带来的坏处及其医治手段同样被忘记了，并且我发现要保持一定数量的人数来保留牛痘种有很大的困难。事实上，自从它被介绍到中国，它已失传了两次。每次都要从吕宋岛重新带来。在另两次于澳门与广州（这两处是我唯一有权采取行动保留痘种的地方）失传后，它被发现在与此处有相当距离的、广东省内的其他地方有保存。"①

广州商馆的档案里有其中一次的相关文献记录：1813年2月初，皮尔逊向广州商馆报告，他认为运来痘苗的最有效方法，是派一批人上船后沿途逐一种痘来华的模式。商馆接受他的意见，立即分别写信给印度大总督与马德拉斯省总督，希望他们能同意采取行动，广州商馆将支付所有必要的费用。

印度方面收到广州商馆来信后，孟加拉的医药委员会认为不可能找到足够数量的孩童登船来华，建议不如由大总督下令不久前英国新获得的殖民地爪哇（今爪哇岛）与安波那（今安汶岛）两地官员，就近安排采取同样的方式将痘苗传至中国。而马德拉斯的官员非常积极，按照估计需要的人数加倍招募志愿者，关于其待遇、安家方式、沿途食宿饮水以及陪伴的种痘师等，都有详细考虑，准备妥当就立即出发来华。结果一艘葡萄牙人船只在1813年5月12日从马尼拉抵达澳门，又带来皮尔逊殷殷期盼的痘苗，

---

① Chinese Repository, Vol. Ⅱ. May, 1833, P38。

皮尔逊赶紧请广州商馆写信到印度中止原先的计划。①

为将牛痘术传入中国，皮尔逊除了上述的努力之外，还在牛痘苗最早到达澳门的第十天，在大班哆啉哎授意下，撰写了第一部在华宣传介绍牛痘接种术的小册子，并翻译为中文（此内容下文详述）。在19世纪初牛痘术入华的历程中，皮尔逊无论如何是不可忽视的人物，他在广州、澳门的种痘实践和技术传播，为牛痘术在中国取代人痘术并最终战胜天花具有开辟之功。

皮尔逊除了竭力传播牛痘术之外，对于自己的本职工作也是尽忠尽职，他努力照顾东印度公司人员的健康，而且给第一个入华传教的基督教新教传教士马礼逊提供过热情友善的帮助，如为马礼逊提供编写中英字典的资料，介绍马礼逊进入东印度公司担任翻译员等。后来，马礼逊和商馆助理医生李文斯顿在澳门开办诊所以及郭雷枢在广州开办眼科医院，皮尔逊都积极参与其中，为推进中西近代医学交流贡献自己的力量。所以，1832年，当皮尔逊离开中国时，得到了诸多赞誉。广州商馆极力想为他争取更好的退休待遇，给东印度公司董事会发去信函特别强调他的努力与贡献：

> 我们相当肯定地说，我们相信东印度公司各部门人员中，再没有比他更为忠实而良善的职员。在其医药专业之外，他在这个国家的中外社会各阶层中建立的不朽而完满的声誉，超出我们所能品评之上。
>
> 他总是不论贫富随时提供免费的协助，而且他引介的牛痘接种目前已经推广至中国各地，他或许足可称为中国最大的恩人之一。如果皮尔逊先生借此作为私人事业的话，就如我们相信大多数人都会这么做，那么他早已坐拥财富了。②

---

① 苏精：《西医来华十记》，第21页。
② 苏精：《西医来华十记》，第25页。

这是广州商馆对于皮尔逊在华工作27年作出的高度评价，尤其肯定他传牛痘术入华的功劳。

而澳门的葡萄牙人检察官佩雷拉（Antonia Pereira）召集14名葡人，在广州由西人创办的报纸《中国丛报》上刊登英文与葡文的联名公开信，对皮尔逊多年来关照他们的健康表达感谢。①

美国传教士裨治文在1832年秋皮尔逊离开中国时说："他是一个殷勤而又有同情心的朋友，也是一名技术高明的医生，很少有人（即使有的话），会比皮尔逊医生离开这个国家更值得中国人怀念。他为所有认识他的人怀着高度的尊敬与关爱所铭记，这应被那些永远未曾相识的数千位从他那里获益的人所回忆。"②1832年皮尔逊从东印度公司广州商馆退休回到英国，1836年12月25日在伦敦去世。

二、《暎咭唎国新出种痘奇书》

皮尔逊对于牛痘术入华作出的贡献，除了直接为人种痘、培养中国种痘师之外，影响更大的是他以英文撰写的一本小册子，后由斯当东翻译为中文的《暎咭唎国新出种痘奇书》，这是出现在中国的第一本有关牛痘接种术的书籍。

《暎咭唎国新出种痘奇书》国内已佚，但当时传教士将其带回西方国家，现在英国牛津大学图书馆、卫尔康图书馆、大英图书馆、伦敦大学亚非学院图书馆与美国耶鲁大学图书馆等都藏有原版，出版的时间都是1805年。范行准在其所著的《中国预防医学思想史》中将来自国外的此书附录于书尾，转录如下：

天花之症，原西边诸国本无，前于一千一百余年，由东边

① 苏精：《西医来华十记》，第25页。
② 谭树林：《英国东印度公司与澳门》，广州：广东人民出版社，2010年，第209页。

地方传染，遍行西域诸国。时遇天行，国中无一宁户。虽都甸僻隅，多因惨遭其害，或损兄弟，或损儿孙。父子亲眷，悲切难闻。若侥幸命存，或痘痈疾于耳目手足，难以枚举。即王侯士庶，家家户户，无不惊惶，都以生灵为重。及至前百余年，曾有医书种法，尚未尽善尽美。试其用法言之：如遇天行时，将好痘者用小刀取其痘浆，刺在未出痘者臂上，俟数日，痘随此出。不能尽善，以致殒命，并损害于手足耳目，甚而至服药调治者，亦不知何许。

今本国嘆咭唎有蓄牛取乳者甚多，时即嘉庆元年，本国遇值天行，遭经遍户，纷纷传说：惟蓄牛取乳者不染天花，各闻为异。适有医生名咕嘟者，国内声名昭著，颇称济世良医。见遭天花之患，不可胜数，常欲明达救济之法。随即往视，果见搋牛乳者，不染天花之奇。是以坚意细察，见牛奶及奶头奶傍之处，有小蓝疱，形类如痘，细猜牛痘莫非能解散人痘之毒乎？随即想法与人试种，或能减却天花之原，亦是美事。于是与人试种，果经所种之人，随种随效。每自初种至第四日，始露形影，及至八九日满浆，至十四日靥脱全愈。

后来相传至大西洋，亚细亚，亚美利架等国，依法栽种。男女大小数百余万，无一损伤，无一复出。此法继传至大吕宋，得闻如此奇妙，伊国王不惜万金，特发一船装载婴儿驶至本国，传种此痘。由船次第轮种回返，依法而行，每种必效，随后发谕伊所属国小吕宋，亦遍行栽种，其经种者，果免天花之患。如此奇法，保全生灵无限，实伊国中之大幸也。兹于嘉庆十年四（四上有予等二字）月内（内作初），由啤道路滑船，由小（三字作船自）吕宋装载婴儿，传此痘种到澳。本国医生协同澳门医生，照法栽种，华夷童稚不下百数，俱亦保全无恙。今予等见天花之症，荼毒不浅。仅将目击屡（屡作娄）效之法，先与医生详订翻

译（作详证翻译）辑成一书，传行于世。诸名医者，不可不留心此法也。

但此牛痘与天花痘种不同。天花之症，能传染于人；而牛痘之症，非种不行。天花之症，定必发寒、发热，大小便结闭不通，或昏迷不醒，喉干舌燥，唇焦乱语不等，虽用针熏药法，亦不能保其无虞。但其牛痘种，在于所种之处，只出一颗，如小指头大；至寒热各症，不能相染。内中或有些微寒微热，虽服药不服药，与病亦无干碍。想此灵妙之法，相传于数十年之后，永不防有染天花之患矣！

此法始凭牛出之种，种于人后，将人出之痘浆，可轮传种于万万人。其种法不论春、夏、秋、冬，遇时皆合；不论男、女、大、小，以其年纪幼少者为佳。初将外科小刀向相近肩膊臂上，不拘左右手，平刺皮膜；或用铁针如锥嘴大，务要最薄利者方合用。切切（无下一切字）不可直企刺入；若刀入肉里，血出太多，将所种之痘浆攻出，恐不成功，务宜平刺皮膜，无血为妙，或血出些少亦无妨碍。

如种下四日，其形发红；至六日起一小疱，八日其疱略大些，顶平不尖，中央一点硬的，周围涨如清水，根脚如有红线围绕（绕作缠）。觉有些疼，至九日浆已满足。若取痘浆种于别人，务以第九日为度，恐后其浆脓渐干。如是第十四日，或至十八日，靥焦脱退，其人永无出痘矣。

如取种之法，以鲜痘浆即时传种更妙。可将铁小针，向其痘相近边傍处，刺三四小孔；俟有些浆水流出，沾在小刀尖上，即可种于别人。若离隔远涉，难取鲜浆，可将象牙小篸沾些痘浆，俟干了藏于鹅毛筒内，用蜜蜡封固，可能留至两个月之内，如过期，断断不能用矣。务宜于两月之内早种为佳。

临种之时，于毛筒内取出象牙小篸，用暖水重润，先将铁扁针刺破皮膜，然后将牙小簪上之痘种，插入破皮膜处，少顷拔出。如有微血，勿被衣衫拭去。

此种法或出一颗（颗作夥），称为伪痘。其痘顶圆而且软，中央无一点硬的，浆水色白而如脓，根脚不甚鲜红，是为伪也。其痘虽伪，实无患险，不过遇时行而复出矣。

若真的，其痘顶平，中央一点硬的；根脚鲜红如红线围绕（作圈缠）；痘脚之外，觉有红影，痘浆如清水，不转白色如脓者便真，须于此用意分别。如遇伪痘，再取种种于别处，无不效验者也。

凡戒口不食猪肉、鸡、鸭、卤物及酒更佳。宜食粥饭、鲜鱼及瓜菜等物可也。[①]

书末有四行署名，为"嘆咭唎国公班衙命来广统摄大班贸易事务哆啉吰敬辑，嘆咭唎国公班衙命来广医学噼呃敬订，嘆咭唎国世袭男爵前乾隆五十八年随本国使臣入京朝觐现理公班衙事务嘶唥唻翻译与外洋会隆行商人郑崇谦敬书，嘉庆十年六月新刊"。"公班衙"即英文Company或葡文Companhia；"统摄大班"即英国东印度公司广州贸易委员会主席，时任者为James Drummond，即多林文（亦作哆啉吰）；"噼呃"即英国东印度公司医生皮尔逊；嘶唥唻即1792年随英使马戛尔尼来华觐见乾隆皇帝之副使乔治·伦纳德·斯当东之子乔治·托马斯·斯当东，时任英国东印度广州商馆中文翻译员；外洋会隆行商人郑崇谦，外商称之为谦官（Gnewqua），从1795年起执掌会隆商行。

书中还有三幅插图，标注甲、乙、丙，附有文字说明。甲图的说明是"此臂形一点处，即种痘方位也。痘形种下之第九日形模如此，便是真

---

① 范行准：《中国预防医学思想史》，第159—161页。

痘"；乙图"此象牙小簪，长寸许，两头宜尖薄利"；丙图"此外科小刀，宜尖薄利，长寸许，外有玳瑁刀壳，两边夹住，临用拨开"。[①]三幅插图分别介绍了牛痘的接种部位和真痘痘形的鉴别以及接种工具。

此书共有7页，约1400字，图文并茂，书内页标有"新订种痘奇法详悉"几个字。全书内容首先简述了天花在西方的流行、危害以及人痘接种术在西方的应用，接着介绍了英国医生詹纳（咕噂）发明的牛痘接种术，以及牛痘接种术在世界各地的传播情况，重点是介绍牛痘接种术的操作方法、真假痘的辨别、取浆以及痘浆的保存方法。书中最为关键的内容是牛痘接种术与人痘接种术的对比，凸显牛痘接种术的优势：不传染人，症状轻微，不择接种时间，痘苗始于牛痘，但接种于人之后则可以从牛痘接种者身上取浆依次传递接种无数人。书的最后还有接种后的饮食注意事项。这是牛痘接种术传入中国时，由皮尔逊所撰的第一本牛痘书籍，全书简明扼要，是一本普及牛痘接种术的实用性手册。皮尔逊在给中国学徒传授牛痘接种术时，使用此书作为教材。

此书的写作目的是推广牛痘接种术，打消中国人对于西洋技术的排斥心理，"我们认为超越中国人反对引入这项宝贵发现的最有效方法——他们以各样理由反对所有的创新——应当是准备一份说明其发现、好处和接种方法的简短论述。于是由皮尔逊先生拟成一篇短文，说明各项最重要的事实，由斯当东爵士（Sir George T.Staunton）在一名华人医生的协助下译为中文"。[②]这一段记录在英国东印度公司广州商馆档案中的文字，就道出了撰述此书的目的。因皮尔逊刚来中国，不懂中文，此书是以英文所撰，需要翻译为中文。因此，当时在东印度公司担任翻译员的斯当东负责翻译工作，由此他也为牛痘接种术入华作出了贡献。

乔治·托马斯·斯当东（1781—1859），出生于英格兰南部的索尔

---

① 范行准：《中国预防医学思想史》，第160页。
② 苏精：《西医来华十记》，第16页。

兹伯里，父亲老斯当东是英印殖民地高官，母亲柯林斯是大银行家之女。1792年，年仅11岁的小斯当东随父跟从马戛尔尼使团来华，是使团中最小的一位成员。在来华途中随同同行的两位中国籍传教士学习汉语，因此他是使团中唯一会讲汉语的英国人，又是一个儿童，在乾隆皇帝接见使团时，他深受乾隆皇帝的喜爱，获御赐一个绣有五爪金龙的黄色丝绸荷包。小斯当东成年后，再次来到中国，于1798—1816年供职于东印度公司，担任过书记员、仓库管理员、翻译员和大班。1816年升至商馆大班，同年随阿美士德勋爵（William Pitt Amherst，1773—1857）北上拜见嘉庆皇帝，是阿美士德使团中的核心人物。

1805年，皮尔逊完成介绍牛痘接种术的小册子的撰写后，即由小斯当东负责翻译工作，但因为小斯当东没有医学知识的背景，于是邀请一位华人医生协作翻译。这位协作翻译的华人医生的名字没有列入书尾的署名中，已消失在历史的尘埃里。原因可能是由于当时关于外夷的管理规定，除了行商、买办、通事等人之外，一般中国人不得私自与外国人来往，所以不署其名字。

《暎咭唎国新出种痘奇书》翻译完成后，东印度公司广州商馆大班计划通过行商首领同文行的潘有度（Puan Khequa，潘启官）将书呈递给两广总督与粤海关监督，期盼得到广东地方高官的支持并推广至全国。公司安排时为买办的邱熺负责将书送给行商潘有度，并附上一份禀帖。禀帖中详细地说明英国医生新发现的珍贵牛痘苗流传至世界各国以及治疗天花的效果，表达了印度大总督亟欲将牛痘苗传送来华的心意，以及过去两年一再尝试却接连失败的遗憾，强调商馆医生十分愿意教导华人学习接种技术等；尤其表达了此举的目的，是为了感谢中国长年保护英国商人利益与安全而想有所回报，所以传牛痘术入华。遗憾的是，书和禀帖并未送达两广总督和粤海关监督手上，据马士的说法，当时两广总督正对于英国皇家海军船只"费敦号"（Phaeton）船长伍德擅闯禁止泊船水域事件大为恼火，所以禀帖与牛痘小册子根本没有上呈给广东地方官员。

　　虽然没有将关于牛痘新法介绍的《嘆咭唎国新出种痘奇书》递呈给广东地方当局，东印度公司还是将牛痘接种术传入广州并逐渐地传播开去。同时，英国东印度公司也没有放弃任何可以使牛痘新法得到地方官员支持的机会。1811年，松筠赴任两广总督。松筠（1752—1835），姓玛拉特氏，字湘圃，蒙古正蓝旗人，因颇能任事为乾隆帝所知。自乾隆中叶至道光年间，历任银库员外郎、内阁学士兼副都统、户部侍郎、御前侍卫、内务府大臣、吉林将军、户部尚书、陕甘总督、伊犁将军、两江总督、两广总督、协办大学士兼内大臣、吏部尚书、东阁大学士、武英殿大学士、都察院左都御史、兵部尚书、直隶总督等职，死后获赠太子太保。马戛尔尼使团访华时，他曾负责从北京护送使团的陆路行程至广州，便与使团中成员包括小斯当东相识。1811年4月，松筠到达广州督粤，已完成贸易季的广州商馆人员都已退回澳门居住。获悉松筠已到达广州任职的消息，东印度公司大班马上安排小斯当东到广州拜访松筠。斯当东带上礼物从澳门立即返回广州，拜见总督松筠，松筠热情地接待了小斯当东。小斯当东后来回忆说："我乘机将一本《中国人注射牛痘史》（*History in Chinese of the Vaccine Inoculation*）送上，他很满意地收下了；而在我们快要辞退时，以总督和抚院的名义送丝绸和茶壶等给罗巴兹和我，作为礼物。"① 其实，斯当东送给松筠的书就是《嘆咭唎国新出种痘奇书》，总督大人松筠愉快地收下此书。这是笔者所见资料中广东地方高层首次接触到牛痘法，从理论上和情理上来说将有助于牛痘接种术在广东的推广。

　　《嘆咭唎国新出种痘奇书》刊行后，斯当东的朋友、外科医生巴罗（John Borrow）也于1806年6月9日将斯当东的译本以及一封介绍牛痘接种在中国推行情况的信件寄送给牛痘接种术的发明者詹纳。巴罗在信中写道："我非常高兴地寄送给您一本由我朋友乔治·斯当东爵士翻译、在广州市

---

① ［美］马士著，中国海关史研究中心组译，区宗华译，林树惠校：《东印度公司对华贸易编年史（1635—1834年）》第3卷，广州：中山大学出版社，1991年，第165页。

用中文出版的您的单行本。……由于天花在中国也是一种经常致命性的疾病，所以毫无疑问，出于相同的理由，牛痘接种术已在广州实施了。这种更温和、更有效的替代品，将在这个人口众多国家的每一个省被接受。"[①]詹纳收到书和信之后，非常高兴，认为中国比西方人更为开通明达。

《暎咭唎国新出种痘奇书》还被译为多国文字在海外出版，产生了重大影响。1828年，朝鲜人丁若镛来华，他得到了北京琉璃厂奎光斋所翻刻的《暎咭唎国新出种痘奇书》，将之带回朝鲜，后来在此基础上撰写了《时种通论》，并依照其中所记述的种植牛痘的方法，在朝鲜首次试种牛痘，取得成功。1849年，日本兰医广瀚元恭重译了《暎咭唎国新出种痘奇书》，此书的翻译对推动牛痘术在日本的传播与发展起到了决定性作用。

《暎咭唎国新出种痘奇书》虽是一本小册子，但它是最早以英文撰写翻译为中文，对牛痘接种技术和方法进行了巨细靡遗而又简练精当介绍的书籍，极具操作性，成为新手学习牛痘接种的范例和教材，极大地推进了牛痘接种术在中国和东亚地区的传播。所以当巴尔米斯称自己是最早将牛痘法传入中国的人时，皮尔逊作出辩护，其辩护词中最大的依据就是他所撰写的书籍，由此可见，在皮尔逊看来，他更看重种痘小册子的传播之力。

第二节　十三行行商与牛痘新法

自唐代以来，广州就是我国最重要的商港之一。康熙二十三年（1684），清政府在广州设置粤海关，粤海关官府招募了13家较有实力的商行，代理海外贸易业务，指定他们与外商做生意并代海关征缴关税。后来行商家数变动不定，少则4家，多时达20多家，其真正名号是"外洋行"，但"十三行"一直是这个商人团队约定俗成的称谓。十三行商馆集

---

① 张大庆：《〈暎咭唎国新出种痘奇书〉考》，《中国科技史料》2002年第3期。

中在广州城郊西南角，紧靠珠江。在17世纪后期至19世纪中叶这一段时期，十三行是我国对外贸易中的一种特殊的存在，它既是清政府设立在广州口岸的特许经营进出口贸易的洋货行，也是朝廷、地方政府与西方洋人交流沟通的上传下达者，是具有半官半商性质的外贸垄断组织，即如民国时期的学者朱希祖在为梁嘉彬《广东十三行考》撰写的序中所言："十三行在中国近代史中，关系最巨。以政治言，行商有秉命封舱停市约束外人之行政权，又常为政府官吏之代表，外人一切请求陈述，均须由彼辈转达，是又有惟一之外交权；以经济言，行商为对外贸易独占者，外人不得与中国其他商人直接贸易。"①

乾隆二十二年（1757），皇帝下令"一口通商"，江浙闽粤四大海关仅留广东一处。清代实行闭关锁国政策，广州成为唯一的对外通商港口。作为粤海关属下的中外交易场所，广州十三行则成为清政府唯一合法的外贸特区，中国与世界的贸易全部聚集于此，这里拥有通往日本、欧洲、拉丁美洲、南亚和大洋洲的环球贸易航线，是清政府闭关政策下唯一幸存的海上丝绸之路。直至鸦片战争为止，这个洋货行独揽中国外贸长达85年，向清政府提供了百分之四十的关税收入，十三行的发展达到了巅峰，成为"天子南库"。

与此同时，十三行商人从垄断外贸特权中崛起，富甲天下。十三行设立时，清政府就规定，洋货行商人必须是"身家殷实，赀财素裕"者，为的是保证洋行经营的底蕴和对外贸易的信誉。十三行商人与两淮盐商、山陕商人一同，被称为清代中国的三大商人集团，是近代以前中国最富有的商人群体。经济实力的显赫，使他们成为当时社会巨大的捐献者。他们为战争捐献军饷，购买战舰，承担战败赔款；也拯荒救灾，捐资办学，兴办各项民间的社会公益事业。他们具有典型的双面人格，既有行善积德的社会公益心，也有精明的性格，更具迎合朝廷的手段和能力。

---

① 梁嘉彬：《广东十三行考》，广州：广东人民出版社，2009年，第8页。

同时，他们也是中外文化交流的倡导者和实践者。十三行行馆曾是在华外国人的聚集地，通商贸易使最初的贸易货栈发展成为中外文化交流的窗口，洋行商人成为吸纳西方科学文化的先行者。历史上形成的外贸传统，培养了洋行商人较为开阔的视野、广博的见识，他们从商务与时代的需求中较早地接受了外面的世界。许多行商都能以流利的英语与外商打交道，洋行还设有从事外语翻译的专业人员。在嘉庆初，西洋牛痘法传入中国时，可以看到广州十三行行商们活跃的身影，如果没有他们的积极参与和支持，拯救苍生的牛痘新法不可能成功入华并遍及大江南北。

一、行商与牛痘新法的引进

本书第二章已经提到了"牛痘接种术的东来"，在疫苗制作和运输手段都处于原始状态下的19世纪初，要将远在万里之外的西洋牛痘传入中国孰非易事。英国东印度公司曾历时近两年从印度传牛痘苗至中国，皆以失败而告终；西班牙王家医疗队巴尔米斯船队的环球航行则将牛痘带至马尼拉再传至澳门，最终成功进入广东。在这个充满艰辛且漫长的传播过程中，西方人士作出了积极的贡献，其中也离不开十三行行商们的努力。

1803年8月，印度的英国东印度公司向广州运送疫苗并附带说明书，广州公司在行商的帮助下试图给儿童进行牛痘接种，但是失败了。10月初，疫苗到达广州，因牛痘初来，效果未验，英国东印度公司大班不敢贸然进献给地方当局，首先想找人试验，待试验有效后再进献。当时提供儿童做牛痘接种试验的是行商Chunqua（章官）的弟弟Cheequa（芝官），他愿意让他女儿接受牛痘接种，作为试验的"小白鼠"。英国东印度公司的大班经常与行商进行贸易，与行商最为熟悉，牛痘苗从印度运达广州后，因此求助于行商帮忙挑选接种的儿童。Chunqua就是经营东生行的以章官（Chunqua）为商名的刘德章，籍隶安徽，他在1794年创立东生行，1825年病逝，由其子刘承霈继承商号。可以说，刘氏兄弟是最早帮助东印度公司将英国的牛痘接种术输入中国（虽然失败了）的中国人。在牛痘接种术的

113

安全性尚未得以确认甚至闻所未闻之时，能够让至亲家人参与实验，这不是一件容易的事情，所以东印度公司大班哆啉哎称赞芝官"不像一般华人那样迷信，而更有勇气"。

身为行商的刘德章一直热心公益事业。1811年，十三行商人在广州西关联合兴办文澜书院，《文澜书院碑记》上记录了12位洋商之名，他们曾为建立书院及书院运营而捐款。排在前列的是当时的四大行商卢、潘、伍、叶氏，第五位即东生行的刘德章。文澜书院存续百年，培养了29位进士，172位举人，大振西关文风。在创办西关文澜书院的同时，众行商还一起捐款购买房产设立永久清濠公所。西濠位于广州西南部，本与东、南濠涌一样，各自奔海。因为广州地势东北高，西南低，西关偏又河道网布，临近珠江，长久以来，西濠时通时塞，与民不便。所以建立永久清濠公所，即以作为防止濠水堵塞而发生水患的濠水疏竣机构。有这样的热心社会公益的情怀，这也可以部分解释刘德章为何能让亲侄参与牛痘接种的试验之中。

尽管有刘德章的帮助，因路途遥远时间过长，由印度运来的痘苗失效，牛痘接种试验还是以失败告终。但是会隆行行商郑崇谦却为牛痘成功入华作出了不可磨灭的贡献，郑崇谦的贡献可归纳为两点：一是以自己的名义刊行了皮尔逊的《暎咭唎国新出种痘奇书》，使得此书得以顺利刊行；二是招募有意学习牛痘接种术的邱熺等人跟随皮尔逊学习种痘术，培养了第一批中国痘师。

第一，郑崇谦帮助刊印宣传介绍牛痘术的书籍。按照马士的记述，《暎咭唎国新出种痘奇书》的出版得到了郑崇谦的支持，"现在适在澳门，他答应帮助翻译并以他的行号出名"，借名的理由是"在中国印行一本书，必须由一位有社会地位的人士出名或题署"。[①]若没有这一点，该书可能就无法刊行。按照清政府的法律规定，西洋的文字之类的事物是不可以

---

① ［美］马士著，中国海关史研究中心组译，区宗华译，林树惠校：《东印度公司对华贸易编年史（1635—1834年）》第3卷，第15页。

进入中国的，中国人也不可以帮助西洋人刊刻发行书籍，除非是一些拥有公职的当地人的著述或是要经由他们的核准。例如在19世纪30年代后期，广东著名的雕版印刷工、接受基督教洗礼的梁阿发，不得不逃离广州，原因则是他为马礼逊印制基督教书籍，并在广州非法传播。未经许可而出版域外之书是严重的犯罪行为，所以当东印度公司大班哆啉哎建议皮尔逊撰写一本介绍牛痘新法的小册子完成后，需要翻译成中文，并且需要署上有社会影响力的中国人的名字。

郑崇谦自乾隆六十年（1795）继承了其父郑尚乾于乾隆五十八年（1793）创立的会隆行，以谦官（Gnewqua）为商名。先后与英国东印度公司大班哆啉哎与剌佛交易多年。因为郑崇谦与哆啉哎之间有密切的贸易关系，且当时西洋事物传入中国，往往需要通过行商作为媒介，所以哆啉哎与皮尔逊便向正好在澳门的郑崇谦寻求帮助，希望郑崇谦能够将英国新发明的牛痘接种术及其相关书籍传入中国。郑崇谦热心积极地成全此事，《嘆咭唎国新出种痘奇书》末尾署了四个人的名字：大班哆啉哎、撰写者皮尔逊、翻译者斯当东，还有郑崇谦敬书。

前文提及协助斯当东翻译的华人医生不能署名于书上，为何郑崇谦却可以？这是因为郑崇谦属于"有社会地位的人士"。光绪《广州府志》称："洋商郑崇谦司马，刊《种痘奇书》一卷。"可见，郑氏拥有司马即同知的官衔。另据《清代外交史料》记载："嘉庆九年郑崇谦以郑芝茂之名，由捐职州同加捐提举职衔。"此处"州同"即"知州"的佐贰官（副职）"州同知"，从六品，[①]所谓"司马"即指此而言。尽管只是以捐纳获得的虚衔（荣誉官职），但却赋予了郑崇谦一定的社会地位和影响力。

郑崇谦，广东南海人，乾隆六十年（1795）接掌会隆洋行。到了嘉庆十四年（1809），因经营不善，会隆行积累了许多债务。"郑崇谦因所买

---

① 刘子扬：《清代地方官职考》，北京：紫禁城出版社，1994年，第106页。

货物不能得利，难以出售。每遇夷人索欠，即向亲友及众行商借银偿还，辗转加利，以致亏本。从前尚能称贷他人，应付夷账，迨至嘉庆十四年冬间，共计欠饷银八万九千余两，又拖欠喋咕唎公司夷人番银四十五万余两，港脚①花旗、蓝旗夷人等番银五十二万九千余两，为数较多，无从挪借偿还。"②债务合计高达106.8万余两。东印度公司为了能够从濒于破产的会隆行收回债务，秘密命令通事吴士琼（Ashing）充当外商代理人，并假借会隆行的名义管理行务，将所得利润用来偿还商欠。这种操作是违背清政府所定的中外贸易法律条令的，当然，这种操作很快就被当局察觉。1810年6月，郑崇谦与吴士琼被捕，7月被关押进南海县监狱。在两广总督百龄的奏请下，郑崇谦被流配到伊犁充军，1813年死于戍地。③此后，人们对郑崇谦的经历遮遮掩掩，讳莫如深。在这种情况下，他助刊的《喋咕唎国新出种痘奇书》也逐渐失去影响力，最终在中国未有一本留存。但是此书正如上一节所述一样，它是中国对牛痘技术最早的文字介绍，简明易懂，乃初习牛痘接种者的教科书。

第二，郑崇谦为培养中国痘师也有功劳，即曾召集人手学习牛痘接种术。关于此事，方志有两则大致相同的记载，最早见于道光《南海县志》卷44《杂录》："时洋行商人郑崇谦译刊《种痘奇书》一卷，募人习之。同时习者数人：梁辉、邱熺、张尧、谭国。"然后光绪《广州府志》卷163《杂录》中记载："募习者，得番禺梁辉、香山张尧、南海邱熺、谭国四人，其后梁返黄埔，张归翠微（香山县东南），邱、谭两人遂擅其

---

① 港脚，指鸦片战争前广州对外贸易中，中英两国特许商人以外的自由经营贸易的商人。外国散商是指东印度公司以外各国来广州贸易的商人，即所谓"自由商人"，其中主要是从17世纪末到19世纪30年代获得东印度公司许可前来广州经营贸易的英、印商人，英文称为"乡下商人"（Country merchant）和"帕栖人"（Parsees，世居印度经商的波斯裔祆教徒），当时中国人则称为"港脚"，他们的船只称为"港脚船"。
② 中国第一历史档案馆：《清代中西贸易商欠案档案（下）》，《历史档案》2021年第1期。
③ 章文钦：《清代前期广州中西贸易中的商欠问题》，《中国经济史研究》1990年第1期。

技。"除了这两则记载之外，再无相关资料的发现。邱熺的《引痘略》和《引痘题咏》中，只字不提郑崇谦；梁同新为梁辉所撰写的《晃亭梁公家传》中亦然；张尧、谭国未见诸史传，没有任何相关资料。笔者认为郑崇谦出资助人学习牛痘术，还是具有可信性的。一是牛痘传入中国的嘉庆十年（1805），正是会隆行的鼎盛期，当时仅有8家洋行存在，会隆行是其中一家，而且这时郑崇谦掌管会隆行10余年，已有较为丰富的经验和积累；二是郑崇谦是一个豪爽之人，喜交际，出手阔绰，与当时的大班哆啉哎、刺佛关系都很密切，竭力玉成东印度公司传牛痘术入华之事，如为《喉咭唎国新出种痘奇书》具名背书，那么出资招募人手学习牛痘接种术也就是顺理成章的事。

正因为有郑氏的努力，才培养出受皮尔逊指导的中国种痘师团体，牛痘新法通过他们得以迅速推广。而对于郑崇谦命运的跌宕，《南海县志》在卷25《艺文略》中还有一小段记载："《种痘奇书》一卷，国朝郑崇谦撰。按牛痘之方，嘉庆十年自外洋至，崇谦为洋行商，刊此书，募人习之。同时习者数人，今则人精其业矣。崇谦殁后，后嗣式微，遂有窃其书而增益之以问世者，不复举崇谦之名氏也。良可慨矣！"方志的编纂者对郑崇谦充满了同情和唏嘘。只是其中的史实记载有错误，详见第二章"邱熺生平"部分的论析。

二、创办牛痘局

詹纳发明牛痘接种术，最初在西方的推广也是遇到过很多的困难，最终是依靠政府的强制力以法律的形式推广，如英国1853年即通过了强制接种牛痘的《接种法》。而作为最早传入中国的西方医疗技术之一，在中国已经闭关锁国半个多世纪的背景下，它在中国遇到的怀疑抗拒自然不少，但是它又逐渐地为人接受、推广、普及。在这个过程中，没有朝廷的参与，尤其是在牛痘最早传入的广东，连地方政府的参与也没有，但最终牛痘还是在广东扎根，并且由广东传往全国各省。究其原因，是当时的广

东有号称"天子南库"的十三行的行商们，他们承担了很多属于政府部门的职责。牛痘术在中国能得以推广，离不开免费接种，离不开牛痘局的设立，而这些都是行商们积极促成的。

乾隆间，蕃商哆啉哕携牛痘种至粤。其法：用极小刀向小儿左右臂微剔之，以他小儿痘浆点入两臂，不过两三点。越七八日，痘疮即向点处发出，比时行之痘大两倍，而儿并无所苦。自尔不复出，即间有出者，断不至毙，诚善法也。洋商郑崇谦司马刊《种痘奇书》一卷，以广其传。其原痘浆，殆出之牛，故称"牛痘"云。顾粤人未深信，其种渐失。嘉庆辛未（1811），蕃商刺佛复由小吕宋携小夷数十，沿途种之，比至粤，即以其小儿痘浆传种中国人。洋商潘有度、卢观恒两都转、伍秉鉴方伯，共捐银三千两，发商生息，以垂永久。募习者，得番禺梁辉、香山张尧，南海邱熺、谭国四人，其后梁返黄埔，张归翠微，邱、谭两人遂擅其技。初设局洋行会馆，后迁丛桂里三界庙西偏。至道光壬寅（1842），经费为当事者亏折。伍方伯崇曜遂独力支柱者十年。至同治壬戌（1862），制府劳文毅公崇光札谕惠济义仓，岁拨银约百五十两，仍俾当事者后人分董之，以永其传。盖盛夏隆冬，人尽爱怜儿女，屏迹不来，必多择窭人子之壮且少者，反畀以金，递种以留其浆。又虞其传染疯疾，当事者或未之知，必雇疯院人届期验看，不然贻祸，转有难言者。故经费均不可缺。阮文达公尝有诗云："阿芙蓉毒深，中国禁之，仍恐禁未全，若得此丹（自注：即痘种，见《藏经》）传各省，稍将儿寿补人年。"今粤人共知洋痘之善，惟岭外人尚有未深信者，若遍传远近，亦视乎好善者之愿力何如耳。①

　　这是引自光绪《广州府志》卷163《杂录四》的一段较为详细的记载，它是对道光《南海县志》的因袭和补充，尽管在时间上错记为"乾隆间"（应为嘉庆间），人物也记载错为"哆啉哎"（应为皮尔逊），但它是关于牛痘局的仅有详细资料，尤为珍贵。

　　这段方志资料记载几个重要的信息：一是牛痘局的创设时间，为嘉庆辛未（1811）。对此，道光《南海县志》记载为："迨十五年（1810），蕃商剌佛复由小吕宋载十小儿传其种至，洋行商人伍敦元、潘有度、卢观恒合捐数千金于洋行会馆，属邱、谭二人传种之。"②时间略有出入，学界一般更接受早一点记载的《南海县志》的时间，即嘉庆十五年（1810）。二是牛痘局创立的地点，初设洋行会馆，后迁丛桂里三界庙西偏。洋行会馆即十三行行馆，在广州城郊西南角，紧靠珠江，1810年牛痘局最初设立于此，这里商铺林立，人口繁密。后来不知何故③也不知何时迁往丛桂里，丛桂里和十三行行馆都属于今广州荔湾区西关一带。丛桂里的名字来自一个美妙的传说：在当时的南海县有一户刘姓平民家庭，家有三子。虽然生活清苦，但依然供养三个儿子读书，希望长大后能够有所作为。刘氏兄弟十分争气，大哥刘镇、二弟刘容、三弟刘铎均考中进士，一时轰动乡邻。当地人赞誉刘氏兄弟"兰桂腾芳""同登金榜""同折桂枝"，因此将他们的住地称为"丛桂里"，后改名"丛桂坊"。三是牛痘局创办的经费来源，"洋商潘有度、卢观恒两都转、伍秉鉴方伯，共捐银三千两，发商生

①　（清）戴肇辰、苏佩训修，（清）史澄、李光廷纂：《光绪广州府志（三）》，载《中国地方志集成·广东府县志辑》，上海：上海书店出版社，2003年，第846页。
②　（清）潘尚楫主修，（清）邓士宪纂：道光《南海县志》卷44《杂录》二，同治刻本，第20页。
③　有可能因为火灾，十三行行馆嘉庆、道光年间曾遭受多次火灾，很多商铺被烧毁。

息，以垂永久"，这是当时行商中最富有的三家。而且还有后续的交代，"至道光壬寅（1842），经费为当事者亏折。伍方伯崇曜遂独力支柱者十年"。1842年，牛痘局出现经费亏损，但是怡和行伍家后继者的伍崇曜又独立支持了十年。至同治年间，广东牛痘局开始出现官方的身影，两广总督劳崇光要求惠济义仓每年拨款150两银子，继续支持牛痘局事宜。

牛痘局的创办和营运是需要大量的经费支持的，如租商铺、聘请痘师及其他工作人员、购买痘苗、邀请辨识麻风病人的专家等。在牛痘推广中，遇到的最大问题就是痘苗的问题，当时是采取"以人传人"的养苗方式，即为人施种牛痘后，等其出痘起疱灌浆，再从其脓疱中取出痘浆作为痘苗。可是经常会遇到困境，因为中国人讲究时令节气，在闷热的夏季，人们称之为"苦夏"，认为这是疾病的高发季节，一般不愿意前来接种。正如邱熺在《引痘略》中说的"盖当盛夏溽暑之时，即平日深信者，亦多拘执而不肯来。痘不种，则浆无从取，浆不取，则苗无以继"。[1]那么如何解决？便通过设立"果金"作为养苗的奖励金，"自四月至九月来种者，酌以果金与取浆之人。……今既设果金，俾来者孩童既获安全，而贫乏亦不无小补。于是种痘者源源而来，而佳苗乃绵绵弗绝。行之既久，人咸知牛痘之法，虽盛暑亦无碍也"。[2]不仅免费为人种痘，而且在盛夏季节设置"果金"以保痘苗之连绵不绝，这些经费是一笔不菲的开支。伍、潘、卢三家行商捐银三千两，使牛痘种痘局得以开设、坚持，因此牛痘术也藉以传播。

潘有度（1755—1820），字宪臣，又字致祥，号容谷。潘振承（1714—1788）第四子，潘振承即潘启官，创办同文行，是乾隆时期十三行行商首领，时人称其为"18世纪中国的首富"。潘有度幼年兼承家学，饱读诗书，长大成人后继承父业，主理潘家同文洋行商务。由于深谙对外贸易之道，深得官府信任，赞其"洋务最为熟练"，业务持续发展。嘉庆、道光

---

① （清）邱熺撰：《引痘新法全书》，第71页。
② （清）邱熺撰：《引痘新法全书》，第71页。

年间，与伍秉鉴、卢观恒、叶上林称为广州"四大富豪"。其后，十三行总商曾一度易人，但不久潘有度又凭借外洋商人的赞誉与个人才干再次出任，被在华外商尊称为"潘启官二世"（Puankhequa.II）。嘉庆十三年（1808），在官方许可下，潘有度关闭同文行并隐退，资产分给兄弟六人；嘉庆二十年（1815），在当局的敦促下，他又重操旧业，并启用新的商号名——同孚行，继续经营外贸业务，家道也由此再次振兴。受家风影响，他亦儒亦商，在洋务冗繁之中仍有"观史"和"吟诗"的雅兴。因其居所前有两棵松树交柯连抱，因此将居所命名为"义松堂"，著有《义松堂遗稿》存世。他在经商的同时还致力于教育和社会公益事业，于嘉庆十六年（1811）带头与十三行其他行商一起捐献公行公产，建立"永久清濠公所"；集资于西关下九甫创设文澜书院——供士子读书会文之所，并延聘品学兼优之士担任主讲，教授生徒，带动了商贾子弟重学习文，使羊城西关文风为之一振，书院名气也一时冠于粤中。他又因热心周济贫困，获道光皇帝赏赐"乐善好施"牌匾，封赠为翰林院庶吉士。

卢观恒（1746—1812），字熙茂，广东新会石头乡蓬莱里人，家境贫寒，自幼丧父。后前往广州谋生，帮人看守歇业的铺店，并以铺店为洋商储货及代售商品，升为洋行买办。乾隆五十七年（1792）创立广利洋行，粤海关给予他茂官之名，所以又被称为卢茂官。广利行逐渐发展，在嘉庆元年（1796）位居行商中的第三位，次年上升至第二位。嘉庆十三年（1808）潘有度隐退以后，卢观恒与伍秉鉴一起统领行商，他还曾捐纳正四品的候补道。卢观恒的成功不仅仅因为经营有方，其子卢文锦与伍秉鉴侄女的联姻也帮助了其事业的发展。卢观恒发达后，乐善好施，曾捐田700余亩兴办新会石头卢族义学、义仓；捐田500余亩为新会全县义学、义仓经费。嘉庆十七年（1812）卢观恒去世后，他的儿子卢文锦与卢文举继承父业，继续经营广利洋行，而且秉承其父遗志，积极热心公益捐赠，曾捐银数十万两修筑南海桑园围石堤、三水石角围、新会天河横江周郡围等。卢文锦又于嘉庆二十年（1815）纳款京官，奉准父亲卢观恒入祀乡贤祠，后

因封建士绅不满，上疏朝廷而被撤出乡贤祠。

伍秉鉴（1769—1843），字成之，号平湖，别名敦元、忠诚、庆昌。伍国莹（1731—1800）第三子，伍家祖籍福建泉州府晋江县安海乡，康熙初由闽入粤，籍隶广东南海。伍国莹曾在广州首富潘振承家中做账房，乾隆四十九年（1784）在广州怡和街创办怡和洋行，乾隆五十八年（1793）其次子伍秉钧接掌怡和洋行，以沛官为商号，嘉庆六年（1801）伍秉钧病故，由其弟伍秉鉴接掌洋行，改商号为浩官。伍秉鉴号称为商界奇才，善于经营，使伍家的事业快速崛起，嘉庆十三年（1808）成为广州行商的领头人——总商。在经营方面，伍秉鉴同欧美各国的重要客户都建立了紧密的联系，并依靠超前的经营理念在对外贸易中迅速崛起。至道光中期，伍秉鉴的私人资产已达2600万银元。2001年，美国《华尔街日报》统计了1000年来世界上最富有的50人，有6名中国人入选，伍秉鉴就是其中之一，也号称当时的世界首富，后来因卷入鸦片走私，徇私隐瞒外商船只夹带鸦片，被朝廷摘去"三品顶戴"。伍秉鉴作为行商首领和世界首富，积极参与社会公益事业，喜施予，对兴办书院，修浚西濠，修筑南海、顺德的桑园围石堤，偿还战争赔款，以及支持美国医生兼传教士伯驾在广州创设眼科医院（即新豆栏眼科医院，博济医院的前身）等，都曾有大额捐赠。

伍秉鉴的儿子伍崇曜（1810—1863），又名元薇，字良辅，号紫垣，14岁入县学，18岁钦赐举人。道光十三年（1833），伍崇曜继其兄伍受昌（字元华）经营怡和行，继续充当行商总商，以大股东身份加入美商旗昌行，又为清政府转运漕粮谋利，因有其父伍秉鉴一直在背后指导，伍家财富继续增长，成为当时的豪商巨富。伍崇曜与官府和西方洋商关系都极为密切，成为历任两广总督依赖的"洋务委员"和排解"民夷不协"的官绅之一。道光二十七年（1847），广州人民掀起反对英国人入城、强租土地的斗争，伍崇曜为此上书英国公使，并率众商赴英使馆陈说利害，使英国人暂时放弃入城，被赏三品顶戴，继选道员。清咸丰四年至八年（1854—1858），伍崇曜先后为镇压两广天地会起义军、太平军筹饷，被赏戴花翎，加布政使衔二品顶戴。伍崇曜筑有粤雅堂、竹洲花坞于广州城河南，并与潘仕成捐修赤岗、琶洲二塔。他喜绘画，著有《粤雅堂诗钞》《花村诗话》传世。为振兴广东文教事业，聘谭莹校勘刊印《岭南遗书》62种、《粤十三家集》、《楚庭耆旧遗诗》72卷、王象之《舆地纪胜》200卷、《粤雅堂丛书》180种，共2400余卷。其中《粤雅堂丛书》最著名，是清代一部校刻精赅、内容丰富的大型丛书。有其父遗风，喜施予，同治《南海县志》称赞其曰："崇曜仰承先志，公家有急，必攘臂争先。自道光二十年（1840）后，地方多事，库帑支绌，不得已借资商人，诸商人又推伍氏为首，崇曜急公奉上，凡捐赈捐饷均摊假贷，先后所助，盈千累万，指不胜屈。"尤其是"急公有父风，计伍氏先后所助，不下千万，捐输为海内冠"，这种赞誉见诸所有关于伍崇曜的相关史料记载中。①

　　这是方志中记载捐银创办牛痘局的行商们，他们来自潘、卢、伍三家行商，属于行商中的佼佼者，既为行商首领，也是财富首领。他们于嘉庆十五年（1810）首先捐银三千两，并且用于投资（具体投资什么行业，无资料记载）发商生息，以便使牛痘接种事业以垂久远。至于府志中所说的"道光壬寅，经费为当事者亏折"，意指痘局主事者邱熺将行商捐助的三千两银子出现经营上的亏损，牛痘局事业受到影响。因资料缺乏，除了仅在《广州府志》所见之外，其他地方未见记载，无法作出判断。道光壬寅年（1842），三位捐资行商中的潘有度、卢观恒去世了，伍秉鉴也于第二年去世。不过，广州牛痘局依然存在，经费来自伍家儿子伍崇曜，并独立支持了十年。直到同治元年（1862），才由地方官府建立的义仓拨款支持。行商们的慷慨捐助，是牛痘术得以在广东扎下根基的重要力量，也是牛痘术能传往全国各地的重要前提。

三、传牛痘术入京与赋诗赞誉

行商们除了上述对于牛痘术的支持之外，还有两个贡献：一是道光中期再传牛痘术入京，扩大了牛痘术的传播范围。二是亲自让家人接种牛痘，并赋诗赞颂，以广宣传。

牛痘术首先由澳门传入广东，有"一口开放"的时代背景和地域优势，有英国东印度公司、中国痘师、洋行行商三位一体的共同努力，所以"今粤人共知洋痘之善"，但外省牛痘术尚未广泛传播，"惟岭外人尚有未深信者，若遍传远近，亦视乎好善者之愿力何如耳"。当牛痘术在广东扎根以后，把它遍传远近，也是粤籍开明人士的共识。十三行的行商及其家人们，在这个方面也是多有努力，奉献出自己的力量。

北京，全国的政治文化中心，人烟稠密。清初，天花在京城肆虐，因而有康熙在皇室贵族官宦中推行人痘法，随着清代人口的急剧增加，天花预防措施逐渐淡化消退。道光七年（1827），浙江人朱方增说："余官京师二十余年，每于通衢见经车累累然，日载数十婴孩之尸，询之皆伤于痘者，为之怵戚。"①道光中期，还有奕绘（乾隆第五子永琪的孙子）和"清代第一女词人"顾太清两人的幼子载同也因感染天花而殇，夫妻二人都有"哭儿诗"记载此事。顾太清作《腊月廿二日哭九儿载同》诗曰："同儿未周岁，一旦舍我死。谁谓久能忘，老泪无时已。"失子之痛流于笔端。奕绘诗曰："九月种痘悔误听，腊月死发遍身青。秦公识晚老潘殁，过信庸医读父经。"诗后还有注云："先是，自三儿载钦痘殇后，儿女皆请老潘种花。今春潘翁殁，其第四子于九月间，强与种痘，不出；妄云'此子无痘'。至腊月初间病，伊又用釜底抽薪法，与克削和解药，盖恐见苗也。至半月病亟，始更俄罗斯秦医名婆尔斐里者，治之以截风油，浴之以

---

① （清）邱熺：《引痘略·朱方增序》，道光七年（1827）北京琉璃厂奎光斋刻本，第1页。

芳草，故又迁延七日乃死。"①

从以上两则文献中，可见道光时期的京城之地，天花的预防还是比较传统保守，奕绘这种皇室宗亲还是使用传统的人痘接种术，一般百姓人家则是让子女"天生天杀"，所以日有数十婴孩殇于天花。笔者所见资料，最早是道光八年（1828）广东香山人曾望颜编修传牛痘术入京师（详见第五章第三节），而当年曾望颜传牛痘术入京，使用的是干苗法，"因阅其书有所谓传干苗法者，乃札至制军李鹿坪先生，暨伍商云都转，属其如法取干苗，由驿而致。果于今春三月十有九日俱寄至。而商云所寄之簪浆云是西洋牛痘浆，最难得者。遂将小儿辈依法引种，次第传之于外，无不立效"。②于是曾望颜在京城南海会馆创办牛痘局，牛痘术开始传入京师。这里邮寄痘苗至京城的是李鹿坪③和伍商云两人，其中提供质量上乘的西洋牛痘浆者伍商云就来自怡和洋行的伍氏家族。这一次牛痘术传京城后，因各种原因后来又中断了，道光二十年（1840）前后，行商潘仕成再次传牛痘术入京，作出了重大的贡献。

　　潘仕成，字德畬，捕属人。道光十二年，顺天乡试副榜贡生。畿辅岁祲，饥民嗷嗷。仕成捐振巨款，全活甚众。钦赐举人，报捐郎中，供职刑部，都下名流争相延访，元和陈钟麟、临桂陈继昌皆与为忘年交。二十六年，授分巡甘肃平庆泾道，因奉檄督办七省战船未竣，两广总督奏调近省。是年十一月，授广西桂平梧郁道。又奏，留粤东帮办洋务。捐制火炮、水雷等器，筹防筹饷，大吏深倚之。叙劳，加布政使衔。二十七年，特旨补授

①　范行准：《中国预防医学思想史》，第130—131页。
②　（清）邱熺：《引痘略·曾望颜序》，道光二十八年（1848）客花草堂刻本，第4页。
③　即李鸿宾（1767—1846），清代重臣，字象山，号鹿坪。江西德化县人，道光六年至十三年（1826—1833）任两广总督。

两广盐运使。本籍人为本省监司，异数也。仕成以非分呈请固辞，改授浙江盐运使。粤东夷务孔棘，仍奏留，遂未赴任。会洋税章程日久迁延未定，奉旨命仕成随同钦差大臣花沙纳等赴上海会议，事竣假归，养疴里门。

仕成性慷慨，轻财好义，地方善举资助弗吝。其尤著者，军务。后贡院鞠为茂草，仕成独力捐修，增建号舍五百六十五间。井水湮没，浚而深之。厕溷，堑深三尺，覆以石，使秽气不达于外。理其沟水，雨潦不积。号舍内，写坐木板旧多朽蠹，易以新板，充足无阙。号舍外，补种槐柳数十，本以荫暑暍。糜白金一万三千五百有奇。学院文场就圮，仕成捐资增修，号卓皆易以石，士子便之。又以自置京师宣武门外上斜街旧宅，捐为阖邑会馆，俾公车借为栖息。复与邑人集捐银二千六百余两，除修葺外，余存生息，为日后修理之需。广州小北门外至白云山，路多崎岖，捐资铺石，平坦以利行人。创筑荔香园于西门外半塘，颜曰海山仙馆。搜集故书雅记，足资身心学问。而坊肆无传本者，刻为丛书，延南海谭莹校定之，世称善本。晚岁以蹉务亏累至破其家，未几卒，人咸叹惜。有《海山仙馆丛书》一百一十八卷，共五十六种。又覆刻《佩文韵府》一百四十卷，《拾遗》二十卷。石刻《海山仙馆集古帖》十卷，《兰亭集帖》四卷，《尺牍遗芬》二卷，选刻《经验良方》十卷。子桂，咸丰十一年举人，四品衔，户部郎中。寿龄，改名国荣，咸丰六年举人。普书，光绪八年举人。[1]

这是民国时期据《光绪广州府志》《选举表》《建置略》《重修贡院

---

[1]　胡巧利主编：《广东方志与十三行：十三行资料辑要》，广州：广东人民出版社，2014年，第343—344页。

碑记》《学院新修考棚记》《海山仙馆丛书例言》《采访册》等资料而编纂的《番禺县续志》卷十九《人物》里对于潘仕成的详尽介绍。潘仕成是同文行创立者潘振承（即潘启官）弟弟的曾孙，祖上一直经营盐业。虽然同孚行的正式代表人是潘正炜（潘启官Ⅲ：PuankhequaⅢ，1791—1850），但因潘正炜更热衷于著述和书画的鉴赏，实质上是潘仕成的父亲潘正威管理和经营着同孚行。潘仕成父子则通过行商业务积累了相当多的财产，慷慨捐赠军务、文教等，热心公益。

潘仕成于道光十二年（1832）参加顺天乡试，得副榜贡生，适逢京城灾荒，捐巨款拯济灾民，得钦赐举人，然后留任京城多年。在此期间，他与粤籍京官廖甡、骆秉章等一起努力，再次将牛痘术传入京师。潘仕成主要做了这几件事情：

第一，捐赠京师宣武门外自家旧宅为南海会馆，然后设牛痘局于南海会馆中。据同治《南海县志》记载，道光中期廖甡在京城南海会馆设牛痘公局，"甡托湖北布政使张岳崧专弁寄牛痘种至都，复筹资为种痘人车马饭食费，借南海会馆作公所，届期京城大人小孩毕集，挨次传种，其保全稚弱为多"。①

第二，为京城牛痘公局邮寄种痘洋刀。骆秉章曾寄信给潘仕成，称："现同乡学操刀者甚多，前所留之洋刀，业已用完。在都定做者皆不合用。兹付来京纹六两，祈代购种痘洋刀十余把，差使付到，俾得应手。"②潘仕成将这份书信拓刻于海山仙馆，同时拓印上去的还有他与曾望颜乡试座师郭尚先之间关于牛痘推广事宜的书信往来，可以推见潘仕成一直关注着牛痘接种术的推广。

第三，邀请邱熺前往北京接种牛痘。"京师有痘患，潘德畲方伯稔

① （清）郑梦玉修，（清）梁绍献纂：同治《南海县志》卷13，第33页。
② 广州市荔湾区文化局、广州美术馆编：《海山仙馆名园拾萃》，广州：花城出版社，1999年，第107页。

知牛痘之法昶已得传，遂邮书来延。"这是邱熺的长子邱昶在重刊《引痘略序》的记载，当时邱熺因"逾古稀未敢远游"，乃派邱昶携带干痘苗前往京城，在南海会馆种痘公局为人接种牛痘近一年时间，并培养了五位弟子，再次将牛痘法成功传入京师。

道光中期的这一次牛痘术再传京师，才真正把牛痘术传入京城，并且由京城再传入天津、山海关、河南、陕西乃至于新疆、宁夏、东北等地，可谓真是传遍远近了。

在牛痘术传入广东时，"少见多怪人猜疑"乃为寻常，人们多以惊讶的眼光来看待牛痘新法。十三行的行商们与外商贸易往来，眼界开阔，比常人更能接受西洋新事物。他们及其家人都是最早接受牛痘接种者，并且赋诗称赞牛痘术，为牛痘新法做广告和宣传。在邱熺自刊的《引痘题咏》中，有来自潘、伍、卢三大行商总商的四首赞誉诗。

第一首是来自怡和行伍家伍秉镛的七古《邱浩川引痘略书后》："人事补天天无功，天心牖人人乐从；牛痘始种自夷域，传来粤海今成风。等此批却导大窍，化尽险厄调鸿蒙；爷娘未省吃惶恐，保尔赤子硕且丰。邱君挑剔最纯熟，两臂按穴霏轻红；以气感气血感血，岂必炫耀矜神功。吁嗟乎！时医临时补苴耳，尚欲奏技争相雄；曲突徙薪计宜早，汝独不有群儿童。"①

伍秉镛（1763—1824），字序之，一字东坪，南海人，原籍福建安海。伍秉镛是十三行怡和行创始人伍国莹长子。早年曾参加科举考试，落第而归。其后，他的家族通过捐纳的方式为其谋得官位，任湖南岳常澧道。然而做官非其所爱，他最终选择辞官回到广州，参与家族事务。伍秉镛酷爱赋诗作画，绘画师法元末明初的倪瓒，诗歌风格温柔平和，具有唐代白居易之风。伍秉镛一生富足、少愤懑，所以其诗歌风格平和，有《渊

云墨妙山房诗钞》传世。他给邱熺《引痘略书后》七古诗，对于邱熺的技术大加赞赏，"邱君挑剔最纯熟"，如同庖丁解牛；同时对于牛痘的效果也是极为肯定，认为可以化尽所有的凶厄，保赤子"硕且丰"。诗中还记述了当时邱熺的竞争对手，他们临时抱佛脚地学习牛痘接种术，却欲与邱熺"奏效争相雄"，可惜因技术不及邱熺，所以门可罗雀，"汝独不有群儿童"。

第二首和第三首来自同文行的潘家。潘正亨有《五古 用坡公赠眼医王生彦若诗韵》："生人始婴孩，造化秉钧轴；胡为戕其生，附体痘若粟。天心本仁爱，此理不易烛；南方毒雾蒸，譬彼飞鸢触。十失五为幸，剪艾甚锋镞；妙法传西夷，始闻颈为缩。邱生既身试，造福延比屋；种之如种苗，那用操豚祝。其法厉寸刃，审脉戒旁瞩；奏刀恝然开，凝神静以木。血点殷如朱，锭此两臂玉；挹彼以注兹，启膜不至肉。……牛性秉坤顺，力任耕五谷；复用活群儿，快事并陇蜀。敛手谢邱生，仁术庇乡曲。勿药而有喜，欢声震雷毂。更请赋其状，三日晕生肭；折肱非良医，奇语惊老宿。"①

潘正亨（1779—1837），字伯临，一字何衢，贡生，官刑部员外郎，加知府衔。广州十三行同文行潘有度的儿子，善书画，尤以诗名，著有《万松山房诗钞》和《丽泽轩同怀稿》传世。广州美术馆收藏有其书于道光二年（1822）的楷书诗十二开，澳门博物馆也藏有其书法作品。他深识天花的危害，以五古长诗题赠邱熺："十失五为幸，剪艾甚锋镞。"他亲历过牛痘接种，所以能生动地描述邱熺为人种痘的过程："其法厉寸刃，审脉戒旁瞩；奏刀恝然开，凝神静以木。血点殷如朱，锭此两臂玉；挹彼以注兹，启膜不至肉。"对于邱熺更是满口称赞，"仁术庇乡曲"，乃折肱良医。

潘正琛撰文赠邱熺曰："十全圣手，我闻夫子门。一片婆心，君是

---

① （清）邱熺：《引痘题咏》卷1，第11页。

众人之母。浩川先生，炎徼名流。真灵妙裔，掷沙成豆，仙人游戏之方；微笑拈花，佛子慈悲之意。遂乃经悟相牛，法征神痘，补秦欸汉欸之阙，慰恩斯闵斯之勤。术借重洋，即是上池之水；种移西域，恍依般若之台。毫白浆寒，肤红粟起，性相近也，伐毛洗髓之功，人皆有之，刻骨铭肌之感。仆久知仁术，愿托詹言，春风风人，顷刻之，天花待放。上医医国，此君之能事不凡，敬陈九折之良，同赐千龄之福！"①

潘正琛（1786—1847），字谷荸，嘉庆戊寅（1818）举人，官揭阳教谕，转刑部安徽司员外郎，著有《北游草》诗集。他是同文行潘启官家族的第三代，潘有度的儿子，潘正亨的弟弟。他为邱熺撰文，多用典，以生花妙笔极尽赞叹，称邱熺能事不凡，为上医，并以"赐千龄"祝福邱熺，表达深深的敬意。

第四首来自广利行的卢文锦，他有七古诗赠邱熺："孩提之童何嗜欲，五脏六渗恣荼毒；重者夭殇轻者瘢，痘说天行祸弥酷。卢扁不载秘莫窥，昔闻仙术传峨眉；童牛之牯亦元吉，此法乃竟行蛮夷。梯航来粤人初惕，霜锋剜肉天浆滴；灵苗结粟神种奇，妙手空空迅霹雳。邱君目本无全牛，心存保赤尝诚求；偏袒只愿以身试，一时厥疾毋弗瘳。忆我京华挈儿辈，每虑天花伤悗爱；道逢痂屑心隐忧，面药口脂时与䩄。归来岭海访医频，先生绝技能通神；尔牛来思臂使臂，奏刀砉然人治人。疴瘰念切尽物性，由牛之性而仁民。吁嗟乎！仁人用心乃如此，众人之母合称子。"②

卢文锦，广东新会石头乡蓬莱里人，广州十三行广利行卢观恒的次子。卢观恒嘉庆十七年（1812）去世后，由卢文锦承充行商，掌管行务，商名卢隶荣，外国人称为茂官第二，以区别于茂官卢观恒。他与怡和行伍秉鉴的侄女结婚，曾与伍秉鉴同任洋行行商商总，好善乐施，继承其父遗志，捐田兴办新会义学；还曾与伍秉鉴一起捐银兴修顺德、南海桑园围，

①　（清）邱熺：《引痘题咏》卷1，第8页。
②　（清）邱熺：《引痘题咏》卷3，第16—17页。

改建筑石堤，两广总督阮元曾亲撰碑文纪其事。从他题赠邱熺的诗中，可见他对天花之患甚为痛彻——"重者夭殇轻者瘢"，天花流行之时的恐惧——"道逢痂屑心隐忧"；对牛痘之术能解救天花之厄，甚为赞叹——"绝技能通神"，也对邱熺给予了极高的褒奖——"众人之母合称子"。

在牛痘术初传之际，国门尚未开放的嘉庆、道光年间，人们对于牛痘新法充满疑虑。而亦官亦商的广州十三行的行商们，积极加入牛痘术传播的行列中，无论对于牛痘术引进、扎根还是流播都作出了很大的贡献。行商们当时为何如此积极支持牛痘术？究其原因，可总结如下：行商是清代商人中最富有的集团之一，社会对他们的关注度、他们对社会的责任感等都促使他们积极参与社会公益事业中。同时，他们也都捐有相关的名誉官职，需要通过某种方式表现出绅士所具有的责任意识和担当精神，所以他们经常以个人身份进行众多的社会捐献活动，文中都有阐述。而且，中国传统文化中行善积德的观念深入人心，这是他们积极捐献和支持牛痘术传播的深层文化因素。

不可否认的是，他们积极推广牛痘新法，也隐藏着借此加强与东印度公司的关系，进而获得更多商业利益的目的。前面提到过，英国东印度公司希望通过将牛痘新法引进中国来取得中国人的好感，以便扩大对华的商业贸易。据马士说，嘉庆初期，东印度公司的洋商和广州十三行的行商们关系极为密切，"从不用书面契约，对方有困难时不吝帮助，双方存在着深厚的同情和友谊"。[1]所以，作为东印度公司的生意伙伴和朋友，积极支持牛痘接种术引进和传播，帮助他们，玉成其事，既是情分所在，也是利益所在，一方面可增加友谊，另一方面可以扩大与东印度公司的交易量，贸易量的扩大则会给行商带来经济利益的增长。

---

① 梁其姿：《面对疾病：中国传统社会的医疗观念与组织》，第88页。

第三节　牛痘局首席种痘师

西洋牛痘新法于嘉庆初年能传入中国，是在三个条件的共同助力下才能得以实现，即英国东印度公司的医生、广州十三行的行商、中国种痘师。中国种痘师，顾名思义即是为人接种牛痘的接种医家，他们不仅是将牛痘接种术传入中国的力量，更是把牛痘接种术推广至全国的砥柱。中国种痘师究竟有多少人，由哪些人组成，因资料殊少和太过分散，难以全窥，笔者仅以所搜集资料略作分析。

中国最早的种痘师出现在广州，即1805年皮尔逊从澳门带来牛痘苗，在东印度公司广州商馆为人接种牛痘的时期。皮尔逊在他提交给英国疫苗研究所理事会的报告中说："澳门（牛痘接种）极普遍，这是由葡萄牙接种员所做的，我自己也在当地居民以及中国人中种痘……并尽我所能，指导数位中国人（种痘）；他们为许多人接种牛痘，效果很好，就如同我在旁监督一样。"那么最早的种痘师是哪些人员呢？"现在，已是痘师的中国人，基本上是那些正被或曾经被英国商馆所雇用的人。"从皮尔逊的报告中可知，最早的一批痘师是由他培养指导的，当时成为痘师并不要求有医学的背景，而是要求有英国商馆工作的阅历。为何需要英国商馆工作的背景条件？首先有语言因素的考虑，毕竟皮尔逊是英国人，也是1805年初才到达中国，为便于交流和开展工作，所以要求有英国商馆的工作经历；其次也是对于深层次文化背景和社会心理因素的考量，嘉庆初年的中国与世界隔膜，即使是一口开放的广州也不例外，只有在洋人商馆工作的人，对于外洋事物耳濡目染，才不致抗拒排斥。

已无可统计当时到底培养了多少种痘师，皮尔逊只是说这是一个"种痘师团体"。1807年到达中国的第一个基督教新教伦敦会传教士马礼逊的助手米怜也提到中国第一批痘师，他说"在广州以及附近农村的地区广泛地为人种痘"。^①依据地方志的记载，最早的种痘师留下名字的有梁辉、张尧、谭国、邱熺，邱熺是其中的佼佼者，成为中国牛痘接种的先驱和牛痘种痘师的"祖师爷"。皮尔逊在他的报告中只提到邱熺并给予很高的评价："1821年3月以来……抗天花的效果被广泛知晓，良好的传闻也急速扩展开了。在规定的期限内种痘法的维持得益于制度化了的并与之相适应的体系，而这都归功于中国接种师团体的努力。他们当中的重要人物是A-he-qua（他从1806年以来就参与接种），凭借着其判断态度或者施术方法以及忍耐心等，而被看成是对种痘事业有突出能力的人物。他令人敬佩的努力因乡村民善意的舆论而受到了赞扬，地方政府的高级官员给予他很高的评价，并给他提供了许多关照。"^②皮尔逊所说的"制度化了的并与之相适应的体系"，指的是1810年由潘、卢、伍三家行商捐银设立的牛痘种痘局，"A-he-qua"就是邱熺。

一、主持牛痘局

1805年，牛痘苗由菲律宾传入澳门，邱熺适逢在澳门充任买办，他是最早接受牛痘接种的中国人之一。由澳门返回广州后，在东印度公司广州商馆跟随皮尔逊学习牛痘接种术。据皮尔逊所说，邱熺是1806年开始参与接种，大约经历四五年时间的学习和实践，最终成为职业痘师的。及至1810年左右，在行商支持下广州牛痘局成立时，邱熺成为牛痘局的首席痘师。

邱熺跟随皮尔逊在商馆诊所为人免费施种牛痘，可是遇到夏天暑溽之季，人们因有所顾忌不愿意前来接种。对此，邱熺在《引痘略》中多有提及，当时担任云南盐课提举的番禺人黄乔松，在为邱熺撰写的《天花歌·序》中也说："第其种，少见于夏，旬日不接，即失其传。爰谋之有

① 梁其姿：《面对疾病：传统中国社会的医疗观念与组织》，第70页。
② 以上皮尔逊的资料都来自Chinese Repository, Vol. II. May, 1833, p37—41。

力者，酿金钱若干，资息延种。"①为解决夏季痘苗不继的困难，洋行商人潘有度、卢观恒、伍秉鉴，共同捐银三千两，创办牛痘局，于是有了中国第一家牛痘局的设立，牛痘局设立在十三行行馆。皮尔逊最早培养的种痘师中，因梁辉返回黄埔，张尧回到香山翠微，留下邱熺、谭国两人主持种痘局事务。未见谭国的任何资料，未知其为何人，这里只讲邱熺这位首席种痘师。

邱熺家住广州荔湾西关，距离牛痘局不远。自从嘉庆十五年（1810）牛痘局开办，邱熺一直在此为人免费施种牛痘，长达40余年。经邱熺亲手接种的婴孩具体数目，据张星烺说"达一百万口"："氏（笔者注：指皮尔逊）又传授其法于中国生徒，最要者为海官（Hequa，笔者注：指邱熺）。海官以后成为名医，三十年间为人种痘，达一百万口。海官传此法于其子，在他处设立医院，专为人种痘。"②而在《引痘题咏》中，南海人张乐说"所种人约万计"，三水人梁元说"求治以亿计"，温汝适说"活人无算"，邱熺自己说"经予手所种小儿，不下万千"。因为封建社会的中国缺乏具体数据统计的记载，尤其是对于灾荒、救济等社会史领域，一般只有一个笼统的说法。但是从以上这几种说法中，可以推断出邱熺为人接种的人数一定不少的结论，其中张星烺说的30年间，仅是统计到皮尔逊回国的1832年，其后邱熺还继续为人种痘长达10多年。从《引痘题咏》收入的诗文来看，嘉庆、道光年间广东的达官贵人、文人绅士共有116人为其题赠诗文，这也说明至少有116个家庭邀请邱熺为其子女及家人接种牛痘，包括嘉庆时期布政使曾燠、巡抚康绍镛、两广总督阮元、学政彭邦畴和傅棠，道光年间布政使孙尔准，十三行行商商总的伍家、潘家、卢家，盐商巨富子弟吴荣光，当时社会名士谢兰生、刘彬华、曾钊、钟启韶、张如芝、刘步蟾、史善长、叶梦龙、廖赤麟、谢景云等，还有驻防旗人舒和，甚至还

---

① （清）邱熺：《引痘题咏》卷3，第12页。
② 张星烺：《欧化东渐史》，长沙：岳麓书社，2013年，第45页。

有女性江南琴川女士蒋婉仪①。这也足见邱熺在广州牛痘局的地位和影响力，称得上当时牛痘界绝对的顶流。

邱熺自称"素不知医"，是由买办转行而来。这也是初期很多人对于皮尔逊选择痘师不当的指责，觉得他们没有医学背景，不可靠。但是邱熺对西洋牛痘新法具有浓厚的兴趣，不仅以32岁的成熟之年接受牛痘接种，以身试法，而且推之家人戚友，目击其效，然后坚定地跟随皮尔逊学习牛痘新法，弃商从医。他同时期的友人如此说："先生初恻然，医非素所习"（何南钰），"邱君仁爱人，一见则深嗜"（黄位清），"先生始闻嗜入骨，从此骎骎进乎技"（徐士显）。或许出于对赤子的仁爱之心，或许因为热爱，邱熺一遇见牛痘就沉浸其中，长达40余年。引牛痘入华的皮尔逊在中国为人接种牛痘10余年后，就表达出了一种厌倦和疲惫，他在1816年的报告中说："我现在已经从对个人活动来说非常劳累和厌烦的预防接种的事业中解放了出来。我要照顾的事情就只限于提取淋巴和检查脓疱了。"这从一个侧面说明了为婴孩接种牛痘是一项辛苦且烦琐的工作，邱熺却坚持了一生。

更为可贵的是，邱熺善于思考和总结，根据皮尔逊传授的接种技术，邱熺在具体的操作中能够依据中国的情况做很多的改进，于嘉庆二十二年（1817）撰著《引痘略》刊行。在书中，邱熺结合中国传统中医理论，利用经络、穴位、五行、血气等观念，解释了为什么牛痘可以通过手臂引出天生胎毒的理论问题，不仅把中国人感觉陌生的牛痘技术置入熟悉的语言体系中，而且解决了皮尔逊传播牛痘接种术只有技术没有理论的重大缺

---

① 蒋婉仪，字芝生，清代性灵派诗人袁枚的女弟子。她有《七律并序》赠邱熺：婴孩多伤于痘。南海浩川先生，得西洋引痘法，岁活孩提以万计，家家颂生佛焉。仪随夫子由江南来粤，深以幼儿未出痘为忧。承先生妙手拈花平安完好，呈诗志谢，未尽颂扬于万一也。诗曰：女绿男红堕劫尘，多公愿力挽风轮。回天特破千秋例，保赤能全百岁身。双璧蓝田看种玉，三花珠树自成春。（注：引痘法于儿身两臂上各种两三粒不等）从来荳豆峨眉老，未似先生术更神。

陷，从而把西洋牛痘法安顿在中国传统医学理论之中，减少了人们的疑虑和偏见。此书刊行后，创造出书籍刊行的一道绮丽景观，在此后的一个半世纪中，它被重刊翻刻达近百种，遍及中国的每一个省份，也凭借《引痘略》的重刊，牛痘技术得以传遍大江南北。

痘局首席痘师的影响力不仅局限于广东，邱熺的声誉亦传往省外。当时很多外省人前来广东向邱熺学习，如湖南茶陵人谭服思、江苏丹徒人王惇甫、福建人邓毓等；一些为官一方的地方官员，邀请邱熺前往福建、北京、广西等地为人施种牛痘。《引痘题咏》中绝大部分的诗文都是来自广东南海、番禺、顺德的人士所赠；此外，也有为数不少的外省人士的题赠，如国子监学政宋葆淳、都察院左副都御史李宗瀚、福建宁化伊念曾、湖南岳州知府刘光熙、湖南新宁县知县江涵暾等，这也足以显示邱熺的声名远播。而随着其弟子陈碧山、张崇树、廖凤池等将牛痘新法传往福建、四川、湖南等地，邱熺也成为中国牛痘种痘师的开山鼻祖。

邱熺主持的牛痘局是中国最早设立的牛痘局，地方志中只有简略记载三家行商"捐银三千两，发商生息"，至于具体如何管理，其中痘苗的供给和痘师的薪水是尤为令人关注的问题，笔者没有找到当时的痘局章程公约，只能从《引痘略》和《引痘题咏》及后来京城牛痘局、河南滋德堂牛痘局、皖省牛痘局等的"痘局公约"中做一些推测和分析。

首先是关于痘苗的问题。牛痘局都是免费为人接种牛痘，那么痘苗由谁源源不断地提供呢？在没有政府参与的情况下，仅靠捐助是无法解决以千万计人数接种所需痘苗的，所以在牛痘接种中最重要的是痘苗的获取与保存。邱熺《引痘略》说"首在留养苗浆"："牛痘法全在养苗。此苗始自外洋，嗣后以人传人，贵乎连绵不绝。"意即从西方带来的牛痘痘浆，接种给中国孩童，经历大约夏季8天、春秋冬三季9天的时间，接种的婴孩已经出痘灌浆，然后从其脓疱中取出痘浆，再接种给其他的孩子，这样连绵不断地传递下去。也就是说牛痘局的痘苗首先来自外洋，然后就是自给自足了。牛痘局免费为前来接种的婴孩施种之后，会规定日期要求按期带孩子返回痘局，让痘师检查出痘情形，并从其中挑选痘形痘色上佳者，取出痘浆，传种给别的孩子，这样保持痘苗的连绵不绝。

这种回访和取浆如何保证得以顺利实施？有些家长认为戳破孩子的痘疱取出痘浆会挫伤元气，所以种痘后不带孩子回访或者拒绝痘师从其孩子手臂上取浆之事常见。邱熺就曾面对过家长的这种疑问："取鲜浆时，于取浆之小儿有妨碍否？"邱熺说："予已实验诸千万人，俱未见其有妨碍也。其所以疑有妨碍者，缘种痘之人见有好痘，捏破痘浆，盗以作种，其取浆之时，或手力太重，或捏入太深，或浆未灌满而取之非其时，或筋脉有关而取之非其处，如是，则或致有碍耳。若牛痘之法则不然，俟其八九日灌浆满足，轻轻点取，于己无损，于人有益，何乐而不为乎？"[①]邱熺首先是肯定地回答无碍，但是也举出一些可能有碍的情形。因为当时在广州，除了邱熺的牛痘局为人种痘之外，还有许多其他的痘师也为人施种牛痘，可能因为各种原因出现操作不当的问题。邱熺还从道义出发，认为利人不损己，何乐不为。可见，当时牛痘局主要用中国传统的良风美俗的道德原则来约束种痘之家，按期回访和贡献痘浆。江涵暾赠邱熺的诗中也有相似的观点："引浆之儿岂不痛？要知泄毒本何妨。分惠济人妙作用……好似两婴盟割臂，三生交谊定忘形。"但是仅靠这种道义来约束，还是不可靠的。所以，到了同治时期，其他牛痘局已经有强制措施，规定不回访和提供痘浆者，会送官府责罚，如光绪时期皖省牛痘局有罚款四百文之规定。

"种法非难，得种难"，尤其在炎热潮湿之夏季，许多家长不愿意带孩子前来接种，出现痘浆断绝的问题。所以，牛痘局便设立"果金"的奖励办法，即对于夏季带孩子前来接种牛痘并提供痘浆的孩子给予一定的补贴和奖励，具体金额多少？广州牛痘局已无据可查，后来的京城牛痘局是给予"大钱壹百"，河南滋德堂牛痘局是"制钱五十文"，皖省牛痘局是"一百

---

① 　（清）邱熺撰：《引痘新法全书》，第95—96页。

文"。京城牛痘局是粤籍官员所设,其痘苗来自广州,经费也是由粤籍人士捐助,估计其规章制度与广州牛痘局相类,所以广州大约也是一百文。

遇到痘苗断绝的情况,除了用给予果金的办法解决外,当时的人还想出了很多奇妙的办法。在《引痘题咏》中谢兰生说"或移苗一茎,还种牛两膊";吴应昌说"人亦可传牛";梅璇枢说"吾闻嘉应种鸡痘,载生载育咸无伤"。可推知,当时已经采取用人痘给牛或者鸡接种,使牛、鸡感染天花,出痘后再取浆返种于人,这种方法不仅在广东甚至全国都多有记载。如包祥麟,字厚村,京江(今江苏镇江)人。嘉庆年间他听说岭南有引种牛痘之术,可预防天花,心生欣慕之情,欲往学习但未能如愿。道光二年(1822),在朋友之处偶然发现邱熺所撰的《引痘略》。借来细阅之后,深深折服于邱熺对牛痘接种的中医理论阐释,于是"信之深而行之急,遂命子良丞先觅痘痂浸以牛乳按穴试种,颇能应手奏功。而种过婴儿更试以天花苗气并不再发"。[①] 这是将流行天花的痘痂浸入牛奶中,然后其就具有了牛痘的禀赋,成为牛痘苗。

光绪时期,合肥人戴昌年在湖北黄岗为痘医,其牛痘浆苗不需从外引种,因为他自创"种牛之法"。其方法具体则是:"种牛之法,拣取天行痘痂之厚者,用极小磁瓶装带身旁,不离热气,用时研极细末。先用末约一钱,加麝香末少许,吹入小牛鼻中,牡左牝右,约一个时后,再吹一次;又一个时后,用末三四钱,不用麝,以薄皮纸卷好,将末收纸卷内,外用乳调末涂卷外,以多为妙,塞牛鼻中。预用布做兜嘴,合小牛嘴大,将牛嘴鼻一齐套住,令纸卷不至脱落。其未塞之鼻,仍于布上留孔出气;对嘴处,亦留孔吮乳。上两角定长带两根,绕牛头上拴紧,令兜嘴不得脱。然后将牛带至空旷处,赶令尽力跑跳而后止。其兜嘴,须至一日一夜后乃去。早者三日后,迟者七日后,小牛乳旁,见有小蓝疱一颗即是,取

---

① (清)邱熺:《引种牛痘方书》,包祥麟道光十六年(1836)序,江西书局木刻本,第3页。

浆点小孩臂上，自出。惟收天行痘痂及种牛时，切记不可近婴孩，恐染天行故也。慎之慎之！" [1]

对于这些方法是否有效，不得而知，但是未见普遍推广，估计也仅仅是出于牛痘苗短缺情形下的一种尝试和探索。《引痘题咏》中还有南海人徐仁韬提出的一种建议："惜其种远隔重洋，艰于接济，终虑有失。既外国之牛有出痘，岂中国之牛无出痘之理？惟人不识不察，未曾试验。予曾遍询各处乡村蓄牛之家，皆云时见牛身上有出颗粒如疮疥，未知其为何物。由此思之，即是痘也。予愧不知医，不敢妄为，敢布告四方仁人，行斯道者，留心在意，凡有畜牛之家，时时访察，按求形色，自得其种，试以传种于人，如验，此后不愁无种，可垂法于久远，咸登赤子于寿域，积阴德于万世矣。" [2] 意思是说也可以在中国寻找出天花的牛，何必依赖远隔重洋的西方牛痘，这种建议倒是见诸实行。在道光年间京城牛痘局"公约"最后一条即规定："出贴于外曰：凡见小牛乳旁出痘，祈即送信至城南信府河救生总局，自有人来取浆传染，与牛毫无伤损。俟报信取浆之后，酬谢育牛家钱二千文，谢报信人钱五百文。其钱由公费发给。" [3] 京城牛痘局基本是仿照广州牛痘局而设，估计当时邱熺主持的广州牛痘局就有可能采纳过这种方式解决牛痘苗的问题。后来同治年间，绍诚在河南滋德堂牛痘局也有同样的规定。

然后是关于种痘师收入的问题。邱熺多次提及"亦未尝以此取人丝毫之利""矢念不受人利"，笔者认为这并不是自我标榜，因为牛痘局是免费为人施种的，不允许收费索利。《引痘题咏》中也有人偶有这样的诗句："买活儿孙不费钱"（曾大经），"不受人间半介钱"（冯骧）。这

---

① （清）邱熺：《引种牛痘新书》，光绪十有四年（1888）京江刘氏重刊，金声堂珍藏本，第9—10页。

② （清）邱熺：《引痘题咏》卷3，第29页。

③ 范行准：《中国预防医学思想史》，第163页。

也是对邱熺"不受人利"的一种佐证。当时痘师是领取薪水的制度，广州牛痘局首席种痘师的薪水具体是多少，已不可考。笔者唯一看到有痘师薪水记载的是同治年间河南滋德堂牛痘局，其规则是"痘师每年修银八十两，按三、四、五三个月付清，不得预支"。当时河南滋德堂牛痘局开放时间是每年三个月，也就是说痘师每月薪水是不到30两银子，牛痘局每年的总经费是白银600两，这与嘉庆、道光年间广州牛痘局无法比较。但是，邱熺等第一批广州接种牛痘的痘师出现后，种痘很快在广东地区传播开来，越来越多的当地行医者加入到了痘师行列。例如龚在德题赠邱熺的七律诗中说"保赤莫嫌多蛾术"（旁注：学浩川之技者颇多），伍秉镛也在其诗中有"时医临时补苴耳，尚欲奏技相争雄；曲突徙薪计宜早，汝独不有群儿童"之说，可知当时在广州为人种痘的痘师为数不少。

为何痘师成为时人争先从事的职业？皮尔逊曾说："它（指培养痘师）对于种痘的传播及延续，绝对有益。对于从事此业，对于在广州及附近农村进行广泛接种，以及对于在指定地点种痘的那些中国人来说，种痘成了声望和报酬的来源。"[1]皮尔逊认为痘师既能获得声望还能取得报酬，可谓"名利双收"。半个世纪后，在广州行医的美国长老会的传教医生嘉约翰（John Kerr，1824—1901）也曾提到："现在很多人全身心投入这一事业，对保存疫苗持有兴趣，因此不存在曾经有过的疫苗失传的危险。一些人从种痘中大发其财，那些最早投身其间者，在他们的同乡中间，被视作生命的赐福者，声名鹊起，令人艳羡。"[2]1832年皮尔逊从东印度公司广州商馆退休回国时，商馆为其向东印度公司董事会请求增加其退休待遇，也提及如果皮尔逊辞掉商馆医生之职，专事在华为人接种牛痘，一定是坐拥财富了。从这些外国人的言论中可以推知，在中国的牛痘接种师是既可以致富又可以邀誉的职业，所以当时痘师成为一种颇具吸引力的职业。

---

① 梁其姿：《面对疾病：传统中国社会的医疗观念与组织》，第72页。

② 梁其姿：《面对疾病：传统中国社会的医疗观念与组织》，第72—73页。

痘师仅靠并不太高的薪水如何致富呢？其实，痘局是可以提供上门服务的，即官宦人家、富商家庭等，不愿意带着婴孩前来痘局排队接种，而是邀请痘师到府接种，这种服务是可以收费的。广东医生黄宽（1829—1878），是第一位在英国拿到医学学位的中国人，回国后在广州海关担任医官。他在1878年海关报告中说："当痘医被住家召来种痘时，他通常带一个（已接种并且已出痘的）孩子以便进行疫苗接种，通常收取50钱或1银圆，而对于提供痘浆的小孩则给予25钱。"[1]当时广州医院一位当地的高级医疗助手月薪20银元，而一条银导管的价钱或一位教会医院病人的埋葬费用是1.5银元。1869年上海城隍庙痘局中规定："凡有小孩未出天花者，贫家赴局待种，有余之家尽可请黄春甫先生（上海的种痘师）到门，其谢金不拘多寡，君子自重可而。"[2]邱熺经常为人提供上门服务，如何收费，已不可知，但是他服务的对象基本是非富即贵，他的收入肯定是不菲的。

　　正因为牛痘种痘师名利双收，所以从事此业者人数很多。1850年，伦敦会的传教医生合信说在广州附近几乎所有的儿童都已种痘，黄宽在海关医学报告中说，1870年"在广州有五六十位职业的痘师，现在该城市约有半数的儿童已经接种了牛痘"。乃至到清末民初，陈垣写了一篇《医生产婆痘师注册》的短文，提及民政部令内外厅造医生、产婆、痘师注册，将传令考验，"接生当以医生为之，不得已而后有产婆。种痘亦当以医生为之。……痘师又多不为医，奇也。闻之日本，当明治十年时，采用新法固未久，而所有国中种痘馆挂，悉令除之。种痘馆挂者，粤中谓之种痘馆招牌。危哉种痘先生，须设法永保其世业矣"。[3]也说明了当时在中国痘师是个特殊的职业，不是医者也争当痘师。

　　论及当时广州的痘师，还有一位梁辉不可不提。梁辉也是最早的一

①　梁其姿：《面对疾病：传统中国社会的医疗观念与组织》，第73页。
②　《上海新报》1869年5月6日。
③　陈垣著，陈智超编：《陈垣早年文集》，第249—250页。

批痘师之一，番禺人。《番禺县志》有"梁辉传"，云："梁国炽，字辉，黄埔人，少孤，事母惟谨，饮食疾病必躬亲之。以监生屡试，棘闱不售，去而服贾，好善，喜济人。痘症盛行，多死者，国炽悯之，求良法不可得。闻西人有种牛痘法，取牛所患痘浆，刺人臂，令痘出，数日即痂，无所苦。国炽乃以重金购其法，习之。痘浆必由西洋递传，而至费不赀。国炽无所吝，岁以其法治之，不吝分文谢。至今，人人知种痘，中国得免痘患，自国炽倡之也。"①方志所据乃梁辉族人梁同新所撰《晃亭梁公家传》，自然有溢美之词，如说"中国得免痘患，自国炽倡之也"，有言过其实之嫌。而且据《光绪广州府志》也可知，嘉庆十五年（1810）行商捐银开办痘局时梁辉已返回黄埔。

《粤小记》中有一段记载："嘉庆丙寅（1806），种痘者稀少，痘浆不继，复命夷医回国携痘浆至粤。夷乃携小夷数十，沿途种之，比至粤，即以小夷痘浆施之华人。且传其法，众善士复捐资为痘医之费，由此学其术者日众，种痘者益盛。然最精斯术者，莫如南海丘君熺，丘著有《引痘略》行世，其嘉惠后学深矣。今粤中小儿因痘而毙者甚少，而痘医与湖广种痘之法（指人痘接种法）几置无庸矣。"②可见，在《粤小记》的作者黄芝看来"然最精斯术者，莫如南海丘君熺"，代表了那时绝大部分人的观点，邱熺为广州种痘局的首席痘师无可争议。

二、人痘术与牛痘术之争

我国始自唐代就有医家治痘，宋代开始有治痘专书，之后治痘医书汗牛充栋，有主张温补法的，有主张寒凉法的，可惜多不见效，民间偏方百

---

① 番禺市地方志编纂委员会办公室管理：《番禺县志》（清同治十年点校本），广州：广东人民出版社，1998年，第744页。

② （清）吴绮等撰，林子雄点校：《清代广东笔记五种》，广州：广东人民出版社，2006年，第428页。

出。如明清时广东有使用番薯治疗天花的故事：

> 堂叔建天翁幼年出痘，自顶至踵，遍体稠密，十日后全不贯浆，奄奄一息。……佃曰："无忧也，用蕃薯饭之，功等参芪，屡奏奇效。"时医生满座，谓："蕃薯起痘，方书未闻，且此物到中国未久，某等诚未达也。"伯祖曰："事急也，此物既可疗饥，无损于人，何妨一试。"遂将蕃薯去皮，略以老酒（即重醞黄酒）同煮而食，其痘渐以贯浆，颗粒分明，化凶为吉。因思此物味甘而色黄，得中央属土，中央之气，堪补脾胃之不足。近日痘医亦有以此活痘者，虽方书所未及，亦可以意会也。书此以借济生之用。①

同样的，书中还记载了瑞香花能发痘，这些未曾录入医书的"偏方"，是否真的有效，无从验证。其实对于天花的治疗，无论过去还是现在都没有十分有效的治疗方法，清人顾文彬就说过："自来治痘诸书不下百余种，然自神痘（即人痘接种）之外，未闻别有良法。"②此说确然，直到人痘接种术的发明，天花的流行才得以有所抑制。

学界认为人痘接种术起源于明隆庆年间，当时主要流行于江西、安徽、湖广、江苏、浙江等南方地区。人痘接种术传播的初期，种痘知识仰赖传抄，技术并不公开，流传不广。但是，康熙二十年（1681）邀请江西痘医朱纯嘏等入京，将人痘法引入宫中，成为皇室认可的医疗技术。至康熙五十二年（1713），种痘法首次出现于出版的医书内。乾隆六年（1741）有了专谈种痘的医书出版，即张琰的《种痘新书》。乾隆七年

---

① 陈建华、曹淳亮主编：《广州大典》"子部杂家类"第3册《榄屑》，广州：广州出版社，2015年，第166页。
② 严世芸主编：《中国医籍通考》第3卷，第4478页。

（1742）种痘法被纳入御医所编的《医宗金鉴》中，种痘知识亦随着这部钦定的医书不断再版而流传，加之其他种痘书籍的刊行，人痘法逐渐普及于世。

乾隆时期汪姓痘医对日本人平泽元恺说："中土高贵之家，种者十之八九。"可见人痘接种术已在中国广泛流行。此外，在疫苗的方面已有松江派的熟苗出现，即通过减毒的方式，保证人痘接种的安全和有效，在江南已出现了两大痘苗制造中心，即安徽宁国府的太平县和浙江湖州府的德清县。使用熟苗之后，人痘接种的有效率也高达百分之九十五左右。所以乃至同治年间，牛痘接种术虽已传入江南，但人痘接种术依然盛行，"吴越间俗，尚以痘苗入鼻"，还有人说"近来种花（笔者注：指的是人痘接种术）一道，无论乡村城市，各处盛行"。①

不过，人痘接种术即使"法已足良"，其本身的某些局限依然无法克服。人痘接种术是使用流行天花的痘痂或痘浆为种，通过鼻孔植入人体，人为地诱发天花，产生抗体（当时认为是引出胎毒）。它有三大难以克服的弱点：

其一是因为使用自然流行的天花痘苗，具有传染性，有很多不可控的因素如时间、地域、接种者个体等，甚至会带来天花的流行，所以在明清时期，接种人痘一般被认为是一种公共行为，家有婴童延请痘医接种须告知四周邻居，让未出痘者或未接种者有所躲避隔离，以防传染。

其二是人痘接种术的操作上诸多讲究忌讳，特别麻烦。首先讲究天时，一般选择天气和煦的春日接种，夏季是绝不可接种的；其次讲究良辰吉日，接种时还需敬拜痘神；再次，接种后需要忌风寒、慎饮食等。这些讲究之法使人痘接种操作起来非常烦琐，尤为麻烦的是接种后出现"逆症"和"险症"，即至于不救。黄之檀说："痘科之流传久矣，自昔遵用

① 邱仲麟：《明清的人痘法——地域流布、知识传播与疫苗生产》，"中央研究院"《历史语言研究所集刊》第77本第3分册，2007年，第488页。

鼻苗，由肺传肝及脾肾，相攻相伐，逆传命门，攻出先天伏毒，毒因逆攻而出，发无定处，设遇蒙头、锁项、缠腰，以致变症丛生，调治不善，在在惊其险邺。"①罗如锦也云："择天时清和，察儿体无病，将苗种于鼻内，以鼻孔为肿窍，通呼吸，随气分引，传于肺脾及心肝肾，至六日发热，九日退热，散现肌肤，颗数稀少，儿体安然，是为顺症，不假调治。倘遇天时不和，或儿脏腑有乖（谓内伤、饮食积滞、燥热），胎毒随气触动邪火，痘出稠密，盖邪火尽化为痘，失于清解，多不能救；或为风寒所束，隐伏不出，失于升散，变症多端，亦有不救；其有元气虚弱，不能送痘出外，失于温补，亦至不救，以上三条是为险症，调治得宜，转凶为吉；失宜，吉亦成凶。又有症兼夹杂医，非老成解不误事，更有逆症，初起无救，虽神工妙剂不能奏效。"②这是因为人痘接种使用的痘苗来自流行天花，毒性剂量难以准确掌控，于是变症百出，一儿种痘，举家为之不安，稍不如当，即致不救。明代时甚至出现为护理接种后的孩子，父母劳累过度而死的案例，如隆庆五年（1571），山东兖州府东阿县监生贺某甲（1528—1571）任御史时，请假返家，"值二子种痘，身怀抱之，不寝食者两月，因而大病，卒矣"。③在南海人庞艺林赠邱熺的诗中也有记载："适然届天行，晨夕严护卫。偶见痘点时，怵惕或横涕。如逢密得疏，色笑不能制。"④生动地描述了人痘接种后父母的惊惧、担忧与喜悦。

其三是人痘接种费用高昂。人痘接种不是免费接种，反而会收取昂贵的费用，据康熙时期的《畏斋日记》记载：

①　（清）鲍相璈编辑，（清）梅启照增辑，周光优等点校：《验方新编（下）》，北京：人民卫生出版社，1990年，第378—379页。

②　（清）邱熺撰：《引痘新法全书》，第152页。

③　（明）于慎行撰：《谷城山馆文集》卷26，台南：庄严文化公司，1997年影印本，第47页。

④　（清）邱熺：《引痘题咏》卷1，第16页。

　　四十年（1701）十二月初，詹氏兄弟合请神痘先生为小孩们种痘，其费用是：扦苗每名银三分、外加银五分点药，并每名分摊买香油、红布钱银八分；二十七日，又每名分摊设坛献醮费用银四分，合计为银二钱。加上请神痘先生吃饭后，合送谢礼银八钱，花费更不只此数。①

　　在詹氏种痘前半个多月，银一钱可买上号乌粉七斤或盐九斤半，银六钱可买米豆一石，对贫穷家庭而言，种痘应该是不小的负担。由此可知，种痘费用之高昂，甚至是当时塾师束脩年收入的几倍。

　　1796年，英国医生詹纳发明了牛痘接种术，1805年牛痘接种术传入中国。牛痘接种术使用牛痘为痘苗，其毒性较弱，接种时在手臂上切口植入痘苗，然后所出之痘仅于所种之处有数颗，整个出痘过程比较和缓。邱熺对此有具体的阐述，他说牛痘之法"不择天时，不烦禁忌，不延医，不服药"；"于所刺之处，随出数颗，按日灌水，按日满浆，按日结痂落靥，无一损伤"；接种后，"小儿嬉笑饮食一切如常，旬日之外，告厥成功，无灾无害，不惟小儿省却疾苦，即育子者亦省却忧劳"。②邱熺对于牛痘新法的描述已将其优长一一罗列而出，时人也多有相同的记载，庞艺林诗中说："昨动舐犊情，布种意殊快。借彼良苗新，一颗已除瘰。嬉笑到童仆，讶若剔微疥。十日厥功成，已破茹荤戒。"南海人黄景治则言："刀圭微一试，童稚得延年。"南海人黄敏修也说："一刺能回造化功，天花无复困孩童。"余啸松在《牛痘新法》中提到："故发惟在于两臂而出数少，且精神不困惫，肌肉无痛苦，儿童嬉笑自若，眠起如常，是诚尽善尽美。"可见牛痘新法的长处得到了当时人们的认可。而且，牛痘接种术使

---

① 中国社会科学院历史研究所清史研究室编：《清史资料·第四辑》之《畏斋日记》，北京：中华书局，1983年，第227—228页。
② （清）邱熺撰：《引痘新法全书》，第68页。

用的是牛痘的痘浆，必须经过接种才能出痘，不会带来天花的流行，不会传染其他人，人们称其是万举万全之善法。

可是，西洋而来的牛痘接种术进入中国后遇到的更多的是怀疑、抗拒和排斥。翻阅《引痘题咏》180余首题赠诗文，这样的文字在在皆是："乍闻我亦半疑信"（张南山），"乍闻惊奇辟"（彭邦畴），"黑昔无灾鬼亦疑"（龚在德），"人多疑之，以与神痘不同，且事皮肤，毒终不尽，医者又从而攻之，术不果行"（刘沅），"心窃疑之。夫痘蕴毒于先天，因于天行，发于经络，岂区区臂膜间，以他儿毫末之浆，能引之必达乎？左右数粒，能尽其蕴毒乎？且天行之痘，百药未奏全功，更岂一挑一剔之劳，能胜百刀圭乎？"（史善长）等，不一而足。除了一般人的怀疑之外，更多的是来自为人接种人痘的医家的攻击，熊乙燃说："近因种神痘辈，极力谤毁，人心疑畏，往往愿种之家，闻风辄阻，而卒罹于流痘之灾者，不计其数。"[1]顾文彬说："然牛痘之法行，而习神痘之医皆无所施其技，于是百端簧鼓，谓种牛痘者后必重出。"[2]图南子说："吹苗家即肆诋毁，谓其术不足凭。"[3]毛琅说："然习神痘法者未免议其后，故或不之信。"[4]举不胜举。

概括而言，当时对于牛痘接种术的攻击主要源于这四个方面："牛痘尽善尽美，最有碍于塞鼻痘医；牛痘不必延医，又不利于幼科；牛痘无余毒遗患，又不利于外科；牛痘无药有喜，于药铺亦不无小损。是故每有射利之徒，视善举为妒业之端，暗中煽惑。以刀刺为惊人之语，以再出为阻人之词。"[5]为何药铺也有损失呢？因为牛痘接种后不会出现险症、逆症，

---

[1]　（清）邱熺辑，（清）熊乙燃增：《引种牛痘纪要》，清光绪三十年（1904）山东广仁局刻本，第8页。

[2]　严世芸主编：《中国医籍通考》第3卷，第4478页。

[3]　（清）鲍相璈编辑，（清）梅启照增辑，周光优等点校：《验方新编（下）》，第382页。

[4]　严世芸主编：《中国医籍通考》第3卷，第4479页。

[5]　（清）沈善丰辑：《牛痘新编·许楗身序》，光绪十一年乙酉（1885）刻本，第3页。

一般不需延医服药，正如广东布政使曾燠所说的"勿药有喜"，郑兆珩说的"馈药当辞不敢尝"。可见，牛痘接种术的出现，不但砸了传统痘师的饭碗，而且使儿科医生、外科医生与药铺损失不少。故而，牛痘新法传入中国，利益受损的各种力量都对其进行诋毁和攻击。

此外，当时对于牛痘接种术的攻击还有来自从事痘神祭祀的神职人员。因为天花的危害酷烈，又无有效的治疗方法，民间对于痘神的信仰普遍存在。即使在接种人痘时，亦有相应的祭祀活动，甚至民间一般把人痘接种说成"神痘法"，将传统痘医称为"神医"。清末经学家俞樾《西湖痘神祠记》对西湖痘神庙的设立、缘由做了详细的记述，从中可见痘神信仰的流行："夫以天之所行而又变化莫测，则有神以主之明矣。吾浙吴山旧有痘神祠，其神为男像，不知为何人，亦莫知其所自始。乱后祠毁，至光绪辛亥，方伯合肥龚公新建于西湖六一泉之左，广化寺之侧，始改女像……每岁之春，江浙间至杭州礼佛者无虑万亿数。过是祠，必焚香致敬而去。从此有耇年夘日，各遂其生，无以痘殇者，于圣朝保赤之仁，或亦有裨欤。"[1] 番禺人漆麟在赠邱熺的诗中也说："从来司痘神，能制黄童命。一自洋痘行，痘神失其柄。"可见，牛痘法对这些司职痘神的人员也会有所损失。皮尔逊在1821年的报告中说："牛痘已被传入邻省江西，但在那里又失传了，主要是因为那里的僧侣们强烈抵制此法。保持天花的流行使他们可以双重获利：一方面他们常被雇佣作为痘师为人接种人痘；另一方面为了减轻天花带来的痛苦，人们通常会服侍他们的神祇。一次猩红热的爆发为他们反对种牛痘提供了借口，他们指责种牛痘是将病毒植入体内，以便将来以更严重的形式出现。"[2] 甚至出现了对于牛痘接种术的污蔑化的攻击，将一些种痘前或种痘后出现的并发症如水痘、麻疹等都认

---

① （清）俞樾著，赵一生主编：《俞樾全集》第13册《春在堂杂文》2，杭州：浙江古籍出版社，2017年，第554—555页。

② Chinese Repository, vol. II. May, 1833, p38—39。

为是接种牛痘而导致的。

如上的神痘痘医对于牛痘术的攻击诋毁，乃同行相忌，人之常情也。人痘术与牛痘术之争，除了同行相忌之外，牛痘接种术属于新事物，嘉庆初传入中国时，人痘接种术已实行200余年了。人们已经接受认可了人痘接种术，改变习惯的认知是需要时间的。黄安怀说"但以法出于创，人故疑焉"；南海人曾钊也说："自古至常之事，其始曷尝不奇，创始者知之浅，士疑焉。同邑邱君以牛痘闻于时，牛痘来自红毛，前世无有。殆所谓奇创者，非耶。"① 牛痘法使用的痘苗、接种的部位、出痘的情形等都与传统鼻苗法有异，属于创新之法。人们对于其通过手臂如何引出天生胎毒、仅出数颗痘疱能否排尽身体之毒、人牛怎么可以混同、"身体发肤受之父母怎么可以毁伤"等充满疑惑，这也是事之常理。正如人痘接种术刚发明流传时，也是经历了"始闻而疑之，既而信之，久乃大服"的三个阶段，从怀疑到相信，再从相信到赞叹，也即正所谓"少见多怪人猜疑"。周纯熙也云："天下事以习见者为常，罕见者为怪，人情类然，而洋痘为尤甚。"

为何周纯熙认为"洋痘为尤甚"呢？

首先是皮尔逊将西洋牛痘接种术传入中国，仅有操作技术的传授，缺乏了理论上的阐释。而习惯了具有深厚中医理论背景的人痘接种术的人们，很难相信仅凭手臂切口植入痘浆、出几颗痘疹就能把人们畏之如虎的天花疾病战胜。所以，牛痘痘师们必须从理论上完成构建，对如此操作简单、效果稳妥的牛痘新法作出理论上的自洽解释，这一问题放在下章专门论述。

其次还有更为深层的原因，即牛痘来自西方。嘉庆十年（1805），也就是牛痘术入华之年，清廷明确规定："严禁西洋人研习医术。"皮尔逊与斯当东在华著译有关牛痘的书籍在当时是非法的，必须有中国官员或

---

① （清）邱熺：《引痘题咏》卷2《引痘略·曾钊跋》，道光三年自刻本，第6页。

有社会地位的人背书，所以有了郑崇谦"敬书"附于书的最后。而且在仅有"一口开放"的闭关锁国政策下，中西方之间的隔阂，使中国人不愿意相信海外存在有比中国更加高明的技术与文化。在《引痘题咏》中，随处可以窥见那些家人接受了牛痘接种的达官与文人们的这种复杂微妙心思。"此法乃竟行蛮夷，梯航来粤人初惕"（卢文锦），"觉岸忽从牛乳悟，法门先被岛夷窥"（伊念曾），"用夏可变夷，初不相沿袭"（彭邦畴），"蛮夷原用夏，锡福本惟皇"（左履泰），史善长邀请邱熺为他家儿孙接种牛痘奏效之后感叹"岂以是疮自房中带归，仍以虏法治之耶"。道光初期湖南人吴鰊在《洋痘可信说》中也有同感："余谓马伏波以苗蛮之痘入中国灾小儿，今嗼咭唎以夷医之法入中国救小儿。"这些文字流露出当时中国人对于简易奏效的牛痘接种术出自西洋而非中国的一种深深的遗憾。

众所周知，异质文化相接，其表层文化如生产工具、物化技术穿透力较强，易于传播、渗透，深层文化如思维方式、价值观念、心理意识穿透力较弱，难于传播。医学是一门特殊的学科，它既有工具性浅层文化特点，也包含着思维方式、价值观念等深层文化特点。西医通过工具性特点，收"手到病除"之疗效，再通过思维方式、价值观念、伦理道德等，由治病而攻心。当时闭关锁国下的中国人如何承受得了西洋文化的这种渗透？他们要从中国传统宝库中找到与西方牛痘相关的理论。詹纳是通过对牛的观察，才发现了牛痘之巨大功效，这在当时的中国人看来，詹纳具有"相牛术"。而相传中国古代齐国大夫宁戚是相牛老祖，著有《相牛经》（全称是《齐侯大夫宁戚相牛经》），后来成为相牛圣经。在《引痘题咏》中有诗曰"岛夷妙术漫相猜，从相牛经悟得来"（刘彬华），"遂乃经悟相牛"（潘正琛）、"间从解牛悟"（冯庚飚）、"相牛经里得神通"（赵允菁）、"相牛经悟活人术"（梅璇枢）、"奇功只在相牛经"（吴应图）、"相牛传诀妙，保赤获功深"（梁培中），"海外更无仙药在，相牛经是活人经"（倪济远），"商略相牛经可补，几希原不混人禽"（谢景云）等，通过先秦时期的《相牛经》把西洋牛痘与中国传统对接起来，并安顿在中国传统之中，以化解内心深处那份深深的遗憾。

在邱熺1817年最初刊行的《引痘略》中有温汝适所作的序，温曰："余观《本草纲目》，是其称痘方用白牛虱，以此虱仆缘牛身食饱自坠，用之能稀痘，即取其中有牛血耳。牛虱尚能稀痘，则牛痘必稀。用其苗以种，宜获十全之效，理有固然，无足怪者，是中国人已启其端，而外洋人专心致志，触类引申，亦其一长也。"[①]可见温汝适是"西学东源"论者，他认为西洋牛痘接种术原来也是源自中国，"中国人已启其端"也。

温汝适（1755—1821），清代官吏、学者，藏书家。字步容，号篑坡，别号慵讷居士，广东顺德龙山乡人。乾隆三十五年（1770）举人，四十九年（1784）进士，授编修，选庶吉士，任上书房行走、国子监祭酒、陕甘提学使，累官至都察院副都御史、兵部右侍郎。博学工诗文，著述有《携雪斋诗钞》《携雪斋文钞》《曲江集考证》《张曲江年谱》《咫闻录》《日下纪游略》《韵学纪闻》等。

除了牛痘来自西洋的复杂的文化背景之外，还有复杂的心理背景。嘉庆时牛痘术入华，也正是西方走私鸦片猖獗之时，中国人对西方人的态度因鸦片贸易而变得更加糟糕。阮元题赠邱熺的诗曰："阿芙蓉毒流中国（注：《本草纲目》中鸦片本名阿芙蓉），力禁犹愁禁未全。若把此丹传各省（注：痘古名丹），稍将儿寿补人年。"当时阮元督粤，针对英美商人的鸦片走私，实行严厉的禁烟政策。所以此诗正是其复杂的心态流露，一方面是西方传来救人的牛痘接种术，一方面是西方商人走私鸦片进入中国害人匪浅，故对于可以拯救婴孩的西洋牛痘接种术也难以做到全然赞同。由此也可理解周纯熙所感慨的"天下事以习见者为常，罕见者为怪，人情类然，而洋痘为尤甚"的情由了。

---

① （清）邱熺撰：《引痘新法全书》，第41—42页。

三、洋痘释疑

邱熺作为中国传播牛痘术的先驱，不仅因为他是中国最早的牛痘局的首席痘师，而且他最早对牛痘术做了理论上的阐释，涣释众疑。当时普遍认为"人畜实殊类"，"生人藉牛汁"，"胡为人痘浆，乃藉牛所萃"，人乃万物之灵，怎么可以用牲畜（牛）之汁植入人体，这是时人难以理解和接受之处。邱熺对此作出阐释："盖牛土畜也，人之脾属土，以土引土，同气相感，同类相生，故能取效若此。"[①]引用五行学说，人牛虽异类，生理乃一本，牛与人的脾脏在五行上都属于土，毒逢土则解，所以孕藏于脾脏的胎毒遇到牛痘则可解除。

牛痘如何通过手臂引出体内之毒呢？邱熺曰：

> 痘之为毒，受于先天，感于时气，散于经络。男女交感之会，先天胎毒既有浅深；感时行之气，复有善恶，而散于经络分配五脏，又有轻重，正痘有发热即现点者。最险之症，肾经之毒也，由肾而肝、而心、而肺、而脾，传经既多，其症亦递减。故痘之发毒，肾最重，脾最轻。按古痘苗塞鼻孔法，亦必五脏传遍，始能发热。缘鼻者，肺之外窍也；苗塞鼻中，其气先传于肺，肺主皮毛；肺传于心，心主血脉；心传于脾，脾主肌肉；脾传于肝，肝主筋；肝传于肾，肾主骨。痘毒藏骨髓之内，感苗气而发。其毒自骨髓尽达于筋，肾脏之毒解矣；自筋尽达于肌肉，肝脏之毒解矣；自肌肉尽达于血脉，脾脏之毒解矣；自血脉尽达于皮毛，心脏之毒解矣；自皮毛尽达于颗粒，肺脏之毒解矣。苗气必历五脏层递而入，内毒亦必历五脏层递而出，此传送之次序

---

① （清）邱熺撰：《引痘新法全书》，第62页。

也。今种牛痘法，择于两臂中消泺、清冷渊二穴上下交连之处种之，似与塞鼻孔法有异。殊不知二穴部位乃手少阳三焦经也。三焦者，人身最关要之脏腑，如天地之三元，总领五脏六腑、营卫、经络，通内外、左右、上下之气。三焦通则内外、左右、上下皆通。得其关要之处引之，直从皮毛、血脉、肌肉、筋络同时直传而入，使纵有胎毒深藏于肾，亦自然同时引挈而出，如引路然，引诸坦途，则无颠踬之患；如引丝然，引其端绪，则无纷乱之忧。"①

在这里，邱熺解释了引痘原理：传统鼻苗法是通过鼻孔种入人痘苗，以气运行的方式，沿着肺、心、脾、肝、肾的顺序递进，苗气所达之处，引发藏于其体内的先天之毒，于是胎毒就沿着骨髓、筋络、肌肉、血脉、皮毛爆发出来，所以皮肤上有痘疹，意即先天胎毒通过出痘被引出，则毒解了，就可免除天花之患。牛痘之法，方法与鼻苗法有所不同，它通过在手臂的消泺、清冷渊两个穴位，植入牛痘浆，但是原理一样。消泺、清冷渊属于手少阳三焦经的穴位，三焦为人体命门所在，通过消泺、清冷渊两个穴位直达命门。命门就像人体的总开关，其毒气被痘苗触动，于是引发出所有深藏体内的胎毒，沿着骨髓、筋络、肌肉、血脉、皮毛爆发出来，因为有三焦的指引，不乱窜，所以所出的痘疹就仅在手臂上，但同样可达到引出先天胎毒的作用。

邱熺的理论阐释是用中国传统医学中的阴阳五行学说和经络理论，对西洋牛痘接种术做了一番"本土化的包装"。以现代医学的眼光去看，这种包装在医理上可谓牵强附会，但这种解释模式，却契合了国人当时落后的医学观，反而消弭了民众对西洋种痘方式的疑虑，促进了牛痘法的传

---

① （清）邱熺撰：《引痘新法全书》，第63—66页。

播。邱熺的阐释当时得到了很多人的附和赞成，如番禺人刘沅说："人体皆穴，惟消泺与清冷渊二穴，无害于刺，引之以毒，则由经络而入，即由经络而出，脏腑无所滞留，而出之数，与刺之数相符，则毒不能他窜。如善治水者疏通其下流，徐而导之，然后由龙门砥柱，归于河海，而无壅闭泛滥之患也。" 南海人徐仁韬更是详尽地阐述邱熺的理论："其法以痘苗塞于鼻孔，鼻属肺经，肺主皮毛，肺传于心；心主血脉，心传于脾；脾主肌肉，脾传于肝；肝主筋，肝传于肾；肾主骨，痘乃先天之毒，藏于骨髓之内，感苗气而发达于筋，自筋达于肌肉，自肌肉达于血脉，自血脉达于皮毛，自皮毛达于颗粒，五脏之毒尽解。故必俟五日传遍五脏，始发热见点。今岛夷新传种痘之法，以牛痘种于两臂之上，此乃夹白穴（上约一寸为天府穴，左右同），皆属肺经，亦必俟四五日始露形色，此五脏传送之理相同。至于满浆结靥落痂之期，亦皆符合。考中外旧法，以人痘而种，随身而出，无定位，多少不一，犹必择天时，慎调摄，节饮食，与天行无异。牛痘所种，一颗出一颗，别无多出，必循旧位，不拘四时，不用药，无禁忌，婴儿又无所苦，百发百中，真得参赞天地化育之功。惟其理法深微，莫能臆解。予尝思之，牛在畜属土，在卦属坤。土缓而和，其性顺也。啖百草能解诸毒，非如人有饮食之患，七情之火，其髓补中，填骨髓，安五脏，平三焦，此其胎元之善，无横逆之气，故能由穴而入，循穴而出，不多生枝节也。"①

　　虽然"素不知医"的邱熺对牛痘接种术作出了最早的理论阐释，也为人接受，但是毕竟邱熺还是缺乏了医学的功底，加上牛痘接种术初传入华，经验尚有不足。随着牛痘接种术逐渐推行，后来有更多的牛痘种痘师对西洋牛痘接种术在理论上做了补充。其中最为突出的是道光时期的湖南湘潭医家周纯熙和浙江绍兴新昌痘医熊乙燃。

---

① （清）邱熺：《引痘题咏》卷3，第28—29页。

道光七年（1827）周纯熙撰《洋痘释疑》，对于西洋痘法进行了更为详尽的阐释：

　　夫洋痘与鼻苗痘所争，不过气血之分耳。世人必谓洋痘假，而鼻苗痘真，何也？岂以鼻苗从鼻入，属气分者为真；洋痘从臂入，属血分者为假乎？不知气与血二者本相流通，人藉气以生，未有不资血以活。血如不行，气能独运乎？何洋痘一术，风闻者往往从而疑之，谓迟至十年或二十年，必然复出。夫同一痘也，鼻苗引先天之毒，洋痘独非引先天之毒乎？既同引先天之毒，又焉有真假之别乎？今持是说以与天下争，而信者十之一，不信者十之九，此亦囿于一隅之见耳。

　　请即其易晓者言之，如历法律吕二家，中国有之，究不若外国之精且简；铜壶滴漏，仙器也。洋人访其规，则有时辰钟、时辰标之异制。钟鼓琴瑟，乐器也，洋人扩其义，则有铜丝琴、指环钟之巧音。又况小呢、羽毛之类，其出自外洋者，皆为珍于中国，此固人所共见共闻者也。兹乃于其有资日用者，相率以为常；于其有利婴孩者，遂惊疑以为怪。甚至洋烟一事，其贻害于人者匪浅，且群人呼之吸之，而于洋痘则忌之讥之。呜呼，何其愚之甚也。

　　且夫洋痘之与鼻苗痘，其难易缓急固有间矣。与其种鼻苗而有周回五脏之难，孰若种洋痘而使直达命门之易。与其鼻苗一种而使婴儿身弱体困，发而为大热，为咳嗽，为口渴，痘多者或至仓皇失措。如此其急，孰若洋痘一种，而令婴儿嬉笑自如，饮食无恙，如此其缓，是其孰利孰害？不待智者而知也。

　　世人不察，咸谓洋痘之无济，独不闻粤省洋行开局放痘，不取毫利，孰非为小儿造普渡慈航乎？况天地之生人为贵，骨肉之爱人所同使，果其无济，孰肯以己之子女，置之生死呼吸之际，

而轻以试法者哉？即仆亦何必有不自爱其豚犊者哉？总之，四海之外六合之内，何所不有，凡语言风教，物产技术，其因地而异者，书亦不能尽志。要在审其有利而无害者，信之而已。洋痘之术，为法便而收功捷，常也，非怪也。人奈何而不为此，今特取其成书，付之梨枣，窃愿天下之人，共明斯理，共详斯术，俾婴儿永无夭札之灾，同登仁寿之域也，则幸甚，或有疑仆借此为射利之阶者，苟存是心，天神必殄。①

周纯熙医家出生，也兼为人接种人痘，后转而接受邱熺所传牛痘接种术。面对人们对于牛痘新法的怀疑，他撰长文释疑，从气血理论出发，阐释牛痘接种术的优长之处。而且还从文化心理层面来分析，批驳当时人们的无知与愚昧。

到道光中后期，牛痘接种术在中国进一步流传推广，人们对于牛痘的认知也更为深入。当时的江南牛痘名医熊乙燃依据自己丰富的施种牛痘经验，对邱熺《引痘略》做了增补，他在《新增铜人图说》中，对于西洋牛痘接种术做了更为完整的理论阐释：

费建中先生有云：痘为二五妙合，精行血就时当下之毒，以其为先天所种，非后来之毒，故有谓天疮者。其未出时，果属何家，著于何地，古来列说纷纷，皆是捕风捉影。不知人身百骸未生，元始之初，先结右肾，谓之命门，以其为受命之门也。其毒如一小樱桃，即结于此，脏如胆之系于肝者，然内所包孕者，仅气而已。毒轻者其气清，重者其气浊，尤重者其气黑。毒惟有囊包孕，故未有感触。藏之若无一泄，而吉凶便判。按古以苗塞鼻

① （清）邱熺撰：《引痘新法全书》，第144—149页。

引种之法，必由五脏层递而入，亦必由五脏层递而出。惟毒有轻重，兼脏气有寒热虚实，故其症即有顺逆。今牛痘法择于两臂中消泺、清冷渊二穴上下交连之处种之，直引其毒从此经络而出，则不得扰动脏气。考手少阳三焦经脉，自关冲穴起，历清冷渊、消泺上肩入缺盆，交会于膻中，散络于心包下膈内，而循行之分，皆属三焦。三焦者，始于肾气，出于中腕，散于膻中，皆相火之自下而上也。是三焦原与命门一贯，故切三焦之脉亦于右尺诊之。

夫五脏犹列国也，五脏之经络，犹列国之道路也。而三焦既总领五脏六腑，则三焦之经络，犹列国往来关要之总路也。痘毒从此经络而出，犹大寇只从列国之总路而过，不入列国之内扰攘。列国之主，自安然无虞，所以毒伏命门，不从肾之经络引泄，而必取径于三焦者。亦如擒寇然，从一路擒之，或恐其惊散，有遁于他路者。惟扼其关要之总路擒之，则彼无复有遁所矣。

且三焦为周身水精之气，充满躯壳。脏腑者，痘毒必藉水精之气载之以出，彼从五脏层递而出者，是由五脏发动三焦之气，兹直从其穴而刺之，则三焦之气自通。三焦通，则水精之气自载其毒以出矣。故古之以苗塞鼻者，亦是引法，要不若牛痘之引法，更为直捷，而万举万当也。

凡痘见苗之后，其苗一日传过一经，六日方到命门。七日其毒乃发，毒气一动，五脏先为之摇撼，其发热者，即肾脏之元阳先动也，由肾而肝，肝主筋骸；由肝而心，心主血脉；由心而脾，脾主肌肉；由脾而肺，肺主皮毛。自发热始，一日送于筋骸，二日出于血脉，三日传于肌肉，四日至于皮毛，而后见点。

经日痘禀于阴，而成于阳。所谓禀于阴者，以痘为先天，真阴中之胎毒也。而成于阳者，以痘必需阳气为之运送，而后能

成，亦阴赞阳生之义也。故自放点以至起胀、灌浆、结靥，皆藉微热成其功，此热非毒火之热，乃元阳之热。盖毒火如寇然，元阳如御寇之主然。毒轻者，如寇势不强，主足以降伏之。只见主之势，不见寇之势，故热势和缓。毒重者，如强寇入境，主不足以降伏之，只见寇之威，不见主之威，故毒热亢炎。而痘之吉凶，即以观热之微甚而可定矣。

今牛痘法从三焦之经穴刺引，一日传过上焦，二日传过中焦，三日传过下焦，其苗气乃达于命门，以引动其毒，所以三四日而发，是其常期。毒从三焦之经络出，不摇动肾脏之元阳，所以不先发热；不由肾而肝而心而脾而肺，所以不先发热。三日而后见点，以三焦总领五脏六腑，营卫经络，通内外上下左右之气。三焦通，则筋骸、血脉、肌肉、皮毛之路，同时俱通。所以毒一动，即露形影。自露形影以至运水灌浆，即三焦之火，鼓动运送于其间。盖三焦之火，随毒并动，其初露形之时，毒微动，则三焦之火也微动，所以不见发热。及至灌浆满足之时，毒大动，则三焦之火亦大动，所以始见发热。

三焦之火，即根肾脏之元阳而来，所谓三焦者，元阳之刖使。命门者，三焦之根本也。而痘之禀于阴，成于阳，牛痘亦未尝不然，故此之引经络而出，与彼之引从脏而出者，其事则彼难此易，而其理则殊途而同归。所最妙者，在此牛苗之兼能解痘毒耳。如引寇然，开一路，引之使出，不令入内地攘扰，已为得诀。况此引寇之人，又是善于治寇之人，足以戢其猖狂之性，则寇之势自更减矣。故虽毒重，亦如行所无事，但比毒轻者，热略重焉耳。[1]

① 陈建华、曹淳亮主编：《广州大典》第44辑 "子部医家类" 第12册，第221—224页。

熊乙燃这篇《新增铜人图说》深入中国传统中医理论之中，从阴阳学说、经络穴位阐释了命门三焦，对天然胎毒的导引以及排毒理论做了详尽的说明。并且运用非常生动的比喻，将五脏比喻成列国，经络比喻成列国道路，解释牛痘引毒只在种痘之部位出痘之原理。还运用阴静阳动的理论解释牛痘出痘的时间长短和发热现象。这样，便将缺乏理论支撑的西洋牛痘接种术完全融入中国传统医学中，虽有诸多属于附会牵强之论，彰显出了那个时代人们的认知水平和思维特点，但是这丝毫不妨碍牛痘接种技术的实施，反而对于消解人们对于新事物的误解和排斥大为有利。

　　邱熺与他的后继痘师们，结合丰富的临床接种经验，运用中国传统中医理论，对于牛痘新法做了一番深入的中国传统中医理论的阐释，如运用五行学说解释"牛属土"的特性，可以消解同样属"土"的肾脏中的胎毒；运用经络、穴位理论，解释牛痘接种于消泺、清冷渊穴位所在，通过三焦直达命门引拔先天胎毒等，以理论上的弥缝，涣释洋痘之疑，极大地促进了牛痘接种术在中国的传播和推广。

第四章

著书立说与牛痘术
的推广

历史
文化

第一节　撰著《引痘略》

牛痘接种术是最早传入中国的西方医疗技术，人们对它投以复杂的眼光。有信有疑，但"人未之信"更为普遍。嘉庆十五年（1810），广州第一家牛痘局在行商的资助下创办，邱熺成为牛痘局首席种痘师。随着临床经验的积累，为打消时人对于牛痘新法的怀疑和偏见，邱熺于嘉庆二十二年（1817）撰著《引痘略》出版。这是一本比皮尔逊《暎咭唎国新出种痘奇书》多了三倍以上篇幅的牛痘专书，它对牛痘新法从技术到理论进行了完整的阐释，是对皮尔逊著述仅有操作技术层面介绍的完善。《引痘略》通过理论的阐释将西洋牛痘接种术置入中国传统文化场域中，使其"本土化"，有助于消解人们对新事物的恐惧和疑虑，有利于牛痘接种术的推广。

一、《引痘略》的编撰背景

李约瑟说："中国人确实热情地接受了牛痘。"事实并非如此，尤其在牛痘刚传入之时，人们充满着对牛痘的抗拒和怀疑。

"信者十之一，不信者十之九"①，大多数人对牛痘表示怀疑与担心，害怕接种后会为其所害，中国传统人痘师更是诋毁这一新的接种方法，担心其得到广泛传播后失去自己利益，正如湘潭人尹作翰在道光十一年（1831）重刊《引痘略》序中所言："忌之者有人，疑之者有人。忌之者忌其术之行而显夺其利，疑之者疑其术之伪而险受其害。"② 19世纪初刚传入中国的牛痘接种术，如同在当时的欧洲一样，遭遇普遍怀疑。这种猜

---

① （清）邱熺撰：《引痘新法全书》，第145页。
② 严世芸主编：《中国医籍通考》第3卷，第4432页。

疑导致牛痘在传入之初至少有两次失传。皮尔逊1816年的报告中说："事实上，牛痘首次传入中国，已经有两次失传了。"牛痘最早传入当时中国唯一对外开放的港口广州，其地方文献则比较详细地记载了这两次牛痘失传。《番禺县志》记载："嘉庆丙寅（1806）种痘者稀少，痘浆不继，复命夷医回国，携痘浆至粤。夷乃携小夷数十，沿途种之。"①道光《南海县志》记载："粤人未大信，其种遂失传。（嘉庆）十五年（1810），番商刺佛复由小吕宋载十小儿传其种至。"②

中国人认为人与牛不同气，无法接受将牛痘接种到人体内这一事实。番禺人潘正亨在赠给邱熺的诗中说："妙法传西夷，始闻颈为缩。"③生动地描述了当他听到将牛痘之浆注入人体时的那份惊讶。而且，中国的人痘接种术在清代乾隆、嘉庆年间已经有了很大的改善，大大降低了痘苗毒性的"熟苗"已广泛使用。在牛痘接种术传入中国的时代，人痘接种术已经发展到了相当安全的程度，成功率可达百分之九十五以上，若是有经验的痘师施种，成功率甚至可达百分之九十九以上，而由西方新传入且效果尚未在中国得到验证的西洋接种新法遭遇怀疑也是情理之中。

当然，中国传统人痘师对牛痘尤持抵制态度。皮尔逊说："中国医学界，尤其是致力于治疗天花的医生们几乎完全不接受牛痘。失败的警告不时传播开来，这成为牛痘传播的一大障碍。他们将痘症、麻疹、天疱疮、皮疹等病症都说成是先前接种牛痘造成的。"龚在德的诗也证实了皮尔逊的说法，其诗中有注云："洋痘多则天行少，痘师不得居奇，故多谤此事。"④

①　番禺市地方志编纂委员会办公室整理：《番禺县志》（清同治十年点校本）第54卷，第854页。

②　（清）潘尚楫主修，（清）邓士宪纂：道光《南海县志》卷44，同治刻本，第20页。

③　（清）邱熺：《引痘题咏》卷1，第11页。

④　（清）邱熺：《引痘题咏》卷1，第10页。

嘉庆十年（1805）乃牛痘术入华之年，这是中国跨入近代门槛的前夕，闭关锁国已久的大清帝国与世界已经扞格不入。英国学者霍肯斯认为中国的官僚制度及传统上对外来事物的怀疑，阻碍了牛痘术在中国的传播。范行准也认为："如其他新的事物传入中国一样，即起一种抗拒的情形。"①在严格的夷夏之防的背景下，中国人也不愿意相信海外存在有比中国更高明的技术与文化。刘传本在为《引痘集要》所撰序中道出了这种心理："吾独疑其术之出于外夷，而波及于中国，岂造物之巧有所独钟，故使言语不通嗜欲不同者得傲其所长，以夸美于天下，则无惑乎竭中国聪明才智之心思，靡然而为之下也。"②中国人对西方人的态度又因鸦片贸易而变得更加糟糕。如广为后人所引用的阮元赠邱熺的诗云："阿芙蓉毒流中国，力禁犹愁禁未全；若把此丹传各省，稍将儿寿补人年。"此诗表达出这位总督大人的复杂心情，应该如何对待西洋人？他们既带来了毒害人民的鸦片，又带来了拯救婴幼的牛痘。哪怕到了清末，在首善之区的京城北京，当医生要求给儿童进行免费牛痘接种时，竟遭到拒绝，因"此痘疮乃孩儿之疫病，非患一次不可，故人为预防乃违天理，多有以种牛痘为邪法而排斥者"。③这些都是中国人接受这一外来技术的心理障碍。

如何克服这种情理之中的怀疑和心理障碍？如何让人们认识到牛痘新法的优长之处？作为在中国最早一批接种牛痘，亲自检验了牛痘的安全、简便、有效，然后成为中国最早的牛痘接种师的邱熺，深切地感受到人们对牛痘的怀疑和偏见，又目击天花为祸之烈，"顺造物之生成易，补天地之缺憾难，婴儿之患天花十损二三，甚者不存五六"。④邱熺为了推广牛痘

① 范行准：《中国预防医学思想史》，第143页。

② 严世芸主编：《中国医籍通考》第3卷，第4476页。

③ 张宗平、吕永和译，吕永和、汤重南校：《清末北京志资料》，北京：北京燕山出版社，1994年，第461页。

④ （清）邱熺撰：《引痘略·序》，《引痘新法全书》，第49页。

接种术，使更多中国人能够接受和受惠于牛痘，于嘉庆二十二年（1817）把自己从事牛痘接种的经验述诸笔端，一部对于牛痘接种术在中国传播、推广和普及，影响较为深远的著述《引痘略》便在这种时代和社会的背景下编撰刊行。

二、《引痘略》的主要内容

邱熺在《引痘略·序》中说："迨嘉庆十年四月（笔者注：1805年5月），由小吕宋舟载婴儿递传其种以至澳门，予时操业在澳，闻其事不劳而效甚大也。适予未出天花，身试果验。洎行之家人戚友，亦无不验者，于是洋行好善诸公以予悉此，属于会馆专司其事，历十数寒暑，凡间途接踵而至者，累百盈千，无有损失。……此法予既得之最先，且行之无误用，敢笔之于书，以质之于世，爰取其法之历验者条述之，并绘为图，都为一帙。仁人君子知有此法，不鄙是编，相与讲明而流布之，俾婴儿不罹天花之厄，共嬉游于光天化日中也，不亦慈幼者之所同快哉！"此段话既是肺腑之言也是经验之谈，有对于牛痘术推行之难的隐忧，更有对于牛痘新法亲身受益且实践成功的自信笃定。

邱熺所撰《引痘略》是真正意义上的中国第一本关于牛痘的专书，因为嘉庆十年将牛痘苗传入中国的英国东印度公司为便于外来的西洋医学牛痘接种术的宣传，嘱托广州商馆助理医生皮尔逊以英文编写一个宣传小册，即《唤咭唎国新出种痘奇书》，全文才1400字左右，对于牛痘的介绍仅限于技术层面。所以，身为中国种痘师的邱熺总结10多年来的牛痘接种临床经验，编撰《引痘略》。全书正文部分共7篇，包括引痘说、留养苗浆、认识疯疾、引泄法、度苗法、出痘时宜辨、出痘后须知等，后附内服药方16方、外敷药方4方及插图4幅。

第一部分是《引痘说》，主要是对于书名《引痘略》的阐释以及回答人们对于牛痘接种术的最为关切的两个疑问。

痘何以曰牛也？痘之种自牛来也。外洋向无此疾，后由他处传染，患亦滋多，惟畜牛取乳之家，独不沾染。医人欲穷其故，见牛乳傍有青蓝小疱，形与痘类，因悟牛之患痘必轻，以之传人，必然无害。于是按古针刺法，取牛痘之浆，种人两臂消烁〔泺〕、清冷渊二穴。旬日，果于所刺之处，随出数颗，按日灌水，按日满浆，按日结痂落靥，无一损伤，无一复出。盖牛土畜也，人之脾属土，以土引土，同气相感，同类相生，故能取效若此。痘种自牛而来，故曰牛痘也。

其曰引，何也？曰痘之为毒，受于先天，感于时气，散于经络，男女交感之会，先天胎毒既有浅深。感时行之气，复有善恶，而散于经络分配五脏，又有轻重。正痘有发热即现点者。最险之症，肾经之毒也，由肾而肝、而心、而肺、而脾，传经既多，其症亦递减。故痘之发毒，肾最重，脾最轻。按古痘苗塞鼻孔法，亦必五脏传遍，始能发热。缘鼻者，肺之外窍也。苗塞鼻中，其气先传于肺，肺主皮毛，肺传于心；心主血脉，心传于脾；脾主肌肉，脾传于肝；肝主筋，肝传于肾，肾主骨。痘毒藏骨髓之内，感苗气而发。其毒自骨髓尽达于筋，肾脏之毒解矣。自筋尽达于肌肉，肝脏之毒解矣。自肌肉尽达于血脉，脾脏之毒解矣。自血脉尽达于皮毛，心脏之毒解矣。自皮毛尽达于颗粒，肺脏之毒解矣。苗气必历五脏层递而入，内毒亦必历五脏层递而出，此传送之次序也。今种牛痘法，择于两臂中消烁[泺]、清冷渊二穴上下交连之处种之，似与塞鼻孔法有异。殊不知二穴部位乃手少阳三焦经也。三焦者，人身最关要之脏腑，如天地之三元，总领五脏六腑、营卫、经络，通内外、左右、上下之气。三焦通则内外、左右、上下皆通。得其关要之处引之，直从皮毛、血脉、肌肉、筋络同时直传而入，使纵有胎毒深藏于肾，亦自然同时引挈而出，如引路然，引诸坦途，则无颠踬之患；如引丝然，引其端绪，则无纷乱之忧。《金鉴》所谓引其毒于未发之先者，即此意。张逊玉《种痘新书》所谓以佳苗而引胎毒，斯毒不横而症自顺者，亦此意。故凡种痘皆用引法，而引毒从皮毛、血脉、肌肉、筋骨同时而出，则牛痘为最捷也。

这是对于书名《引痘略》做了理论上的解释，因痘苗来自于牛，故曰牛痘；因痘疹来自先天胎毒，感时气而动，散于经络，藏于脏腑中，需要"引"发而出，然后解除其毒。

除了解释《引痘略》的书名之外，邱熺回答了当时人们对于接种牛痘两个最为关切的疑问：一是"无故取婴孩而与之以病，可乎？"二是"种牛痘有死者否？"

对于第一个疑问，邱熺借用乾隆初御纂《医宗金鉴》中的话来回答说："正痘感于得病之后，而种痘则施于未病之先。正痘治于成病之时，而种痘则调于无病之日。"也即运用中国传统"治未病"的思维对第一个疑问作出了肯定的回答，并且还进行了生动的比喻："譬之捕盗，乘其羽翼未成就而擒之，甚易矣。譬之去莠，及其滋蔓未延芟而除之，甚易矣。"进而将人痘和牛痘接种后的情形进行对比，凸显牛痘接种术的优势："人家小儿出痘，如遇险症，延医服药，举家日夕守视。多少酸辛，问卜求神，多少惊恐，其轻者亦须多方调护。今牛痘则止种四颗，或六颗，小儿嬉笑饮食一切如常，旬日之外，告厥成功，无灾无害，不惟小儿省却疾苦，即育子者亦省却忧劳，法诚善也。"

对于第二个疑问，邱熺则以现身说法给予了铿锵有力的正面回应："断无致死之理。予少时未出天花，洋医为予种时年三十二岁，今已十有三年矣。经予手所种小儿，不下万千，皆根基长养，以至娶妻生子，不能悉数。……若非身试无误，敢以人为戏乎？"人们对于牛痘新法最恐惧的就是会不会死人？这是人命关天的大事，邱熺是谨慎之人，亲身试验，然后又试之家人亲戚朋友等人，再至成为职业痘师为人施种已有10余年，所

以有底气地回答"断无致死之理"。

第二部分是《首在留养苗浆》，即痘苗的问题，这是牛痘接种的首要问题。

> 牛痘法全在养苗。此苗始自外洋，嗣后以人传人，贵乎连绵不绝。予既于洋行会馆设局，夏月以八日为一期，春秋冬三季以九日为一期，周而复始，来种者风雨勿改，而洋行好善诸公，复酿金生息。自四月至九月来种者，酌以果金与取浆之人。其所以设果金者，盖当盛夏溽暑之时，即平日深信者，亦多拘执而不肯来，痘不种则浆无从取，浆不取则苗无以继。今既设果金，俾来者孩童既获安全，而贫乏亦不无小补。于是种痘者源源而来，而佳苗乃绵绵弗绝。行之既久，人咸知牛痘之法，虽盛暑亦无碍也。

这一部分文字不多，却阐释了牛痘接种术推行中最关键的问题，也是牛痘接种普遍存在的困难之处，即痘苗的获取。当时的牛痘苗都是以人为活体疫苗，是从手臂到手臂的接种方式，即为人种痘之后，到期浆满成熟，再取浆传之下一个接种者，只有让人源源不断地接种才是保持疫苗连绵不断的最佳途径。但是因为认知的局限，如人们对于疾病易发季节的恐惧，还有一些父母担心取浆对婴童身体的损伤等，会遇到夏季无人来接种和没人献浆而痘苗断绝的情况。所以，邱熺在书中提出养苗之法，设置果金作为奖励，即给予夏季前来接种的孩子一定金额的补偿，故痘苗也称之为"养苗"。

第三部分是《次在认识疯疾》，这是邱熺在广东推行牛痘中的考虑周全之策，也是结合地理环境的创新之处。

> 父母爱子之心，人人皆同。粤东地势卑湿，不无疯疾。来求

种痘者，恐一同混杂，误取其浆，传之无疾小儿，为害不浅。以此告知洋行诸公，呈请有司派令养济院认识疯疾之人，具结存案，逢期到局伺候。凡来种者，先令验过，然后取苗，自无贻误。

广东地处岭南，古时被称为瘴疠之乡，麻风病流行。麻风病是慢性传染病，主要是通过接触传染，由于其可以导致患者外在严重伤残和容貌变化，数千年来麻风病人遭受严重的歧视，民间流传着对麻风病的种种恐怖甚至荒唐的传说和谣言。广东又是麻风病高发之地，有鉴于此，邱熺考虑尤为周全，每到接种日期（一般是八九日为一期）会邀请麻风院的专业人士前来把关，为防止牛痘接种的孩童感染麻风病，力求牛痘接种的万无一失。

第四部分是《引泄法》，即关于牛痘接种的具体操作方法、技术和细节。

其法不论春夏秋冬，随时皆可。不拣天气，不择良辰，不避风，不禁忌。不分男女，不拘大小。自小儿生百日后，但现在无疮癞、无瘰疬、无胎毒及皮肤血热疳积诸疾病，便可随时引种。

牛痘灌浆满足，总在八九日。故种痘之期，大都以八九日为率。太早则浆无力，迟则苗老无功。至期，于先一期所种浆水满足之孩童，择其痘顶不尖、脚不斜、不皱不黄、不暗不破，要如红线围缠，收束紧实，色若珍珠宝光者，又察此童现在无疮癞、瘰疬、胎毒、皮肤血热、疳积疾病等症者，是谓佳苗。若其痘色淡白，暗而无宝光，顶虽平而脚斜似松，中央无一点焦硬者不宜用。

苗既佳矣，取苗时用刀尖向其痘面四围轻轻剔破，将痘面中央一点焦硬小屬微揭，其浆清亮者，可用。若见浆水浊白或黄，即使刀尖三两次点去浊浆，俟其流出清浆如圆珠一粒，不流散者为贵。好浆一粒，可种数人。

种时孩童衣衫两袖卷贴膊上，用小绳二，前后各一，横穿两袖，结束紧紧，令两臂露出，虽寒天不忌。男先左，女先右。种痘者左手执定孩童之臂，勿令伸缩，右手将刀尖点取佳苗，向两臂消烁〔泺〕、清冷渊穴，每臂每穴各种一颗。如孩童年至八九岁以上，日食腥腻五味，恐或有后天之毒，则于两穴上下相连之处中间各种一颗，不宜出四颗、六颗数外。

其刺法，用刀不宜直竖，宜轻巧。将点苗刀尖，轻轻平刺皮膜如一纸之薄，刺处约宽一分，以微见血为度。将刀尖之浆辗转挍拭，同其微血注于所刺穴中，使浆与血调和。其气达于三焦之经，血气相感，自然取效。断不宜手重，恐深刺入肉，出血略多，反将苗浆带去。

如法种毕，其两臂微血，勿被衣衫拭去。如拭去可将浆补种原处。俟血点既干，徐将衣袖垂下，不必用绸包裹束扎，反令血气不行。贴身之衣，宜用柔软丝绸。若衣服浆洗粗硬者，恐致擦损。

这一部分主要讲操作技术，邱熺总结自己10多年来的接种临床经验，只要孩童出生百日之后，身体没有大的问题，便可以接种牛痘。然后将具体的操作技术事无巨细地娓娓道来，如怎么选择痘苗、如何取浆、如何执刀等，相对于《暎咭唎国新出种痘奇书》更为详尽具体，所以它刊行后取代《种痘奇书》成为牛痘接种的教科书使用。按照书中所述的方法操作，就是即使没有老师的现场教授，也可以按书索骥地为人进行牛痘的接种，以期求牛痘最终"人人可学""处处可学"。

第五部分是《度苗法》，即痘苗的保存和运输方法。

按期取鲜浆种痘，以人传人固妙。但只可施之近处。若远处难取鲜浆，可寻佳苗之靥如前式者，罐藏密封，带在身旁，日夜不离，可以留十日半月。倘不能即用，逢痘期之日，将其靥背铺在鲜浆之上，使其气息沾润，或用刀尖沾鲜浆抹过靥背亦可。凡用靥时，取备人乳少许，将刀尖刮取靥中之肉，即痘痂向肉一面脓所结成者，放于瓷器面上，以人乳滴入，令其湿润，然后用刀尖研刮乳浆，照法刺于臂上。此特为路远不能取鲜浆者而言，即痘靥亦可取效。

又有干苗法。将象牙小簪二枝，各就满浆之孩童痘上，两三次沾取痘浆，俟其干了，藏于鹅毛筒内，用蜡密封，可留三两日。用时取备清水一碗煎滚，以牙簪在滚水气上熏润，互相刮浮其浆，推聚于簪尖上，即用刀如前法刺破孩童皮膜，随将簪插入所破皮膜孔里，辗转略为摇动，得其微血，洗此浆于肌肤内亦可。或将有浆之簪插入滚水内立即提起，摇去滚水，如法用之。但干苗有引出，有引不出者，不如用痘靥，更不如用鲜浆，得气较全，自然之理也。

这一部分详述了关于痘苗的保存方法。在牛痘接种术发明之初，采用的都是"活体"疫苗方法，即从手臂到手臂。为将牛痘接种术能传播至更远的地方，邱熺等人也在探索痘苗的保存方式，提出用"痘靥"（即痘痂）和"干苗"法。也可见这两种方法已经用于实践，尽管效果不如从手臂到手臂的鲜浆法，但是有助于将牛痘接种术推广至远郊僻壤的乡村以及远离广东之外的其他地方。如道光初期曾望颜传牛痘术入京，使用的就是干苗法。

第六部分是《出痘时宜辨》，对牛痘接种后身体的感受、真假痘的辨别、出痘颗粒的多少、饮食注意事项等，进行了具体详细的说明。

自刺引之后，并不发热。起初一二日，所刺处常如蚁咬；然至第三四日，始露形影，发出痘尖，顶脱血迹；第五六日，起如

小疱，周围灌水；第六七日，水足灌浆，微微觉痒；第八九日，灌浆满足，两腋底微疼，略似结核，头额掌心俱见微热。此周身毒由此出，毒发则火动，正要其元阳运化也。其痘灌浆满足，有如绿豆大，有如白豆大者。第九日十日，脚外红晕随散，微热必退，浆转黄蜡色，先从痘心焦硬处变疮而结靥。半月之外，靥落有疤。其靥光泽坚厚，卷边如小香菇样，细看疤内，更有几点小疱居其中，此种情形齐备，可以告成功矣！予身曾亲历，故知之更详。

天行之痘，医家先论成色，牛痘则须分真假。凡痘顶平而不尖，脚收束紧实，色如珍珠宝光，中央一点焦硬，根脚如有红线围缠，痘脚外有红晕（如先天毒重始有红晕，毒轻则无），如此者，乃真痘也。无水无浆，无红线脚，或有灌水而不上浆，或灌浆如黄白脓者，其痘顶尖而不平，脚斜散而皱，不收束，色淡白，暗而无宝光，结靥黄而薄，又有中央厚而边薄者，此假痘也。真痘既出之后，天行永不复出。即再引之，亦无复出者。假痘仍要再种，恐其遇天行复出，务须于等此处辨清。而种痘之小儿，至灌浆后，亦必须请原种痘之人看过，方保无误。

天行之痘，必由五脏一经而发，牛痘亦然。间有夜睡略惊搐、略烦躁者，主心经也。有略多眼眵者，主肝经也。有略作渴、略作闷呕及泄泻者，主脾经也。有略咳嗽及喷嚏者，主肺经也。有夜睡龁牙者，主肾经也。何以既走五经而不用服药哉？盖引之则症轻，所谓毒不横而症自顺也。

种牛痘，宜趁天行未到之先，引泄更佳。诚恐孩童沾了天行气息，引泄适逢其时，则有出天行而不出牛痘者，亦有天行与牛痘并出者。如播种之日即晚或次日发热，此乃天行在先，非牛痘发作，否则系夹感冒别症，自须延医诊视。恐有射利之徒，自作聪明，竟将天行痘浆与人刺引，及遇发时浑身俱出。先天毒轻者，出痘少，尚无妨碍；毒重者出痘必多，更须医治。若依牛痘之法，以所种之痘苗种人，则引一颗即出一颗，断无多出之理。种此穴，即出此穴，亦无横出别位之理。种痘家宜致谨焉，勿谓言之不早也。

牛痘固无多出之理，亦有四颗六颗不能出全者乎？曰：有。有，将奈何？曰无伤也。假如两臂各出一颗，则泄引已匀，可无后虑。或止一臂种出，或独出一颗，其毒已发。十数年来，亦未见有再出者。然或虑引泄未清，恐有后患，则须俟其元气既复，一年、半年之后，再补种矣，更为细密。然彼时毒气已轻，即或种出，必不如初次之形象矣。又有八九日灌浆如蓝紫色，此系胎毒极盛，亦必须次年补种。更有种一次一颗不出，至种第三次始出者，此非引泄不验，良由小儿先天毒气太盛，根深蒂固，一时难于引拔，尤须随期复种。倘不再引，恐毒已微动，不得其苗引发，必然惹出天花，虽有痘科医治，亦无牛痘之从容自在也。余所见不一，为父母者不可自误亿。

卢澹庵农部嘱予为其子女数人齐种，独其少君连种三次不出。隔年余，天行时出痘，症果危险，此可见毒气深伏，一时引泄不出之故，然至三次不出，则吾见亦仅矣。

种痘之初四五日，宜食火腿、腊鸭、瘦猪肉、鲜鱼、素菜、豆腐、冬笋、元荽、荸荠、甘蔗、清汤、粥饭一切清淡各物。肚泄则不宜食鱼腥，灌浆后亦不宜食元荽、冬笋及豆腐、甘蔗、荸荠诸凉物。到灌水时，观其似弱，则稍食鲜虾、鲜蟹催助浆水，壮旺者不食亦可；忌食生鸡、鲤鱼、牛肉（误食恐痘破成坑，不能合口，又恐结痂后痂旁红肿如类痘疱）及一切煎炒、热毒、面食凝滞之物。放苗之初，太酸太咸各物不宜食；豆腐食多，亦恐致痒。

对于西洋牛痘接种新法，人们充满疑惑。为释人之惑，这一部分邱熺着力于记述牛痘接种后出痘的情况，如鉴别真假痘，如需不需要补种等。尤其是他以自己的亲身经历非常具体地描述了接种后的身体感受，以求能缓解接种者的紧张；牛痘接种后出痘情况与传统人痘接种法不一样，只在接种部位出痘，出痘仅有数颗，这是人们对于新法最为疑虑的地方，寥寥数颗的痘疹能否泄尽先天的胎毒？邱熺用了非常多的笔墨以及自己在接种牛痘的实践中遇到的具体事例，进行了详尽的解疑释惑。

第七部分是《出痘后须知》，这是整个接种牛痘操作系统中的最后一道程序，即手臂疱疹灌浆结痂后，可能遇到的一些感染等特殊情况的护理和治疗情况，邱熺开列出治疗药方。

种痘后断不再出，间有出者，名曰小痘，非真痘也。犹之天花之后，亦有水痘。必先发热一两日，然后发出，仍亦灌水，其中或有数颗略大，亦似灌浆，痘脚亦似有淡淡红线，但六七日必结靥，靥薄如纸，万无妨碍。幸勿误听人言，认为再出。

其有先天毒盛，发泄未清，出麻疹时必密，延医用一二发表之剂，疏解之即安然无事。间有痘后即出麻疹等类，亦须延医治之。非恐大碍，特要孩童不致辛苦耳。

又间有结痂后，臂上痘痂之旁红肿，略类痘疱，此固万中无一，宜用豆心渣即豆腐渣或三豆散、紫花地丁、芙蓉膏，四围敷之，留顶勿敷，使其毒由顶出。忆予所种，惟常博何公梦溪少君，又本坊崔渭生令媛，及中协兵弁张耀清之孙，有此。按药治之，无不立效。十数年来，种小儿以万计，所见者仅三人，此外不复有矣。

或腠理气血凝结，致枝节生疮，用绵茧散敷之即愈。无论诸疮如湿烂，用金华散掺之，疮干则以猪油调敷，若生瘢癣，烧干陈牛粪敷之。

对于出痘后出现的各种状况，邱熺总结了10余年来的经验，都一一对应地开出药方。最后对于可能是最令家长不放心即从出痘小儿脓包中提取浆液对小儿有否妨碍的问题，他认为这是在接种牛痘时的一个很大的认知障碍。人体活疫苗是能开展牛痘接种的前提，可是中国人相信元气说，民间盛传从小儿手臂刺取痘浆会令其丧失元气，所以大家对此忌讳重重。邱熺非常巧妙地引出这个问题，并且从正反两面作出了让人信服的回答：

> 或问天花忌抓破，此独不忌，何也？予曰：此原是针刺法，毒以刺而引出，刺且不妨，抓破何害？
>
> 又问取鲜浆时，于取浆之小儿有妨碍否？曰：予已实验诸千万人，未见其有妨碍也。其所以疑有妨碍者，缘种痘之人见有好痘，捏破痘浆，盗以作种。其取浆之时，或手力太重，或捏入太深，或浆未灌满而取之非其时，或筋脉有关而取之非其处，如是则或致有碍耳。若牛痘之法则不然，俟其八九日灌浆满足，轻轻点取，于己无损，于人有益，何乐而不为乎？盖痘之患在毒，痘浆既满，则毒已尽泄，取之得法，断然无碍，且予之行此，亦不过以善方济人耳。若损此而益彼，即予亦不肯为也。
>
> 遇有抓破者，系在第七日以前，仍必灌复浆水。如在八九日以后，则不能灌复。然其毒已引动，洩破亦无妨碍。或有随而结痂者，倘成脓不干，用武夷茶煎浓洗之，或黄豆皮煎水洗之，或胭脂膏、鲫鱼膏、腊梅油贴之，皆可。若成脓而不能合口，用生肌散掺之，外洋原有药水药膏治此立效，因不能常得，故不录。

书中还绘有四幅插图，一是"手少阳三焦经图"，按照宋代"铜人图"的尺寸，绘出一小儿全像，手执长竿，上面悬挂葫芦，面带微笑，状如嬉戏，小儿左上臂画出消泺、清冷渊二穴的位置，一旁还有文字提示。二是"种牛痘穴分图"，亦是一小儿全像，手捧一个题有"平安如意"四

字的花瓶，双手上臂各画出两个圆点，即消泺、清冷渊穴位上所引拔而出的痘疱。三是"种痘刀式"和"取痘浆象牙小簪式"，这是施种牛痘的工具图，两幅图绘在一起，也与皮尔逊的《暎咭唎国新出种痘奇书》相同。四是"执刀式"，绘出一只手腕和手指执握种痘小刀的图画，演示执刀动作。

图14　手少阳三焦经图

图15　种牛痘穴分图

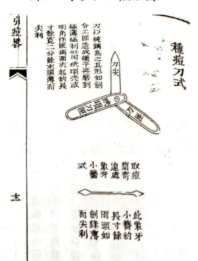

图16　种痘刀式和取痘浆象牙小簪式

图17　执刀式

邱熺以数千字的篇幅，将西方的牛痘接种新法从技术和理论层面上作了详尽的介绍和阐释，同时结合中国深厚的传统文化背景，对于人们的疑问条分缕析。他对通过《引痘略》一书的编撰刊行从而推广普及牛痘接种术充满了无限的期待：

> 以上各条皆予所亲试而立效者。引无不出，出无不佳，不患后灾，不忧复发，以医痘至难之事，今变而为至易。莫非上苍爱怜赤子，有意使然？夫父母之于子，未有不欲其以生、以长、以至成人，顾听其自出天花。症有险易，医有贤愚，悬悬莫必，孰若趁其毒之未发，引而出之。不费一钱，不受一吓，何等放心，何等快意耶。所愿为父母者深信勿疑，同志者广为传布，此则予之厚望。亦凡为父母者所厚望也夫。

三、《引痘略》的书写特色

邱熺《引痘略》图文并举，详细介绍了牛痘苗的获取、应用与保存的方法，并介绍种痘的工具和步骤，种痘之后各日的发展与变化，以及如何辨识真伪痘等，全文文字流畅，内容平实。在"人未之信"的时代环境之下，邱熺在编撰此书时是下了一番功夫的，具有非常突出的书写特色。

第一，刻意挪用中国传统人痘接种术的话语形式，将西洋种痘新法纳入人们所熟悉的语言和操作系统之中。《引痘略》中使用的"播种""苗""种痘"等词语都是从传统鼻苗法中借用过来，还遵循了中国传统的男左女右理论，借用了天花的发病是由胎毒引起这一传统胎毒理论。邱熺精读过吴谦的《医宗金鉴》和张琰的《种痘新书》，非常熟悉两书中关于人痘接种术的技术方法，并把它运用到牛痘接种中来。

细读《引痘略》会发现邱熺非常重视牛痘接种后所出之痘的颜色和形状的辨识。邱熺认为"看痘"是种痘师在临床操作时重要的技术之一，而

痘色更是判别种痘成功与否的标准，尤其在选苗的关键问题上，所种之痘必须是"色若真珠宝光"的"佳苗"，不宜采用"痘色淡白而无宝光"者。在《出痘时宜辨》一节中，邱熺指出刺引之后第九、第十日，"浆转黄蜡色"，半月之外，脱落的痘靥必须光泽坚厚，种痘才算成功。他指出假痘的特征，是"灌浆如黄白脓者""色淡白""暗而无宝光""结靥黄而薄"，必须补种。除了重视颜色之外，邱熺也特别在意痘的形状："痘顶不尖、脚不斜、不皱不黄、不暗不破，要如红线围缠，收束紧实，乃真痘"；而"痘顶尖而不平，脚斜散而皱，不收束者，乃假痘也"等。这些观点都是秉持与遵循"天行之痘，医家先论成色"的传统原则。

为何邱熺《引痘略》特别侧重痘师看痘的功力呢？因为中国历来治痘医家都强调看痘的临床技能，侧重于从痘形、痘色来辨别真假痘，痘色不仅可藉以判断患者受毒的深浅，更能预测患者的死生。向有"哑科"之称的儿科，"自古为最难"，中医也素有"宁治十男，不治一妇；宁治十妇，不治一儿"之说。根据《医宗金鉴·幼科心法要诀》，小儿"气血未充难据脉，神识未发不知言，惟凭面色识病因"，故传统医学的望闻问切四诊之中，小儿以察色为先，医者也以望为主要的临床技巧。深谙传统的人痘接种术的邱熺，这是有意识地将传统幼科和痘科医学的元素带入牛痘新法之中。

此外，邱熺在"出痘时宜辨"一节中述及种痘之后出痘的过程时，依照日程，分别叙述刺引以后第一、第二日，第三、第四日，第五、第六日，第六、第七日，第八、第九日，第九、第十日以及半月之外的发展历程，点明出痘各日之形色、外观、大小与软硬程度，以及种痘者的身体感受。这样的叙述方式，也是来源于张琰《种痘新书》，张氏在讨论"痘症传变"时，即是依循明清时期痘科医学的常用模式，依序从第一、第二日到第十一、第十二日，逐日解说痘疹由内向外发散的身体概况，此一传统模式显然也为邱熺所继承。

可见，邱熺巧妙而不着痕迹地利用传统的人痘接种术，冲淡人们对于西洋新技术的陌生感，将牛痘新法置于传统的人痘接种术的语言和操作系统之下，加强人们对它的熟悉感。

第二，采用对比的书写策略，在不贬低传统人痘接种术的基础上，彰显西洋牛痘接种术的优势。首先将天行正痘和西洋牛痘进行对比，《引痘略》认为天行之痘"为小儿一大病……人人尚思远避"，种牛痘犹如"捕盗"与"去莠"，"乘其羽翼未成就而擒之，甚易矣"，"及其滋蔓未延芟而除之，甚易矣"，既无须如出天行正痘者一样延医服药、举家日夕守视或多方调护，更不必饱受惊恐或求神问卜。邱熺尤其着墨于接种牛痘之后，小儿嘻笑和饮食一切如常的优点，强调施种牛痘的小儿可省去疾苦，而家长亦可省却忧劳，"法诚善也"，凸显牛痘新法安全和便捷的优势。

然后将新旧种痘法进行对比，邱熺认为古法"必五脏传遍始能发热"，"苗气必历五脏层递而入，内毒亦必历五脏层递而出"，"犹失十一于千百，未能操券而十全也"。[①]而牛痘通过手少阳三焦经直传而入，因为三焦直通命门，"以佳苗而引胎毒"，一齐将胎毒"引挈而出，如引路然，引诸坦途"，故西法"万无一失"，"断无致死之理"。为突出牛痘的效果，邱熺更是举出自己的亲身经历和经验为佐证，在自序中，邱熺说自己以32岁的年龄毅然在"人未之信"的气氛中试用新法，成功之后，"行之家人戚友，亦无不验者"，而且在他为人种痘的十数年间，"凡间途接踵而至者，累百盈千，无有损失"。

通过对比的书写策略，彰显出牛痘新法的优势与效果，但邱熺并未因此贬抑或诋毁传统人痘法，而是认为"牛痘之理原包于种痘诸法之中"，认为牛痘新法与古鼻苗法同出一系，由此将牛痘安插在传统痘科医学的谱系之内，将牛痘接种术融入传统的种痘法中。

第三，邱熺把中国传统中医的五行、经络、血气论思想引用过来，对

---

① （清）邱熺撰：《引痘新法全书》，第64页，第65页，第49页。

牛痘新法作了理论上的阐发，实现了技术和理论的结合。詹纳发明牛痘接种术时，由于细胞学说和现代免疫学尚未出现，对于牛痘接种未能作出理论上的解释，无法解决如何解释将牛的脓疱汁液移植于人体内而可以使人体产生抗体的这一难题。当牛痘术传入中国之后，在中国也遇到了同样的难题。嘉庆十年皮尔逊撰写的《㖵咭唎国新出种痘奇书》也仅仅从技术的层面作了介绍，没有理论的阐发。所以牛痘术传入中国之后，遭遇普遍的怀疑，没有理论的支撑是其中一个主要原因。

邱熺深入中国传统中医理论宝库，运用五行学说、经络理论和血气论思想，解决了牛痘新法的理论问题。

首先，提出牛在五行中属土，人的五脏中的脾脏也属土，故牛与人的脾脏属于同气的理论，反驳了一般人认为的"人牛不同气"的看法。《引痘略》中《引痘说》称："盖牛土畜也，人之脾属土，以土引土，同气相感，同类相生，故能取效，若此，痘种自牛而来，故曰牛痘也。"

其次，运用经络理论，解释了牛痘由外至内引发深藏体内的"胎毒"的原因。他指出"胎毒"在五脏中广泛存在，但在脾脏的毒性最弱，在肾脏的毒性则最强。因此利用属土的牛痘，"同性相斥"，将同属土的脾脏中的胎毒引出，一发而动全身，那么全身的胎毒全都引拔而出，遇到天行之时，体内已无毒可触发，所以不再受天花之残害。

而如何由脾脏而引出全身的胎毒呢？邱熺是这样解释的：

今种牛痘法，择于两臂中消泺、清冷渊二穴上下交连之处种之，似与塞鼻孔法有异。殊不知二穴部位乃手少阳三焦经也。三焦者，人身最关要之脏腑，如天地之三元，总领五脏六腑、营卫、经络，通内外、左右、上下之气。三焦通则内外、左右、上下皆通。得其关要之处引之，直从皮毛、血脉、肌肉、筋络同时直传而入，使纵有胎毒深藏于肾，亦自然同时引挈而出。如引路然，引诸坦途，则无颠踬之患；如引丝然，引其端绪，则无纷乱之忧。《金鉴》所谓引其毒于未发之先者，即此意。张逊玉《种痘新书》所谓以佳苗而引胎毒，斯毒不横而症自顺者，亦此意。故凡种痘皆用引法，而引毒从皮毛、血脉、肌肉、筋骨同时而出，则牛痘为最捷也。[①]

通过牛痘苗的"气"，达于三焦之经，血气相感，自然取效。如是这样一来，为预防天花而将牛的痘浆放入人体内就不再是问题了，还更容易清理掉人体内的先天"胎毒"。邱熺这一解释，不仅运用中国传统的中医理论解决了牛痘新法的理论匮乏的问题，而且巧妙地为来自西洋的牛痘新法穿戴上中国传统医学的"衣衫"，将西洋牛痘新法安顿在中国传统医学之中。

第四，邱熺特别注重牛痘接种后的身体感受，以自身的亲身经历来描述牛痘接种后的体验。一般来说，医学著作都是医者以第一人称的方式写作，鲜少述及病人的身心感受，即使有，也只是一种转述。但邱熺在《出痘时宜辨》一节，却举出"如蚁咬""微微觉痒"和"两腋底微疼"的身体感，顾及了接种者的感受，与传统医学文本不同。究其原因，正如他在《出痘时宜辨》结尾所说的："予身曾亲历，故知之更详。"传统医家看痘与治痘时，重点在通过出痘的部位与颜色判别吉凶，对病患身体感甚少着墨。由于邱熺曾经自己接种过牛痘，经历过患者的角色，故能设身处地形容接种后种种的身体感受与变化。预先将各阶段的感觉告知接种者，使人有心理准备，并能安抚已接种的人，使其了解接种之后的身体反应，这样有助于提高人们接种的意愿。邱熺现身说法具体而精确地描述种痘过程中身体感受，或许也可以引发其他接种者的高度共鸣，即"以征实信"，从而获得更多更好的口碑，促进牛痘新法的宣扬和推广。

---

① （清）邱熺撰：《引痘新法全书》，第65—67页。

第二节　《引痘略》的影响与《西洋种痘论》

1817年，邱熺撰写《引痘略》后，即自费刊刻。在痘局为人种痘或者受邀外出为人施种时，邱熺都将此书免费赠送于人。在《引痘题咏》中多人提及邱熺赠书之举外，谢兰生的《常惺惺斋日记》也有记载"邱浩川送夷茶、种痘书"（道光三年十二月廿五条）。《引痘略》是中国人自撰的第一本牛痘专书，内容详尽，论述精当，可操作性特别强。自其刊行之后，及至20世纪中叶，它被反复翻刻，几乎达百余种版本。中国所有关于牛痘术的书籍，无不奉《引痘略》为圭臬，牛痘术亦随着《引痘略》的刊行而流布全国各地。

一、《引痘略》翻刻成风

邱熺的《引痘略》刊行后，曾以各种书名在各地被翻刻出版。检索20世纪90年代初由中国中医研究院图书馆所编辑的《全国中医图书联合目录》，这是我国目前收入中医古籍较全面和权威的一部检索工具书，发现邱熺的《引痘略》成为其中版本最多的一本古籍医书。

《全国中医图书联合目录》第八部分《临证各科》的《痘疹》条目下，收录了自宋代始直到民国时期近700种痘疹相关的医书，邱熺《引痘略》各种翻刻刊行的版本近100种。

以《引痘略》或者《引种牛痘方书》《引痘方书》《引种牛痘法》《引痘新书》《引痘新法全书》为书名，标注邱熺（浩川）编撰刊印的有61个版本：

1. 清嘉庆二十二年丁丑（1817）刻本
2. 清道光七年丁亥（1827）奎光斋刻本
3. 清道光九年己丑（1829）刻本

4. 清道光十一年辛卯（1831）经国堂刻本

5. 清道光十七年丁酉（1837）刻本

6. 清道光十八年戊戌（1838）刻本

7. 清道光二十年庚子（1840）刻本

8. 日本弘化三年丙午（1846）刻本

9. 清道光二十八年戊申（1848）刻本

10. 清道光二十九年己酉（1849）聚文堂刻本

11. 清道光二十九年己酉（1849）诚意堂刻本

12. 清道光二十九年己酉（1849）文英堂刻本

13. 清道光刻本

14. 清咸丰二年壬子（1852）致和堂刻本

15. 清咸丰四年甲寅（1854）刻本

16. 清咸丰五年乙卯（1855）新昌刘氏刻本

17. 清咸丰七年丁巳（1857）善成堂刻本

18. 清咸丰刻本

19. 清同治元年壬戌（1862）心耕堂刻本

20. 清同治三年甲子（1864）经纶堂刻本

21. 清同治四年乙丑（1865）刻本

22. 清同治七年戊辰（1868）留合仙馆刻本

23. 清同治八年己巳（1869）刻本

24. 清同治九年庚午（1870）书业德记刻本

25. 清同治十一年壬申（1872）刻本

26. 清同治十三年甲戌（1874）刻本

27. 清宏道堂刻本

28. 清光绪二年丙子（1876）黔阳节署刻本

29. 清光绪三年丁丑（1877）贵文堂刻本

30. 清光绪六年庚辰（1880）甘凉道署刻本

31. 清光绪七年辛巳（1881）太医院刻本

32. 清光绪八年壬午（1882）刻本

33. 清光绪十年甲申（1884）著易堂铅印本

34. 清光绪十二年丙戌（1886）刻本

35. 清光绪十四年戊子（1888）刘氏刻本

36. 清光绪十八年壬辰（1892）刻本

37. 清光绪二十年甲午（1894）江西书局刻本

38. 清光绪二十一年乙未（1895）贵池刘氏信天堂刻本

39. 清光绪二十四年戊戌（1898）刻本

40. 清光绪二十五年己亥（1899）铅印本

41. 清光绪二十九年癸卯（1903）三仪堂刻本

42. 清光绪三十年甲辰（1904）山东广仁局刻本

43. 清光绪三十一年乙巳（1905）刻本

44. 清光绪刻本

45. 清维扬徐文德斋刻本

46. 清厚德堂刻本

47. 清宣统元年己酉（1909）扫叶山房石印本

48. 清刻本

49. 民国抄本

50. 民国石印本

51. 1916年上海江东书局石印本

52. 1917年铅印本

53. 1924年翰墨林书局铅印本

54. 1935年上海三星书局石印本

55. 上海锦章书局石印本

56. 上海萃英书局石印本

57. 上海广益书局石印本

58. 1955年锦章书局石印本

59. 见幼科汇编

60. 见陈修园医书四十八，五十，六十，七十、七十二种

61. 见贵池刘氏信天堂汇刻医书三种

以邱熺为编撰者，书名各不相同的版本有：《引痘题咏》（内有《引痘略》一卷）有清道光三年癸未（1823）著者自刻本；《（绘图）引痘心法全书》有清光绪八年壬午（1882）校经山房刻本；《西洋点痘论》有《平江贺氏汇刻医书五种》版本；《西洋种痘秘诀》有清光绪归安吴氏印崃尚古堂刻本；《牛痘新法》有清同治四年乙丑（1865）宗道堂刻本、清光绪四川蜀秀山房刻本；《引痘秘书》有清光绪二年丙子（1876）增录皖省痘局刻本、清光绪十年甲申（1884）上海江左书林校刻本；《引种牛痘纪要》有清道光二十年庚子（1840）刻本；还有《洋痘妙诀》的抄本、《痘法要录》抄本。共有11种版本。

以《牛痘新法济世》为书名，注明邱熺原本，王惇甫增补的版本有：清同治四年乙丑（1865）刻本、清同治广西刻本、清光绪三年丁丑（1877）刻本、清光绪十三年丁亥（1887）允文堂刻本、清光绪十七年辛卯（1891）集古山房刻本、清光绪三十二年丙午（1906）上海书局石印本、清光绪刻本。共有7个版本。

以邱熺的《引痘略》原书内容为主干，略有补充但不以邱熺为著者的版本有：《牛痘诚求》，王惇甫（新吾）编，清同治六年丁卯（1867）刻本；《引痘集要二卷》，查道伦撰，清同治八年己巳（1869）刻本；《（增补）牛痘三要》，赵开泰编，清同治九年庚午（1870）著者自刻本、清同治十二年癸酉（1873）刻本；《牛痘新编》，武荣纶和董玉山合编，清光绪三年丁丑（1877）广州府刻本、清光绪十年甲申（1884）刻本、清光绪十一年乙酉（1885）新城集仁堂刻本、清光绪十七年辛卯（1891）刻本、清光绪二十四年戊戌（1898）江津乐善堂刻本、清光绪刻本、1914年天津铅印本、1920年石印本；《刺种牛痘要法》，余楑（啸

松）撰，清光绪七年辛巳（1881）刻本、清光绪十年甲申（1884）刻本、
《白岳庵杂缀医书五种》，共3个版本；《牛痘新编二卷》，沈善丰撰，
清光绪十一年（1885）刻本；《脐风牛痘要言数则》，寄庐主人选撰，清
光绪十八年壬辰（1892）刻本；《牛痘新法全书》，著者佚名，清光绪
二十一年乙未（1895）刻本。

　　以上这些书籍均完整地保留《引痘略》的原文与原序，唯原书图式
多有因革，此类文本可细分成三种类型：其一，增加新的序跋、图式、痘
局章程等，并更改书名出版；其二，增补与阐释《引痘略》不足或疏略之
处，并以辑录增修者为名出版，书名亦多变更，且另有他人撰序；其三，
将《引痘略》与其他相关文本共同辑成一书，以其他书名出版。这些书名
各异，著者不标注邱熺之名，但书中内容是以《引痘略》为主要部分的专
著有18个版本。①

　　由此可见，邱熺《引痘略》发行版本与数量之众，说其"翻刻成风"
毫不为过。这在《全国中医图书联合目录》之《痘疹》条目下，无出其右
者。中国是自宋代始有痘科专书，在《全国中医图书联合目录》中，宋代
董汲所撰的《董氏小儿斑疹备急方论》是中国最早的痘科专门书籍，可是
只有2个版本收录；对天花进行药物治疗影响甚广，宋代陈文中所撰的《陈
氏小儿痘疹方论》收录了8个版本。明代是天花肆虐猖狂的时代，相关医书
汗牛充栋，学界也公认明代后期是人痘接种术最早出现的时期。《全国中
医图书联合目录》中收入了明代影响力较大的痘疹医书有万全（字密斋）
的《痘疹心法十二卷》4个版本，以《痘疹全书》等不同书名刊行的版本
20余种；明代后期活跃于南方，较有名的痘疹医家和种痘师聂尚恒（字久
吾）编撰的《活幼心法九卷》收录50个版本，以不同名称如《痘科慈航》
《清江聂氏痘科》《痘科良方》《痘科定论》等刊行的有20个版本。清代

① 薛清录主编，中国中医研究院图书馆编：《全国中医图书联合目录》，北京：中医古籍
出版社，1991年，第517—525页。

满人入关，谈痘色变，视痘为虎，被康熙宣召入宫治痘种痘的医家朱纯嘏编撰的《种痘定论》（这也是中国第一本将种痘法公开的著述）收录49个版本；乾隆初年，以承继先祖数代治痘种痘之传的医家张琰（字逊玉）将宋代以来的治痘种痘经验进行了总结，编撰而成的《种痘新书》（十二卷）收录33个版本；作为乾隆朝御医的吴谦等人主要依据《种痘定论》和《种痘新书》编撰而成的《医宗金鉴·种痘心法要旨》只有4个版本。乾隆时期南海人何梦瑶是岭南名气较盛的医家，他也撰有《痘科辑要》，但《全国中医图书联合目录》中仅收录有乾隆四十年（1775）桂东黄体端刻本。

从《全国中医图书联合目录》收录版本情况可以看出，邱熺的《引痘略》无疑是自宋以来影响中国深远的种痘文献，超越中国传统的痘疹医书和种痘专书，有人说《引痘略》"言简意赅，习是业者无不奉为圭臬"[1]，有人说"迄今各直省广种牛痘，皆祖是书也"[2]。邱熺编撰《引痘略》一书被各地翻刻，直接促进了牛痘术向全国各地的传播。实际上，该书在各地被翻刻的过程也就是牛痘术在各地传播的过程。

此外，《引痘略》还东传日本，1847年日本小山肆成以《引痘新法全书》之名校订出版；1849年又插入假名，以《引痘新法全书附录》之名出版。同时，由于牛痘术在中国的宣传和发展，也引起了其他国家的关注，俄国、朝鲜均派人来华学习接种牛痘，可以说《引痘略》一书推动了牛痘术在部分亚洲和欧洲地区的应用和普及。

二、《西洋种痘论》

在邱熺的《引痘略》撰写刊行之前两年，其实还有一篇由广东南海人黄安怀撰写的关于牛痘接种术的文章《西洋种痘论》，它应该是最早把牛

① 严世芸主编：《中国医籍通考》第3卷，第4473页。
② （清）邱熺辑，（清）熊乙燃增：《引种牛痘纪要》，光绪三十年（1904）山东广仁局刻本，第5页。

痘接种术融入中国传统医学之中的尝试。此书不见单行本，它更像一篇关于牛痘专书的序文，收录在清代鲍相璈编订的《验方新编》中。此文与邱熺的《引痘略》之间是否存在前者启发后者之关系，已无从考证。但二者在时间和内容上多有交集之处，因而将此文也置于本章中论述。

英国东印度公司的广州商馆助理医生皮尔逊以英文编写而由小斯当东翻译的《暎咭唎国新出种痘奇书》，于嘉庆十年（1805）伴随牛痘接种技术一起传入中国，是第一篇向中国人介绍牛痘接种术的文字。因刊印数量殊少、篇幅短小、英文写作背景等诸多因素影响，其对于牛痘新法在中国的传播远不及邱熺编撰的《引痘略》。鉴于邱熺与他的《引痘略》影响深远，无论在清代还是后世，医家或者研究天花的学者一般都认为邱熺《引痘略》是第一部由中国人写作传播牛痘术的书籍。其实不然，在邱熺撰写刊行《引痘略》之前两年，即嘉庆二十年（1815），邱熺的同乡南海人黄安怀已撰写一篇《西洋种痘论》，全文文字不多，摘录如下：

痘疮之起，由来远矣。或云自周，或云自汉，然总不越乎氤氲化醇。当构精结胎时，先天之邪火，伏于脏腑，偶感天时，遂行发泄。故曰天行。

天行之来，父母之心惕然矣。何也？以其夭折之多也。前人出大智慧，创为种痘之法。预贮痘痂之纯洁坚厚者，研而为面，于天行未起、和风甘雨之时，择婴儿之无疾病疮疥疳积等症者，以纸筒装痂末，吹其鼻内，或用银簪剔取鲜浆，藏于鼻中。令其气息透入于肺，同类相招，因而泄发。天时既正，身体又健，而且未渴掘井，治之于未然，慎之于将发，刻刻提防，事事周匝，故十存其九，法至善也。然不能保其万全者，因肺开窍于鼻，肺为华盖，朝百脉而覆脏腑，气一感之，则五脏六腑之火，一齐并发，毒有浅深，痘有疏密，偶一失调，故间有不救，非种之之过也。

夫人不生于空桑，自不免乎出痘。然天地之大德曰生，保合太和，默默中常欲胥天下而尽登仁寿，彼婴儿何罪，天岂忍故生斯疾以夭折之耶！何以天花流行殇者多而寿者寡，此非天之特降其灾也。同一时行耳，其中或赋质本虚而适逢疠气，或身当疾病而又遇眚灾，故痘未出而已伏危机，痘一出而即遭夭毙。本实先拨，倾者覆之，固亦事理之常，无足怪者。然此亦不过十中之一、二耳。天心仁爱，断不多也。其不须治而勿药有喜者则恒四、五，略治而即愈者二、三，因治而后坏者乃竟四、五焉，而婴孩遭劫矣，此非持论之过刻也。试与之平心而论，旷观乎天花盛行之时，其暗昧无识，贪财射利，装模作样，草菅人命而不知罪孽者无论矣。即或浅尝辄效，侥幸成功，世所称崭然见头角者，亦不过牛羊之眼，恪守师传，既不能因人变化，而蠖屈之虫，专泥成书，又不能随地迁移。求其胸罗万卷，镜挂秦台，用法而不羁于法，治人而不困于人，变通尽利、神而明之者，虽或不乏人，然戛戛乎其难之矣。此所以全豹未窥，垣方难洞。过于寒，则遏其勃发之机，而毒攻于内。偏于补，则犯乎实实之戒，而锢蕴于中。甚至以毒攻毒，不善其用而溃烂肌肤，无贼引贼，胡乱而投，而本根刲伐，推其广络原野，坐失机宜，其流弊之祸，不至于不毙而毙、当生不生，烂额焦头，沿街遍巷而不止也。呜呼劫哉！贾生所谓可为流涕痛哭者，此也。然操治者一误再误，犹复自以为是，而诿之于天，归之于命。夫天岂任咎耶？命岂任咎耶？苍苍者天，蚩蚩者氓，亦安能禁此无学无识之徒，而不为之戕贼也。呜呼！谁生厉阶，水火刀兵，莫甚于此。有心者所以俯仰悲怀，悯童稚之无辜。而筹思乎种痘者，又何为得乎万全之法也。而西洋之种痘则万全矣。

　　嘉庆十年，西洋嘆咭唎船载痘种，并其国医咭拿，自吕宋航海至粤，为人种痘。据伊书所载：国医咭拿，悯出痘之多灾，见养

牲之家独不出痘，审视其牛身起蓝泡，疑其为痘，挑取其浆，用小刀剔起小儿两臂中央之皮，以牛痘之浆装入于内，旋出一颗。又将其浆轮流递种，百发百中，永不再出云云。但查伊书只图绘种法，而未确指出其源，故于初种之时，人见其与吹鼻异，多疑以为怪，而不知殊非怪也，彼鬼子特未发明其所以然耳。

夫西洋之法，亦犹吹鼻之法也。而巧则过之，何也？吹鼻之法，由肺引入，挑臂之法，亦由肺引入。但吹鼻则触动五脏六腑之火，故出痘或多。挑臂则于两臂之中，独取三焦微微动处之穴，剔起装浆，经络皮毛俱属于肺，而传浆和血又兼入于心。《内经》云：诸痛疮疡，俱属于心。痘为先天邪火，伏之于心，彼巧莫巧于单刀直入，独提出先天一点心火，而余经不动，此所以独出一颗，而奏万全之效也。其用牛痘为种者何？因牛性属土，毒逢土则解，借牛之土性，以解痘之火毒耳。兹有力之家，各捐果金以留其种，泃苦提甘露遍滴人间也。能留其种固佳，倘万一失传，千万里远隔重洋，又何能一时飞渡耶？顾思医者意也，牛之种可以种人，人之种亦可以种牛，当天行之时，择痘痂之纯净坚厚者，研而为面，如人吹鼻种痘之法，以种无病少壮之牛，得牛之种，则可以转而种人，似亦无不可也。但当种之之时，须按正两臂中间微微动处，即系三焦之穴，用笔墨点定，然后轻轻用手斜刀挑起纤纤薄皮，不可挑破肉上之膜至令血出，则是皮毛之下，血肉之上，中隔一膜，《内经》所谓分肉者此也。若不从微微动处点定下针，偏左偏右，稍远三焦之穴，则不独不能提出先天心火，而痘不出，即出后亦复发。此非种法之差也，特其下手种痘时之谬耳。

余恐日后转相传授，差之毫厘，谬之千里，讹以传讹、必至复出，遂哗然谓种法荒谬而置之不议，则辜负慈航救世之苦心，为大可惜矣！因不揣固陋，详为揭焉。庶几刍荛一得，蒭菲

弗遗，于运针之时手如握虎，点穴之际部在秋毫，则一举手而仰
副上天大生广生之心，一下针而尽遂世间为父为母之愿。弥天花
雨，种植无枉折之灾。遍地慈云，翻龀获平安之福，不伤财，不
劳民，至简至易，万举万全，法至善也，术至仁也。惟愿缙绅君
子，慈淑仁人，坚其信焉，远为播焉，则广种福田，同登寿域，
岂不乐哉。嘉庆二十年（1815）端阳日书于小有清虚精舍，南海
黄安怀书。①

　　这一篇《西洋种痘论》，近2000字。首先是介绍了中国传统的人痘
接种术，一方面大赞其对于预防天花的良好效果——"十存其九"，"法
至善也"；另一方面深入细致地分析人痘接种术不能万全的那一部分的危
害，以及因人痘接种术衍生而出的诸多不良医家的害人行径，导致不少的
"不毙而毙、当生不生"的人间悲剧。然后介绍了牛痘接种术的东来，赞
其乃"万全之法"。在赞叹牛痘接种术的同时，他发现了西人传播的牛痘
接种术只有"所当然"，没有揭示"所以然"。于是，从中国传统医学理
论中，寻绎出五行理论以及穴位学说进行了"所以然"的阐释，其目的则
是使人们"坚其信焉"和"远为播焉"。

　　黄安怀，字信斋。生卒年不详，广东南海人，嘉庆庚申（1800）恩科
举人，后授知县。关于黄安怀的生平资料鲜见，在《柏桦讲清代奇案》中
有"蝎公能除奸"一桩奇案，讲的是黄安怀在嘉庆年间担任山东栖霞知县
时的故事。故事经过大致如下：

　　知县黄安怀接到本县民人曹志告状，说自己的儿子曹侣时被人毒死，
所控之人竟然是自己妹妹的孩子贾文涛。贾文涛这个孩子胆小怕事，应该
没有胆量下毒，但却因为事发之前与被害人在一起饮酒，在众人作证的情

---

① （清）鲍相璈编辑，（清）梅启照增辑，周光优等点校：《验方新编（下）》，第361—
363页。

况下，贾文涛承认两人在一起饮酒，却不承认下毒。可是贾文涛因为生性软弱，一经恐吓便承认下毒，并且招认是蝎毒，正好与验尸结果完全一致，所以知县黄安怀按律裁断贾文涛死刑。不久后，案件突然出现转机，即同村庄的崔氏与小姑子发生争吵，透露出一些与这件命案相关的信息。贾母于是找到已经翻脸的哥哥，请求哥哥再次赴县衙告状，提供了新的情况。黄知县并没有因为当事人出尔反尔，拒绝受理，而是提讯崔氏，了解到原来死者曹侣时对其小姑子有淫恶之举。为了验证崔氏所说真伪，黄知县亲自前往事发地点松树林勘验，发现事发地旁边的树洞里有一只巨蝎。于是确定曹侣时之死乃巨蝎所为。找到证据之后，黄知县不顾自己先前作出错误裁断而现在改判会遭致上司处罚，毅然决然地进行更正，并且出面做媒，促使贾家和崔家结亲，还从自己俸禄中拿出30两银子作为礼金，助其成婚安家，将这一案件圆满解决。之后，黄知县有感巨蝎除去淫恶，将巨蝎礼葬，并撰写祭文："蝎者，毒物也。以毒伤人，受害者应不知凡几？如何仅伤曹某？则知蝎也者，必神为之也。福善祸淫，理之常也。而人多不悟，何哉？此蝎能除淫凶，保名节，可谓之神，恭称为公。念此蝎公，能除奸恶，通人之理，无愧蝎公之名，其宜飨之。"并将该地改名为"蝎公岭"。安葬蝎子后，黄知县将自请处分的文书呈递上司。上司认为黄知县知错能改，善莫大焉，而且能够成功安抚当事人，惩恶扬善，所以仅仅将黄知县罚俸三个月。时人并作诗褒奖黄知县"纵然奸恶行无忌，也怕梦中遇蝎公"。[①]这是黄安怀在山东栖霞县令任上发生的事情，从中也可窥见黄安怀的处事能力以及人品的高洁。

邱熺《引痘题咏》第一卷中也收录了一首黄安怀所写的七截并序的诗文：

---

① 柏桦：《柏桦讲清代奇案》，北京：中国民主法制出版社，2018年，第126—133页。

痘疮为先天火毒，伏于脏腑，感时气则发，沿门挨户，故曰天行。天行之来，不治者或十居其一，不须治者三四，因治而至误者乃四五，而孩提遭劫矣。嘉庆十年，夷医因借牛种有效，自小吕宋载种至粤，递相传种，不言其故，人见与吹鼻法异，多以为怪。予独立赞其妙，逢人劝种。因于臂中分肉，独取夹白一穴。种以痘浆，单提出先天心火，余经不动，是以出一二颗，而百发百中，但以法出于创，人故疑焉。余尝惜中国不得其传，为之扼腕，旋即奔驰山左十九年，奉差旋粤，闻知浩川翁独擅其传，轮流遍种，淘杨枝甘露，洒遍人间也。亟命小孙乞为点种，随手奏效，纫佩之下，奉赠俚言。仆仆风尘，久疏笔砚，自知自哂，不过聊以见意云尔。

黄安怀赠送邱熺的诗曰："独擅西洋种痘奇，神针两臂剔纤皮。浆涵一颗黄金粟，举手功成赛国医。异域梯航载种来，轮流夹白穴中栽。仗君大有回天手，从此天花洗劫灰。毒逢土性尽剔除，巧借西牛一气嘘。勿药尽教占有喜，琳琅方伯表门间。寻源出自养牲家，妙手空空信可嘉。参破个中真妙诀，天花今变吉祥花。"①

从以上资料来看，黄安怀对于接种牛痘的新奇之法具有深厚的兴趣和细致的观察，以及内心的接纳和认同，他说自己最先"独立赞其妙，逢人劝种"。而他本人并非从事牛痘接种的医家，他属于官绅阶层，出任山东知县长达19年，返回广东时，得知邱熺擅长此术，便邀请邱熺为其孙子接种牛痘，并表达出对邱熺的感佩之情。而他的《西洋种痘论》中还有一个明显的错误，"嘉庆十年，西洋嘆咭唎船载痘种，并其国医咕拿，自吕宋航海至粤，为人种痘"，事实是葡萄牙商船将牛痘苗带至澳门，而由英国东

---

① （清）邱熺：《引痘题咏》卷1，第6页。

印度公司广州商馆助理医生皮尔逊从澳门带至广州开始为人接种，可见，黄安怀对牛痘术初传入华时的详情和细节并不熟悉，他也绝非是皮尔逊最早传播牛痘术团队中的成员。

虽非种痘师，但是黄安怀对医学尤其是天花之类的痘疹疾病，具有比较深入的了解和领悟。在其撰写的《西洋种痘论》中，他对于天花流行的危害甚为哀痛，对于前人发明的人痘接种术极为熟悉和赞叹，只是遗憾其法不能万无一失。当西洋种痘法初传入粤时，他应该有亲眼目击和听闻，感叹其"随种随效"，称其为"万全之法"，所以撰写文字为西洋接种术作宣传。难能可贵的是，并非痘师的黄安怀既能看到牛痘新法的简易安全有效的长处，也能窥见此法"只图绘种法，未确指出其源"，即认为西洋新法只知其然，不知其所以然，所以招致"人以为怪"。

他自己要为"鬼子"的西法"发明其所以然"，征引《内经》的理论，继续发挥明清以来痘疹属于心火的学说，并借此提出夹白穴属于肺经而兼入心之说，巧妙地解释了新法独出一颗痘疹的机巧。具体的解释理论是，挑破手上臂内侧属于太阴肺经的夹白穴，种入牛痘苗，因夹白穴与三焦命门相关联，于是通过三焦单刀直入，单独提出先天心火即先天"胎毒"，其余经络不动，所以独出一颗，而奏万全之效也。而牛痘何以可解人身先天之毒？黄安怀也运用五行学说，称"因牛性属土，毒逢土则解，借牛之土性，以解痘之火毒耳"。他和邱熺之说不同的地方仅在穴位，他认为是在夹白穴切口接种牛痘，邱熺则称是在消泺和清冷渊穴切口接种。但两人都一样将西洋新法安顿在中国传统医学之中，以中医理论来阐释弥缝西洋牛痘新法的理论空白，对初来乍到的西洋医学技术进行了本土化的包装。而这样的操作，最大的积极作用是为抗拒怀疑西洋新法的人消除顾虑，为牛痘术提供了理论的支撑。

黄安怀的《西洋种痘论》写于嘉庆二十年端阳，比撰于嘉庆二十二年仲冬的《引痘略》早了两年多的时间，虽然《引痘略》篇幅远超《西洋种痘论》，但是二者的很多观点理念极为相似，都是以中国传统医学来诠释西洋新法，都是将其安顿在本土文化中，以实现西洋医学的在地化。因此有后世的研究者认为是邱熺因袭了黄安怀的观点或受其启发而撰写《引痘略》。因资料的匮乏，无法得出确定的结论。但据笔者所搜集的资料分析，邱熺和黄安怀之间不存在抄袭的问题，而是两人相见略同，甚至源于同样的认知。认真阅读两书，会发现《引痘略》全面详尽，是邱熺多年临床种痘经验的总结。而《西洋种痘论》就像是一篇长序，很多观点都是听闻而来。

依据所读资料，黄安怀撰写此文于嘉庆二十年（1815）端阳小有清虚精舍，这时的黄安怀在山东栖霞知县任上。因为《引痘题咏》刊于道光三年（1823），黄安怀题赠邱熺的诗文哪怕就是当年所作，据他说"奔驰山左十九年"，那么往回推19年，他也应该是1804年就赴山东任上。牛痘术入华，最早是在广府一带传播，黄安怀估计是中途返乡省亲时得悉牛痘接种术，有所见有所闻，于是将之述诸笔端。这种所闻之中，不排除有来自邱熺的经验之谈。

邱熺也是南海人，是一直应举考试，但科举之途失意，赴澳门经商，嘉庆十年（1805）在澳门与牛痘相遇，重返故里开始了痘师的生涯，两人应该有交集。而当黄安怀奔驰山东19年之后返乡，立即邀请邱熺登门为其孙子种痘，对邱熺甚为钦佩和礼遇，称邱熺为"国医"，给予极高的赞誉，可见两人有交情且匪浅。虽然邱熺在《引痘略》中只提消泺、清冷渊两个穴位，但是邱熺是主张左右手都接种痘苗，提倡四个或者六个切口种痘的，其在具体操作中经常也在夹白穴中注入痘苗，在各地翻刻的《引痘略》新增序言和士人赠送邱熺的诗文中，亦多有提及夹白穴，可见两人对于接种牛痘的穴位认识也有共通之处。

第三节　达官闻人的背书：《引痘题咏》与牛痘术的推广

牛痘接种术是最早传入中国的西洋医学之一，虽说詹纳发明牛痘接种术也得益于人痘接种术的启发，但是二者具有完全不同的理论体系和文化背景。西洋新法是将牲畜（牛）的痘浆通过挑破手臂皮肤注入人体，对于习惯于从鼻孔接种人痘痘浆的中国人而言，这的确是极大的挑战，遭遇怀疑抗拒，毫不奇怪。但是牛痘接种方法简易方便，效果更是百无一失。对于最早从事牛痘接种的邱熺而言，势必要竭尽努力使其传播推广开去。

牛痘接种术传入中国时正值鸦片战争的前夜，闭关锁国政策之下，根本不可能有来自朝廷的推动。其实，中国从政府层面来推广牛痘接种开始于20世纪50年代初，然后经10余年的牛痘接种推广普及，于1962年最终将天花在中国歼灭。虽然此时没有官方的推动，但是处于上层社会的达官贵人和文人士绅具有强大的社会影响力，得到他们认同和支持，是推广牛痘新法的一条捷径。

邱熺在为人种痘的过程中，一开始就朝着这个方向努力，即借助上层人士来宣传推广牛痘。牛痘术入华，是按照西方免费接种的方式最早在广州推行，经费来源于十三行行商们的捐助。邱熺为人种痘，不取人丝毫之利，但是不拒绝病家的馈赠之举，甚至有意地索求诗文题赠。经多年的积累，将这些达官贵人、文人士绅赠送的诗文裒辑成册，于道光三年（1823）自费刊行，名为《引痘题咏》，邱熺自序曰：

> 熺自得引痘法行之十有余年，矢念不受人利，而种痘之家咸以榜额诗文为赠，积之既久遂成卷帙。自惟谫陋，何所能人承诸大人先生信之笃而爱之深，不可不寿之梨枣，爰以赠之先后次第

编成，俾阅是卷者知取信之众，此法不诬，因之传之久远，是则
余之心也。后此偿有见赠之作，随到随刊，不敢忘爱焉。①

《引痘题咏》共有三卷，其中第二卷是《引痘略》，诗文为第一、
第三两卷，共有116人题赠的诗文。这些题赠者其家人都经邱熺亲手接种
牛痘，目击效果之佳，所以赠送诗文表达认同与赞颂。鉴于他们的身份地
位，社会号召力更为凸显，邱熺已在自序中明言刊刻此书的目的是使阅读
诗文者"知取信之众，此法不诬，因之传之久远"。

一、达官贵人的背书

邱熺说这些诗文是按照时间的先后编排，实际上是把当时广东地方高级
官员的馈赠之作放在前面，显然，如此编排的目的是增强此书的影响力。

最前面的是"勿药有喜"四字，落款曾燠题，时间是嘉庆十九年
（1814）九月谷旦。"勿药有喜"来自《周易·无妄》，是对牛痘接种术
预防医学价值的高度肯定。

曾燠（1759—1831），字庶蕃，又字宾谷，晚号西溪渔隐。江西南城
人，乾隆四十六年（1781）进士，官至贵州巡抚。清代中叶著名诗人、骈
文名家、书画家和典籍选刻家，被誉为清代骈文八大家之一。嘉庆十二年
（1807），任湖南按察使。十三年（1808），调任湖北。十五年（1810），
迁升广东布政使。二十年（1815），再升贵州巡抚。

依据记载，曾燠是第一个邀请邱熺为家人接种牛痘的地方高级官员，
在《引痘略》中邱熺也特意提及："南城宾谷曾大中丞，年近六旬，难于
得嗣，前开藩吾粤时，举一子，命予为种痘，随手奏效，蒙赠以'勿药有
喜'四字匾额。"邱熺的朋友、邻居钟启韶还提及曾燠将其诗集《赏雨茅

---

① （清）邱熺：《引痘题咏》卷首，第1页。

屋集》赏赐给邱熺。对于为人种痘的邱熺而言，这是一份殊荣，从此"勿药有喜"四字和牛痘术一起传遍大江南北。

这里需要特别说明一点，后世很多研究牛痘或者邱熺的学者，不知何故把最早为邱熺题赠"勿药有喜"的曾燠，写为曾国藩的弟弟曾国荃。例如，2009年在影印出版《引痘新法全书》的"影印说明"中，即有此误。曾国荃（1824—1890），字沅甫，与在广东传播牛痘术的邱熺难以有时空交集。此一误会，也道出了牛痘这一研究主题时代久远和资料匮乏的实情。

然后是"功参保赤"四字，落款"道光元年正月康绍镛"。康绍镛（1770—1834），字兰皋，山西兴县人，江西广信知府基渊子，清代大臣。嘉庆四年（1799）进士，嘉庆二十四年（1819）由安徽巡抚调广东巡抚，兼署两广总督印务，道光元年（1821）八月出任礼部左侍郎。在广东巡抚任上，康绍镛邀请邱熺为家人接种牛痘，对于邱熺的保赤济世之仁心仁术给予高度肯定。

在所有题赠中地位最高的是阮元，阮元诗曰："阿芙蓉毒流中国，力禁犹愁禁未全。若把此丹传各省（痘古名丹），稍将儿寿补人年。"阮元邀请邱熺为他家孙儿接种牛痘，亲见牛痘接种法的简易、安全和有效，可是又逢西方在华倾销鸦片之际，阮元当时督粤的一项重要工作就是禁绝鸦片走私，他对于西洋新法呈现一种矛盾复杂的心态，在诗作中充分流露出来。只是诗后有注："南海邱氏浩川传西洋引小儿牛痘之法，二十年来行之甚广，余家小儿也引之有验，邱氏乞诗遂书此遗之。""行之甚广"和"引之有验"，是对当时牛痘接种的客观评价和认同。

还有时任广东学政彭邦畴的五古长诗："周宫三百六，医师与居一。物畜更区分，兽疡专厥职。云何泰西法，生人藉牛汁。夷性或同类，血气通呼吸。抑闻羊踶乳，所生尤屈膝。彼乃刺茅鸥，九操仪未习。但解舐犊心，不相礼鼠立。赋质杂榛狉，是以无间隔。流传入中华，乍闻惊奇辟。及读邱君记，奏效皆目击。细考得精详，其法少变易。借彼作铜人，在我参玉律。先擘腠理分，继取苗颖殖。本以人治人，何忧格不入。是为妙慧悟，宏此大愿力。能开顷刻花，堪笑殷七七。调剂谢岐黄，诚求通保赤。兹事自神奥，于理非诡谲。用夏可变夷，初不相沿袭。若计十全功，奚止生万亿。"

彭邦畴，字锡九，号春农，江西南昌人，嘉庆十年（1805）进士，嘉庆十八年（1813）出任广东学政，道光五年（1825）调任顺天学政。他在粤任职时间较长，对于在广东流传的西洋新法了解更多，有读《引痘略》，又目击牛痘之效，所以赋长诗表达对新法的褒奖："能开顷刻花，堪笑殷七七。"称赞牛痘新法的效果碾压传说中的道士仙人殷七七①。

道光元年（1821），新任广东布政使的孙尔准有《赠邱浩川传海外牛种法治小儿痘疹诗》："夹白灵丹信有神，不同吹鼻太酸辛。阿难悟后都无染，扫尽天花不著身。陈聂传书始李唐，曾闻痘种自蛮乡。可知根蒂非中土，须得龙宫海外方。烟霏每使鼻成壅，侑酒徒矜琥珀浓。赖有灵丹能保赤，稍偿流毒阿芙蓉。"称赞其术"割臂微破，见血敷药，两三日即出痘一二颗，结痂甚易，终身不再发，百无一失"。②

孙尔准（1770—1832），字平叔，又字莱甫，号戒庵，江苏无锡人，嘉庆十年（1805）进士，官至闽浙总督。为官清正，政从宽大，注意民生疾苦，他在福建任职前后长达10年之久，有政绩，熟悉福建的风土人情，受闽人爱戴。工诗词，又长于书法。远祖孙继皋，是明万历年间状元，吏部侍郎，父亲孙永清，清乾隆年间曾入值军机处，后擢为翰林院庶吉士，后授编修。嘉庆十九年（1814）出为福建汀州知府，后又历任江西按察使、福建布政使。道光元年（1821），调任广东布政使，后升任安徽巡抚。

_____

① 殷七七，名天祥，又名道筌，尝自称七七，不知何所人，唐代道士。游行天下，不测其年寿。面光白，若四十许人。周宝镇浙西，师敬之。尝试其术，于九月令开鹤林寺杜鹃花，有验。《太平广记·神仙卷》中有其人其事记载。
② （清）孙尔准：《泰云堂集诗集》第18卷，见《广州大典》"集部别集类"第1495册，第635页。

广东盐商巨富子弟、曾任湖南巡抚的吴荣光，年幼曾遇天花流行感染，几于不救，历时半年多才度过难关，据他年谱"六岁"条记载："是年出痘遗毒未尽，聚于右腿，腿生腐骨，用针灸法治之几半岁，梁太夫人多方请祷，至己亥三月腐骨始出而愈。计出腐骨处有疤痕宽寸许长两三寸深几五六分。"[①]正是有这切骨的记忆和永远抹不去的疤痕，他对于随手而效并不留下痕迹的牛痘新法极为赞誉："肘后占牛掔，新方妙入神。简如梦引乙，捷似火传薪。"

吴荣光（1773—1843），广东南海人，清代诗人、书法家、藏书家。原名燎光，字殿垣，一字伯荣，号荷屋、可庵、别署拜经老人、白云山人。嘉庆四年（1799）进士，改庶吉士，授编修。迁监察御史，后历陕西西安道、福建盐法道，福建、浙江、湖北按察使，贵州、福建、湖南布政使，湖南巡抚，后坐事降为福建布政使，最终以原品休致。吴荣光为岭南名宿，于金石书画，鉴别最精。从学阮元，嫡传阮学。又从阮家得见珍贵书画、文物，因而精研碑帖拓本、吉金乐石，成为著名鉴藏家、金石学家。著有《辛丑销夏记》《吾学录初编》《白云山人文稿》《绿伽楠馆诗稿》《筠清馆金石录》《历代名人年谱》等。

除了总督、巡抚、布政使、学政等地方高官的称颂之外，还有浔州府通判周祚熙、清远知县蔡梦麟、国子监学政宋葆淳、督察院左副督御史李宗瀚、湖南岳州知府刘光熙、南雄州佐牧汪阜、新宁县知县江涵暾等各级官员赠送的诗文，他们都有邀请邱熺为家人种痘的经历，如周祚熙诗曰："几度官斋怜小子，去冬旅邸屈先生；辉煌缠臂浑无事，丱角儿童笑口迎。"生动地记述了邱熺为其儿女接种牛痘轻松欢愉的情景。对于邱熺推广牛痘的仁心仁术，更是交口称赞，"济人心独切，保赤意弥坚""一片婆心寿域开""保持赤子，术妙移花""良医良相，功用如此"等赞誉举

---

① （清）吴荣光：《吴荷屋自定义年谱》，见《广州大典》"集部"第191册，第535页。

不胜举。

　　以上所举，皆为一方大员，他们邀请邱熺为家人接种牛痘，本身就是对此术的认可，再有诗文之作，称赞有加，更是为"人未之信"的牛痘新法做了背书，对于消除疑虑、推广牛痘，甚为有效。

二、文人绅士的颂扬

　　除了达官贵人的题赠之外，《引痘题咏》中更多诗作来自粤省本地尤其是南海、顺德、番禺等广府地区的文人绅士之作。这是封建社会中活跃的一个群体，他们往来于官员和百姓之间，是上传下达的桥梁，对于地方的社会习俗、道德规范具有引领作用。

　　当时羊城书院山长谢兰生邀请邱熺为其子孙种痘，馈赠五古长诗："种痘如种苗，灵根苦难觅。人牛虽异类，生理本一脉。牛栏播种初，暗淡无人识。医师觑天巧，引针导琼液。一洗众生灾，度尽赤子厄。上苍仁爱心，肯使重洋隔。大舶驶婴孩，两度入中国。君先以身试，妙理毫厘析。万发皆十全，一点悉中的。我有儿逮孙，感荷君大德。刺臂睹异事，奏刀乃无力。含浆入腠理，似谷和菽麦。易于老农穫，庆卜我稷翼。嗟彼佃南山，豆盛不爱惜。纷纷落为箕，顷顷叹狼藉。美种贻自天，率育普惠泽。毋使螟虫伤，不以莠稗易。永传海外方，悬为国门式。童蒙如我求，生机谅不息。或移苗一茎，还种牛两膊。余气通脏腑，诱毒出皮肉。匀圆三四颗，浆厣成忽倏。了无痛楚形，旬日已平复。巧可夺天工，奏效奇而速。邱君得妙传，仁心满心腹。先以身试验，矢愿拯流俗。襁负接踵来，一一尽款曲。遂令众婴孩，载生必载育。匪但保十全，万全无不足。君本世家子，簪缨著华族。仁术播乡里，贤声动当轴。方伯旌门闾，令名人耳熟。而君气恂恂，谦怀诚若谷。方今际太平，惠政遍暇蹰。育婴兼设医，使民无夭殰。君能助化工，为世保嗣续。愿体天地心，不懈而益笃。积善有余庆，恺悌神所福。"谢兰生用亲眼所见生动地描述了牛痘新法的妙处——"匀圆三四颗，浆厣成忽倏。了无痛楚形，旬日已平复。巧可夺

天工，奏效奇而速"，还给予极高的评价——"匪但保十全，万全无不足"，对邱熺的活人之术不吝赞叹之词。

谢兰生（1760—1831），字佩士，号澧浦，又号里甫，广东南海鹤峰村人。清嘉庆七年（1802）进士，选翰林院庶吉士。因父年老，请假归里，不再应考候职。父死后，连续主持广州粤秀、越华、端溪书院讲席，后任羊城书院山长。曾受两广总督阮元延聘，重修《广东通志》，任总纂。谢兰生自幼聪慧，博学好古，工诗善画，诗学苏轼，是清代中期著名的书画家、艺术家。著有《常惺惺斋文集》四卷、《常惺惺斋诗集》四卷、《北游纪略》两卷、《书画题跋》两卷、《游罗浮日记》一卷。

诗人张维屏对牛痘新法由怀疑到信服，并以"一手可活千婴儿""众人之母君克任"称颂邱熺，其诗曰："……异哉尔牛亦患痘，新方海外传岛夷。其法剔臂稍见血，牛痘之浆轻纳之。由牛及人一逮百，勿药有喜无差池。或云坤德秉质厚，或谓嗜欲惟牛稀。当时操刀突相向，意在取痘牛弗知。一牛觳觫万家喜，仁术至此真难窥。乍闻我亦半疑信，验诸目击言非欺。始由红晕至痂脱，计日而愈无愆期。但看双珠出霆臂，折肱安用夸神奇。由来种痘比种谷，兹瑞亦可名双岐。乃知人事补天憾，一手可活千婴儿。天花嘉种肯散布，何异甘露分杨枝。邱君习此思济物……众人之母君克任，岂独十全为上医。"

张维屏（1780—1859），清代官员、诗人。字子树，号南山，广东番禺人。曾作长诗等讴歌抗英斗争，是爱国诗人。嘉庆九年（1804）中举人，道光二年（1822）中进士，此后在湖北、江西任州县地方官，一度署理南康知府。为官清廉，终因不耐官场的腐败，于道光十六年（1836）辞官归里。隐居听松园，闭户著述。张维屏少时就有诗才，闻名乡里，在嘉庆、道光年间以诗著称，与黄培芳、谭敬昭号称"粤东三子"。著有《张南山全集》《听松庐诗话》《艺谈录》《国朝诗人征略》等著作。张维屏的父亲张炳文也有《五古诗》赠邱熺，他称赞邱熺"邱生广厥传，雅有过人智"。

阮元主政广东时，聚集人才纂修《广东通志》，通志馆中多人与邱熺有往来，都信服西洋牛痘新法，皆有诗作馈赠邱熺，倡扬牛痘术。

刘彬华（1771—1829），字朴石，番禺人，嘉庆六年（1801）进士，选庶吉士；散馆后，授翰林院编修。旋即绝意仕进，先后讲席越华、端溪两书院约20余年，担任道光《广东通志》总纂，主持嘉庆《阳春县志》、道光《阳山县志》和《永安县志》等县志的补修纂辑工作，代表作《岭南群雅》《岭南四家诗钞》等。"我欲为君书万本，遍传海内活婴孩"，这是他为邱熺及牛痘术的鼓与呼。

江苏茂才郑兆珩任通志馆纂修，负责卷首《职名》。其有七截（绝）诗赠邱熺："咸仰邱君保赤方，即将牛乳液神浆。只需七日金针度，馈药当辞不敢尝。南粤知君引痘科，婴孩从此乐如何。庐山面目真无改，著手皆春一气和。拈花散出甚纤微，只借金刀手一挥。历劫全消关已过，心机独出即神机。"

担任通志馆总校刊的南海人叶梦龙，邀请邱熺为其10个儿女接种牛痘，为消除众人疑虑现身说法："试闻夷术未为真，赖得君家试自身；更我十孩凭此法，析疑何用问他人。"同在通志馆担任分校并兼任学海堂学长的熊景星对于牛痘不留疤痕更是赞叹不已："不须獭髓调脂艳，略似蛇医点臂殷；十五女儿颜胜雪，一时丝绣遍云鬟。"

南海的冯之基当时也在通志馆担任采访之职，他有五古长诗《题邱浩川种牛痘歌》："八方各异气，六沴若齐轸。食息纵能调，寒燠倍难诊。最厄众婴儿，莫甚于痘疹。痘疹始何代，秦汉类晚近。所以岐黄经，罔稽证治准。医师如牛毛，技术乏明敏。苟免贪天功，十失委命蹇。嗟哉尔骀台，胡毒我童龀。有宋著奇方，塞鼻痘苗选。时良种并佳，全活已无算。真人发祥区，民瘳独解免。白叟肤发完，黄童痏疮泯。率土尽王臣，安得普庆善。穹苍蕴灵根，大畜乳头显。外洋好事夷，嬉戏类开垦。倘非仁寿敷，何为越兹蠢。牛性岂犹人，痘苗俨播畛。颗颗珍珠圆，斾斾苴荚稔。人物气齐赋，华裔理一本。不见爕理方，殷勤问牛喘。浩川身试先，仁术布高迥。假手造化神，锡类生机转。从兹赤子安，不啻辽沈稳。皇臣功第

一，慈母诅足品。"冯之基以朗朗上口的歌词来赞颂牛痘推行的良效。

还有浙江迁移至番禺的史善长以亲子所历与自己亲眼所见，由疑到信，于是撰写长文来倡扬牛痘新法。其文曰：

> 童子出痘，不见于经传，按《医统》云，西汉前无此，自马伏波征交趾，军人带此病归，名虏疮，不名痘也。然后遂传染遍中国及外夷，遇天行盛时，医必晚归，妇多夜哭。其贫贱不能延医之家，症危险，坐守其毙。甚至孤雏暮鹇，一遭不救。宗祀遂虚，尤可浩叹。虏疮传染酷至是耶。
>
> 予己卯（1819）岁归自西域，始闻有牛浆引痘之说，传自岛夷。邱君浩川身试而广其术，好善诸君子，又酿金设局而延其浆，心窃疑之。夫痘毓毒于先天，因于天行，发于经络，岂区区臂膜间，以他儿毫末之浆，能引之必达乎？左右数粒，能尽其蕴毒乎？且天行之痘，百药未奏全功，更岂一挑一剔之劳，能胜百刀圭乎？虽说者谓种痘始于峨眉山神人，为宋王文正公之子种之，其术乃取他儿好痘痂，研末纳儿鼻，克期可出。不因天行，今传其术，然亦视儿蕴毒之浅深，或多至千百粒者，仍需服药，间有不治，又岂能概必其十全无损乎。
>
> 壬午（1822）冬，予儿孙辈，未出痘者十八九，戚友咸怂恿延邱君治之，历述其得心应手状。邱君固予廿年前旧识，始遣仆通其意，邱君随惠以所著《引痘略》一书，翻阅终篇，见其称说，穷原究委，奇不诡于正。因延视儿孙辈，次第如其法治之，顷刻而毕。期七日来复视，喜跃如故，无少疵，意其妄。迨七日来揭儿臂示予，所刺处皆坟起如豆，红晕鲜活，视天行者差大，亦有一二儿仅出二三粒者，云先天毒轻故。乃色然骇，憬然思，叹其术之神，而嘉其择术之仁也。推是心，广是术，尽登群儿于仁寿之域可也。独怪是术，汉唐来名医辈出，未阐其传，而独发

其蒙于岛夷之一士，启其秘于黄犊之一身。夫乃叹天心之仁慈，圣天子好生之德格于上下，被于四表，虽阴阳迭运，不能无少疵疠而假手于人，补其阙而匡救其灾。其不阐其传于中土，而故发其蒙于岛夷者。岂以是疮自房中带归，仍以房法治之耶。邱君辞不受谢，而以书册索志数言，以信其传。册中缙绅先生所题，及自疏前后二序，言之详矣。予何言，且以予之陋，即言何足为邱君重，而邱君借身试术，因术行仁，有足多者，其术传，其心传，其人传矣。[①]

史善长（1768—1830），字春林，浙江山阴（今绍兴）人。随父游幕至广东，于是入籍定居番禺。史善长出生十月，其父去世，由其母亲独自将之养育成人。多次参加科举考试，未获功名，后由捐纳为知县，分发江西余干县。有治理才干，村民为之建生祠。后来因捕贼未获，遣戍伊犁三年。归来后，不再为官，以诗酒自娱。著有《味根山房诗钞》九卷、《轮台杂记》二卷、《东还纪略》一卷。史善长所撰文字描述了自己对于牛痘新法由疑到信的心路历程，转为"信"之后的他，邀请邱熺为其家儿孙辈接种牛痘，称邱熺"得心应手""顷刻而毕""叹其术之神"，所以撰写文字为其颂扬。

以上罗列仅是《引痘题咏》中文人绅士褒奖邱熺和牛痘术的诗文中之一斑，"一斑窥全豹，一砾见沧海"，这些文人绅士的生动真切描述，对于"人未之信"的西洋牛痘新法起了广而告知的作用。

---

① （清）邱熺：《引痘题咏》卷3，第21—23页。

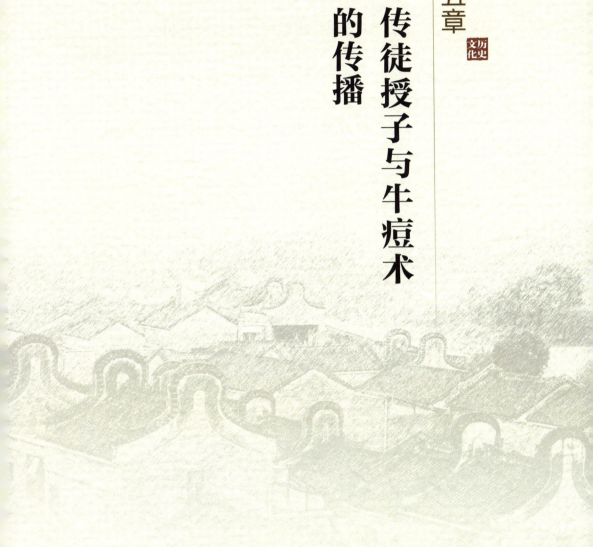

第五章

传徒授子与牛痘术的传播

文化
历史

嘉庆十年（1805），英国东印度公司广州商馆助理医生皮尔逊从澳门传牛痘术入广州，西洋牛痘新法开启了在中国的一个由南往北传播的漫长艰难历程。对于牛痘术在中国究竟是按照怎样的路线传播的，这是后世的研究者最为感兴趣的部分之一。历史学家陈垣最早于清末时期即对此展开了研究，他在《牛痘入中国考略》中指出牛痘入华后有五条传播路线：

牛痘之传各省，虽不能尽悉其年月，然据《引痘略》各叙犹可略知其梗概，亦有历史观念者所欲闻也。粤之乳源与湖南宜章相比邻。先是，乳源有廖凤池者，得牛痘术，以道光七年（1827）输入宜章。是为牛痘由粤传各省之第一次。明年香山曾望颜以牛痘种至京师，郭尚先叙之曰：岁己卯，余典广东乡试。闻牛痘说，疑之。既博询之而信。则又怪远夷能于九万里外传之中国，而粤人不能数千里传之都下也。曾卓如编修乃为设一局于米市胡同南海会馆，索牛痘种于粤。道光八年（1828）三月十九日，牛痘种寄至，是为牛痘种传各省之第二次。道光间，南海颜叙功宦闽中，闻粤有牛痘种，乃以多金聘痘师陈碧山雇募乳妇褓负痘童，沿途递种。道光十一年（1831）正月十六日至闽，是为牛痘种传各省之第三次。道光甲午（1834），江南大痘，京江医者包祥麟乃赴楚购牛痘苗，道光十六年（1836）四月至扬州，并分种于芜湖，是为牛痘种传各省之第四次。道光二十年（1840），江西痘师刘子堃由新昌挟其术至省之奉新，是为牛痘种传各省之第五次。凡此皆记载所及，其他年月无考及记载阙如者，无由叙述也。然邱氏书之至京师，京师之贵人达官无不诧为奇术，以故好事者翻刻殆遍。迄今可知者，道光己丑（1829）黄子杰刊于豫南，辛卯（1831）凝瑞堂刊于山左，丙申（1836）陶福恒刊于南昌。丁酉（1837）蜀人陈煦侨寓扬州，闻其术好之，思传其术于蜀，命弟北崖习之，则牛痘之入蜀亦在此数年间也。①

陈垣（1880—1971）是中国杰出的历史学家，出生于广东新会县石头乡富冈里一个药材商人家庭。青年时期毕业于广州光华医学专门学校，并留校任教。早期在医学报刊杂志上发表大量文章，宣传现代医学卫生知识及医学史。上述所引文字即是陈垣在1908—1909年连载于《医学卫生报》第六和第七期上的文章，也是我国对于牛痘最早的研究成果之一。文中陈垣归纳了牛痘传入湖南、京师、福建、扬州（芜湖）和江西五条路线，源头都是由粤出发，通过邱熺的弟子和《引痘略》一书的翻刻刊行，将牛痘术从南往北传播扩展开去。陈垣之见解乃灼见，他也认为牛痘术得以在中国广泛传播，作出最大贡献的就是牛痘术传播先驱——邱熺。只是鉴于陈垣文中未有标注所引资料出处，对于陈垣所言的五条路线未能一一完全验证，但在陈垣等前人研究成果的基础上，本文拟从四个方向对牛痘术的传播进行更细致深入的剖析和阐述。

第一节　弟子传牛痘术入闽入川与子承父业

邱熺为了牛痘术能广其传，双管齐下。牛痘专著《引痘略》的刊行是其一，传徒授子是其二。邱熺种痘数十年，为数百万人接种过牛痘，其传授的弟子更是不在少数，南海人龚在德有七律诗赠邱熺可为佐证："保赤莫嫌多蛾术，论才何敢薄牛医。"这句诗文下有注云："学浩川之技者颇

---

① 陈垣著，陈智超编：《陈垣早年文集》，第221—222页。

多。"①但是限于资料的匮乏，邱熺弟子基本不可考，笔者依据所掌握的资料，发现真正有据可查的授业弟子仅有两人，即传牛痘术入闽的陈碧山和传牛痘术入川的张崇树；而其长子邱昶早年跟随父亲邱熺在牛痘局为人施种牛痘，在邱熺去世后，邱昶克绍箕裘，一直坚持为人种痘，继续主持广州牛痘局事务。所以，将三人并为一节阐述。

一、陈碧山传牛痘术入闽

福建紧邻广东，曾经的厦门口岸也是西方来华的主要通道。雍正时期推行禁教政策之后，尤其乾隆时期只允一口开放，厦门等口岸关闭，广州成为中西交流的唯一港口。在牛痘术传入广州之后，近邻福建是最早获悉此情之地。据史料记载，嘉庆十年即有福建人邓旒等前来广州，与邱熺等人一起学习牛痘术，"嘉庆年间（约1805年），邓旒偕黄梅园同往广东，和两粤之邱熹（浩川）、汪崇德诸贤学习英国医生真纳（又译琴纳、咕哪）的牛痘接种术，嗣后在福建推广其法，为防治天花作出了一定贡献"。②

邓旒（1774—1842），字乐天，又字冠群，号遵伊，清代儿科医家。福建邵武人，祖上在南宋末年由河南光州固始县铁板桥迁入福建。邓氏自幼聪颖胜人，读书业儒，过目成诵，兼习医经，略知医术。27岁时其妻张氏因病去世，激发其治病救人之心，遂博览医书，以毕生精力勤究岐黄之术，擅长儿科，尤精于痘疹一科，曾学习种痘之术于广东，后回闽推广，甚有功于防止痘症之传播，晚年撰著《保赤指南车》一书10卷，图文并茂。该书以儿科为重点，兼有内外妇科杂症以及中毒急救的诊治方药，具有独到见解，闻名海内外。

《保赤指南车》第四和第五卷是《痘科》，有不少关于牛痘的记载："将牛乳房上疮痂，取来细研末，用乳汁调匀即是天花之苗。收贮宜慎，

---

① （清）邱熺：《引痘题咏》卷1，第10页。

② 刘德荣编：《福建历代名医学术精华》，北京：中国中医药出版社，2012年，第164页。

莫与日晒，最怕烘熏。若无种期，务将痘苗种于牛身，生生不已，不失其苗，以待接种。"这是关于痘苗的保存方法，特别有意思的是提到如果没有人接种的情况下，为保存痘苗，反种于牛身。牛痘术在中国传播的过程中，亦常见提及这种反种于牛身的方法来保存痘苗，只是邱熺本人从未提及，这种方法是否有效，不得而知。还有关于具体的牛痘接种操作方法："消烁［泺］、清冷、渊三穴，务须识记认真，轻轻剔破，略见血红，苗浆放在三穴，俟干即可。"对于穴位的位置："自肘骨尖处数上五寸，与曲池纹平相称，即是消烁［泺］真穴，消烁［泺］内隔一寸是清冷穴，清冷穴上隔一寸三分是渊穴。"

还有关于詹纳发明牛痘术的记载，只是令人啼笑皆非："一日，呫哪牧牛于郊，歇睡于柳阴之下，忽梦一长者须眉庞白，褐衣草履，唤曰：'呫哪，今天花降矣，尔尚安逸乎？'……呫哪急忙倒身求救。长者曰：'欲救不难，今牛乳有疮痂，即天花之苗也。尔可取回，与二子两手少阳穴种之，其名消烁［泺］、清冷、渊三穴，各出一颗，可免天花之厄。'呫哪醒觉，视牛乳旁果有疮苗，起与二子依法种之，真保万全。"①

据说邓旒在福建传牛痘接种术，专门建有种痘房，场地清洁暖和，禁忌尤详，"为人接种，万发万中"。邓旒偕黄梅园习牛痘术于广东，是否与邱熺等一起向皮尔逊学习，已无从考证，邱熺的著述以及皮尔逊的报告中没有一字提及，只是邓氏对于牛痘术的认知和操作与邱熺大致相同。但是其对于詹纳的神话记述和将邱熺提出的消泺、清冷渊两个穴位分成三个穴位，难以理解。其中关于詹纳的传说姑且不论，但是将清冷渊穴②分为清冷和渊两个不同的穴位，实在是令人费解。所以，据记载说"当西洋牛痘

---

① 杨家茂：《邓旒和牛痘接种法》，《邵武文史资料选辑》第6辑，内部资料，1985年，第116—117页。

② 清冷渊穴是手少阳三焦经的常用腧穴之一，出自于《针灸甲乙经》，《千金要方》作清冷泉。位于臂外侧，屈肘时当肘尖直上2寸，即天井上1寸。

术初传广东，邓旒千里赴粤，和邱熺诸贤共学其术"①，不得而知了。

即使已有邓旒在福建传播牛痘术，但是明清时期天花盛行，福建依然时有天花肆虐之虞。道光十年（1830），福建遭遇天花流行，广东南海籍官员颜叙功求助于同乡邱熺，邱熺因家事不能前往，遂派其弟子陈碧山（字天普）传痘入闽。

> 庚寅（道光十年）春，福郡出天花，良医束手，童稚生存，什不四五。……适粤中最先传其术者为邱浩川先生，与余家昆季交善。欲聘来闽，而先生以家事不果行，乃命其徒陈碧山，始以干苗入闽，布种不验，往返数次，辛苦备尝。复以多金雇募乳妇，襁负幼童，沿途递种，迟至今春正月十有六日，乃到省垣。凡大宪巨室，莫不信行，已阅十月，历试数百人，无不应手而效。②

这是范行准《中国预防医学思想史》中的一段引述，原文来自颜叙功为《引痘略》重刊撰写的序文。笔者几经搜寻，皆不能如愿找到颜叙功序，且颜叙功生平也无从考，但从上述引文中，还是透露出一些信息：颜叙功，广东南海人，道光时在福建做官，时遇天花盛行，童稚罹患，死亡率高达百分之四五十，这是明清时期天花流行时的常态，当时为官福建的颜叙功不忍目睹，济世活婴恻隐之心发动，作为善于接受新事物的广府人士，对于牛痘新法不存芥蒂，于是发出信函邀请同乡邱熺携带牛痘苗前来福建接种拯救婴孩。颜叙功本人不一定和邱熺熟识，但是颜叙功的兄弟与邱熺相识且交情不错，当然也有对于邱熺接种牛痘技术的信任，所以颜叙功有邀请邱熺之举。遗憾的是，当时邱熺因为家事不能远行，于是安排他的授业弟子陈碧山代替自己前往福建传种牛痘。

---

① 杨家茂：《牛痘初传我国史略及其意义》，《中华医史杂志》1990年第2期。
② 范行准：《中国预防医学思想史》，第139—140页。

陈碧山听从师命，先是从广东携带牛痘干苗前往福建，可惜因路途较远，干痘苗失效，几次往返于闽粤之间，备尝艰辛，还是徒劳无效。这里也道出了牛痘术传播早期最大的一个问题——痘苗保存和运输的困难。欧洲人是通过以儿童作为活体疫苗，从手臂到手臂的方法将牛痘苗传往世界各地，同样以此方式传来中国。邱熺早期在广东设局种痘，最常用、最保险的方法就是使用新鲜痘浆接种，以人传人，想尽办法让接种者绵绵不断，所以有设果金以为奖励保存痘苗之举措。也鉴于牛痘术传播的需要，邱熺提出干苗法："将象牙小簪二枝，各就满浆之孩童痘上，两三次沾取痘浆，俟其干了，藏于鹅毛筒内，用蜡密封，可留三两日。"两三日的时效还是太短，所以陈碧山几次以干苗传牛痘术入福建，皆不见效。最终依然采用"以人传人"和"从手臂到手臂"的方法，花费重金雇请奶妈，携带婴童以牛痘接力的方式，终于成功将牛痘术传入闽省，历时十月之久，欣慰的是效果非常理想，"应手而效"。这次艰难的传痘入闽，颜叙功同时肯定也会醵金刊刻《引痘略》一书，这是当时传播牛痘技术的惯常做法，所以有重刊颜所撰序文，只是此版《引痘略》笔者搜寻不得而已。

陈碧山应是邱熺众多弟子中较为出色者，不仅代替其师传牛痘术入闽，而且还邀请名流为其师邱熺的《引痘题咏》册子乞诗题赠，在陈用光的《太乙舟诗集》中有《曾霁峰同年为陈碧山天普乞题其师邱浩川熺引痘题咏册》诗：

> 昔者朱阁学（方增），刻意思济人。延工针灸者，自浙来都门。
>
> 病暍无暴死，其效洵如神。又喜引丹术，能佐幼幼仁。
>
> 欲抄书万纸，遍使传城闉。此书吾未见，此册觌之闽。
>
> 阁学与方伯，委化俱返真。方伯诗必工（与宾谷作诗课，索其两粤诗尚未见），惜未究其文。
>
> 遂增伤逝感，弥重警世言。三复制府诗，坐叹起而呻。
>
> 孰使阿芙蓉，流毒遍八垠。厉禁奉严旨，莫喻蚩蚩民。

吾乡素淳朴，比闻争效颦。士子及舆伯，贵贱同一薰。

安能徇道铎，诘以鐏于申。吾言警顽鄙，吾意伤榆枌。

（芸台制府题此册诗云："阿芙蓉毒流中国，力禁犹愁禁未全。若把此丹传各省，稍将儿寿补人年。"）①

陈用光（1768—1835），清代官员、学者。字硕士，一字实思。新城（今江西省黎川县）钟贤人，嘉庆六年（1801）进士，授编修，官至礼部左侍郎、提督福建和浙江学政。工古文辞，著有《太乙舟文集》八卷及《衲被录》等，流传于世。陈用光出身名门望族，其祖父陈道（1707—1760），字绍洙，号凝斋，清代文学家、理学家。其父陈守治，亦进士，曾捐巨资修建南城盱江书院与本县黎川书院，并出任安徽太平知府、河南陈州知府。民国《江西通志》记载："清进士陈道，子守中、守誉，乾隆年间同举乡试，孙观、用光、椿冠，曾孙希祖、希曾、兰祥，乾嘉道年间，一门七进士，九乡榜，为邑之冠，称望族。"②

曾晖春（1770—1853），谱名为城，字霁峰，号梅仙，福建闽县人。嘉庆六年进士，历任国子监学正、江西新建等知县、江西义宁州知州。出生于福建名门望族，与林则徐为姨表兄弟，道光十五年（1835）亲见五子登科，即曾晖春的五个儿子（元基、元炳、元海、元燮、元澄）皆中举人，其中曾元炳、曾元海、曾元燮又成进士，誉满福建。

从陈用光的题赠诗来推断，应该是陈碧山代替其师邱熺入闽施种牛痘，得以认识了福建籍官员曾晖春，于是通过曾晖春请其同科进士陈用光赋诗题赠。可见，陈碧山也是倾尽心力，秉承邱熺衣钵，为播扬新法，恭请

① （清）陈用光撰：《太乙舟文集八卷》卷2，载《清代诗文集汇编》编纂委员会编：《清代诗文集汇编 四八九》，上海：上海古籍出版社，2010年，第319页。

② 转引自方锡球、刘跃进主编：《桐城派暨古典文化的传承研究》，合肥：黄山书社，2017年，第119页。

名流学者作诗题赠。从陈用光的诗作来看，他是认真翻阅了《引痘题咏》册子的，对于达官贵人如朱方增（曾在北京刊行《引痘略》并为之撰序）、曾燠、阮元的题赠颂扬极为赞赏，并借此表达对邱熺传播牛痘新法的推崇。

二、张崇树传牛痘术入川

四川地处西南，也不能幸免天花的流毒，在清代民间盛传的最早出现的种痘神医即来自峨眉山。此说带神话色彩不为学界接受，但流传甚广，也可从某种角度反映出天花在四川的流行，四川人对于人痘接种术不会陌生。

当牛痘接种术传入中国，陈垣就指出有四川人陈煦寓居扬州，欲传牛痘术入川。由于资料的阙如，结果不得而知。真正有资料可查的是，道光末年，邱熺弟子张崇树（字建侯）传牛痘术入川，并且于咸丰、同治年间，一直在四川传播牛痘新法，通过传徒授子，开枝散叶，在蜀地广传牛痘接种术。

　　痘疹之患，自古皆然。遍阅诸书，有水苗火苗二法调治顺逆等症，义理精详，然能医孩提于未病，究不能保婴赤于完全。惟牛痘一法，始自欧罗巴国，嘉庆初年传至粤省，邱氏浩川首得其术，刻有《引痘略》行世。树于道光丁未（1847）游粤时，胞兄崇恪知理花县，延邱氏浩川为子侄种放，计日收功，始知引种之奇。胞兄心窃爱之，欲得其术为桑梓利，留先生在署，命树留心学习，历月余先生旋省。树即遵所授以试数小儿，虽云善而弗敢自信，盖未若先生所种之痘美且好也，复往省垣躬亲请益研究。[1]

---

[1] （清）张崇树：《续刻引痘略序》，《引痘略合编》，同治壬申（1872）保赤堂刻本，第1页。

　　这一段文字引自张崇树《续刻引痘略序》，记录了道光二十七年（1847）他从四川来到广东花县投奔时任知县的兄长张崇恪，恰逢其兄邀请邱熺亲至府上为张家子侄接种牛痘的经过。因牛痘接种后有一个出痘、起疱、灌浆、结痂、脱靥的过程，时长十天半月，也因邱熺这时已过古稀之年，所以张府把邱熺留下，不用折返奔波再来察看出痘情形。有感于牛痘术的便捷有效，身为知县的张崇恪要求其弟张崇树拜师邱熺，留心学习一月有余，基本掌握了接种牛痘的操作方法，并在花县为小儿接种实践，效果皆善。为进一步提升技艺，精益求精，张崇树也曾于在粤期间多次前往广州向邱熺请教。

　　张崇恪，字漪珊，四川射洪县人，道光十三年（1833）进士。道光十九年（1839）出任广州府花县知县，一直到咸丰五年（1855）升任连州知州。当时连州地方混乱，匪风未靖，民无固志。张崇恪率绅民团练捍卫地方，莅任四载，力解城围三次，生擒匪首朱四、黄潮正法。咸丰八年（1858），匪首包尔鞍号称数万，环攻州城百余日。是时公私交困，朝不虑夕，崇恪以大义勉励兵勇，大筹战守，大灭贼寇，卒保危城。继而剿办东村、黄垒、青莲、大湾等处，扫荡匪众。嗣后，朝廷保举张崇恪历署琼州、惠州府事，连州人民感其功德，建生祠祀之。

　　咸丰元年（1851），张崇树结束赴粤探亲之旅，从广东返回四川，实现了其兄为"桑梓利"的心愿，将从邱熺处学会的牛痘接种术传入四川，开设堂馆，为人接种牛痘：

　　　　树于咸丰辛亥（元年，1851）旋川。制军黄宪，由陕延医度苗至蜀，树即命子纲投堂求苗种放，而川苗总未若广苗之美。同治庚午（九年，1870）春后至粤。……即登浩川先生之堂，而先生已归道山矣。世兄长乐（即邱昶）复继先生之志，能世其家学，且云："西洋方来养浆苗管，甚便用，能藏鲜浆二三月之久。"是年，树旋川取鲜苗十支，于辛未（十年，1871）春至舍。将此浆放种，比川苗为佳。[①]

当年张崇树从粤携带牛痘接种技术返回家乡，估计痘苗因路途遥远没有携带，恰逢四川总督大人黄宪从陕西延请痘医携带痘苗到蜀，于是张崇树立即以其掌握的技术使用陕西传来的痘苗，开堂设馆，与其子张纲一起为人接种牛痘，开启了在四川种痘的生涯。在川施种牛痘的实践过程中，他感受到四川的痘苗不及广州的牛痘苗质量之佳，二十余年后，又重返广州，再登师父邱熺之门，可惜邱熺早已于咸丰元年去世了。不过还有邱熺长子邱昶子承父业，邱家的牛痘接种事业并未因邱熺去世而中断。这时离牛痘术入华已经过去了半个多世纪，牛痘苗的保存技术已有很大改进，尤其随着鸦片战争之后，国门被打开，西方大量的医学传教士进入中国，他们不断地将西方改进的牛痘苗和保存技术传入中国，所以张崇树此次广州之行满意而归。他得到邱昶提供的来自西洋的新鲜浆苗十管，于第二年春天回到四川，将新痘苗投入实践，比四川本地的牛痘苗接种效果好。这里提到的痘苗保存技术，是由西方传来的新技术，即使用玻璃管来保存痘浆，可保存两三月之久：

　　其法用极细玻筒，每管约长三四寸（先用痘刀将牛痘刺得痘浆注出，如草头之露珠，即取玻管折去两头庶免孔内注塞），将破管口换贴痘颗出浆处，其浆自上；两指捻住须往后搓动，若浆上至小半截，可向浆水略烘，无浆处用少掩住上头，其浆自走至中间。手指须口津沾湿，免致热烫；然后用手揸住一头，突出管口三分，向灯火明烧，自然筒口玻镕，其口自封矣。（原注云"切不可烘热有浆处"）此法较旧法以蜡封口者更便，临种时折

---

① （清）张崇树：《续刻引痘略序》，《引痘略合编》，第2页。

去两端，吹于刀锋，或吹于破片版，痘浆即出。其传染之力较鲜浆无异，惟收浆于玻管。宜藏于阴凉之处。①

此后张崇树一直在四川为人接种牛痘，成为当地的著名痘师。张崇树为广传其术，在邱熺《引痘略》基础上编撰《引痘略续篇》，并将两者合一，称《引痘略合编》。光绪二十一年（1895）宏道堂署以《牛痘新法全书》之名刊行，继续倡扬师说，同时增入自己种痘几十年的经验，介绍人工种痘法、伴见症状及处理等，并绘图说明种痘部位、器具、具体操作法；此外还叙述经络、穴道、调药、手持、进刺、指撮、爪切、转刃、和血、退刀、掩苗，以及真伪宜辨、浆满宜泄、苗忌混用等种痘注意事项。《引痘略续篇》的扉页注明：射洪张崇树建侯手写，其长子张纲、次子张景、堂弟崇翰授业弟子林映濂、林雨霖、吴祚奎、彭承先一同校刊出版。由此可知张崇树在四川的种痘事业已成规模，影响较大。

当时偌大的四川当然不仅张崇树一家牛痘局，依据光绪乙未（1895）翻刻的《引痘略》记载，在同治甲戌（1874），王祖源出守四川龙安郡，"因设立保赤局，施种牛痘。择其绅衿中精细安详者，俾之学习，以传久远，并为之酌定章程"。其章程共有十条："一、免费；二、每月初九、十六、廿四开种，五十名为限；三、每月初一、十二、廿一发票；四、第八九日均须抱送来局验视，假者补种，取浆；五、不来送浆者，送官责罚；六、造册申报，核医生勤惰；七、官署、富绅延请至家种者，付给贫家果金；八、欲学者来局注名；九、不收谢仪、银钱分文，由上宪发给薪水；十、上次种者，来局验视，有无疫病，酌给医药。"②可见，在四川龙安郡已有地方官员举办的牛痘局，而其管理章程虽简略却周全，尤其对于

---

① 范行准：《中国预防医学思想史》，第140—141页。
② （清）邱熺：《引种牛痘法》，《引痘略·书后说》，光绪乙未贵池刘信天堂本，第30页。

取浆作出了政策性的制度规定，不按规定来痘局让痘师取浆者将会送至官府接受惩罚，这为保证牛痘苗供应提供了保障，也说明到同治时期中国的牛痘推广事业已有很大的进步了。

三、邱昶子承父业

邱昶为邱熺的长子，字长乐，又字荫庭。为人接种牛痘，属于技术活，而且也是属于名利双收的职业，既可以拯救婴幼于天花死神之手，展示济世情怀，受人尊重；也可以借此谋生，解决生存生活问题。从古至今，一般技术之类的手工艺都以家族传承的方式延续。邱熺投入毕生精力的牛痘接种事业，也成为家族世业。传其衣钵者，即其长子邱昶，据传邱昶在嘉庆二十三年（1818）就开始跟随邱熺种痘，然后也是终身以此为业。

邱昶的资料依然极为稀少难觅，在同治壬戌（1862）重刊《引痘略》时，有一篇邱昶撰写的《序》：

> 在昔牛痘之说，先君自叙详矣。其后由少传众，由近传远，以至京师。阮芸台相国来粤，曾载其事于《广东通志》。溯自嘉庆十五年（1810），至今垂五十载，种痘婴孩以亿万计。先君一息尚存，此事未尝稍懈，间因要务不能亲行者，悉令昶依法布种，回时尤必垂问殷殷，其关心之切如此。先是京都有痘患，潘德畲方伯稔知牛痘之法昶已得传，遂邮书来延，时以先君年逾古稀，未敢远游，欲却其请。先君闻而训饬曰：种痘活人乃我素愿，京师痘患与吾粤痘患无异，岂可以我一己之待养，而阻人好善之举乎？尔其依我所授干苗法，即日治装往。昶因敬谨从命，抵都设局。凡十阅月，种婴孩数百人，授徒五人，以是传之京师，随即返里，先君始为色慰。
>
> 未几广西孙茶芸司马遣使招邀，亦如前赴约。两年之内，由北而西，所到之处皆普其传。先君于咸丰元年易箦之日，犹谆谆

此牛痘一事，使昶永其传，并谕以后世子孙毋或失坠。近复蒙督宪劳辛阶大人面与伍紫垣方伯商酌，并仰合省缙绅，将洋行重设痘局拨归惠济仓经理，仍邀昶在局董其事，使传于勿替。兹重刊是集，亦以仰承先志，并不忘名公臣卿之厚谊云。

　　是为序。同治壬戌（1862）孟秋（七月），邱昶字长乐，一字荫庭，谨识。①

　　这是目前唯一找到的邱昶留下的文字，主要追述了其父邱熺对于牛痘念兹在兹的情怀，以及他继承父志赓续牛痘接种事业的实践。这里提及他在道光后期两次代替其父远行传播牛痘术之事，这也是邱昶留给世人最重要的资料。尤其是道光后期的北京之行，应潘仕成（见第三章）邀请，前往北京传种牛痘，成功使用干苗法传播，在潘仕成等粤籍官员设立的种痘公局为人接种十余月。估计彼时京师风气依然未开，近一年时间接种人数才数百人，所以道光八年（1828）曾望颜传痘入京也不能持续，才有20余年后邱昶再次传痘入京师。但是此行获得很多上层人士的肯定，因邱昶在北京种痘效果很好，"公卿延誉，称为圣手"，督察院左都御史文庆称其"得其尊人浩川公种洋痘法，行于粤省数十年矣"，并以满文"功深保赤"相赠；陈官俊字伟堂，嘉庆十三年（1808）进士，深得道光帝宠信，官至协办大学士、吏部尚书，他曾将邱熺《引痘略》传到山东莱潍（今潍坊市），则以"种痘刀圭常勿药，拈来妙手自生春"十四字馈赠，褒奖邱昶的技术和保赤之心。②至于广西之行，因资料缺乏，不作讨论，但是也由此可得知，牛痘之法在广西也是得以推行。

　　邱昶还提到他主持牛痘局之事，"近复蒙督宪劳辛阶大人面与伍紫垣

① 严世芸主编：《中国医籍通考》第3卷，第4426—4427页。
② 张嘉凤：《十九世纪初牛痘的在地化——以〈暎咭唎国新出种痘奇书〉、〈西洋种痘论〉与〈引痘略〉为讨论中心》，"中央研究院"《历史语言研究所集刊》2007年第4期，第793页。

方伯商酌，并仰合省缙绅，将洋行重设痘局拨归惠济仓经理，仍邀昶在局董其事，使传于勿替"。在光绪《广州府志》中对此也有记载："至道光壬寅（1842），经费为当事者亏折。伍方伯崇曜遂独力支柱者十年。至同治壬戌（1862），制府劳文毅公崇光札谕惠济义仓，岁拨银约百五十两，仍俾当事者后人分董之，以永其传。"①即在邱熺去世后十余年后，在两广总督劳崇光的努力下，痘局继续开设，由邱昶负责痘局之事，这是一份来自官方的信任，也是对邱昶种痘技术的肯定。

劳崇光（1802—1867），字辛阶，湖南善化（今属长沙市）人。道光十二年（1832）进士，选庶吉士，授编修。道光二十一年（1841），出为山西平阳知府，后累迁为广西布政使，咸丰间抚广西八年，镇压太平军及其他起事部队，咸丰九年（1859）调广东巡抚，署两广总督。

在邱熺去世之后，邱昶一直继承父业，在广州为人施种牛痘，只是此时的种痘事业已面临相当激烈的竞争。因为随着外国传教士不断进入中国，尤其是基督教新教传教士借助医药传教，很多传教士开始在广东为人接种牛痘。嘉约翰乃美国长老会教徒，是最早来中国的著名传教医生之一。咸丰九年，他在广州创办了中国最早的教会医院博济医院，内设痘科，每周四为孩子们种痘。除了为穷人种痘，广州博济医院还为中国南方各地供应牛痘苗，嘉约翰还准备了关于在温暖的气候下保存痘痂的小册子，派人在广州城散发。他介绍的是疫苗在甘油和玻璃管中保存的方式，这是当时欧洲研究发现的新方法，也是当时世界最先进的疫苗保存方法。嘉约翰在同治六年（1867）自豪地写道："这所医院是中国唯一随时提供牛痘苗的机构。"同治元年（1862），张崇树从广州带去的牛痘苗估计就是来自于嘉约翰的博济医院。

与此同时，新的教会诊所在佛山（1860年）、肇庆（1861年）以及

---

① （清）戴肇辰、苏佩训修，（清）史澄、李光廷纂：《光绪广州府志（三）》，载《中国地方志集成·广东府县志辑》，第846页。

广西的梧州（1866年）等地开办。传教士纪好弼负责肇庆的诊所，将种痘作为主要任务。至此，广东地区开始出现了本土痘师和外国传教医生之间的激烈竞争，邱昶也曾抱怨"近来我的名字被人无耻地假冒"。咸丰十年（1860），嘉约翰拜访了邱昶的种痘办公场所，邱昶向他展示了种痘的宣传材料，嘉约翰将其译成了英文。在传单中，邱昶说："本人所用乃直接得自外洋商人采购之浆苗，施种前有精于疯病诊断之人检查小儿，可避免所有危险。凡愿本人前往接种者请前来十二甫西首。"这是为邱昶自己的种痘事业所作的宣传广告，凸显痘苗之佳和继承其父辨识麻风病的两个优长之处，以便吸引人们前来接种。这里提及"十二甫"，是种痘局所在，因为咸丰六年（1856）的大火烧毁了整个十三行建筑，公所也未能幸免。所以之后的种痘公局就不再设在行商商馆了，而是迁到邱熺老宅西关"十二甫"。①

邱昶在老宅"十二甫"一直坚持为人种痘，嘉约翰曾对人说："在十二甫的老宅中，种痘营生依旧由他的儿子操持着。"邱昶还将牛痘术传给其后代，光绪八年（1882）扫叶山房重刻《引痘略》，邱昶率子六人、孙三人与元孙一人一同完成了校对。由此可见，邱昶努力实现了作为传播牛痘术先驱的父亲邱熺临终的嘱托，将为人接种牛痘变成邱家的世业，代代传承。

第二节　弟子传牛痘术入湘

湖南的地理位置属于中部地区，东与江西交界，西连贵州，西北毗邻重庆，南接两广，北通湖北，属于南北交通的要地。岭南入中原，西洋牛痘新法从广东传往省外更广泛的区域，湖南成为一个必经的重要通道。

陈垣在《牛痘入中国考略》中指出："粤之乳源与湖南宜章相比邻。先是，乳源有廖凤池者，得牛痘术，以道光七年输入宜章。是为牛痘由粤

---

① 梁其姿：《面对疾病：传统中国社会的医疗观念和组织》，第81—86页。

传各省之第一次。"这在道光年间的文献中可以得到验证，渌江（今湖南株洲醴陵市）人罗如锦《引痘明辨》中有记载："余初业岐黄，继习痘科多年，每见逆症，莫之能救，惨目伤心。后遇岭南廖凤池先生，得其秘授种牛痘之法，喜不自胜，犹信疑莫决，旋将家人未出痘者种之，果效。"①还有湘潭人周纯熙在道光七年（1827）撰写的《洋痘释疑》中也有记载："自嘉庆初年，外洋人航海至粤，此法遂传于中国，逾十余年，粤之乳邑出水岩廖某者，得其术以归。吾邑与乳比邻，闻其术甚神，初不之信。后得李瞻山先生延而试之，果验。"②这里有两点需要略作说明：一是陈垣所说的时间，具体为道光七年，估计是根据周纯熙当年撰写《洋痘释疑》而作出的判断。其实不然，在吴珍儒为重刊《引痘略·序》中说："壬午（1822）冬，清邑旗君天池延嘉禾邑庠生李翘楚为孙童种痘。"③还有谭思乐在重刊《引痘略·跋》中记载："岁丙戌（1826），桂阳李君荆山，同邑吴君珍儒，两大先生度苗胡芦坪，为人种痘，有《西洋引痘》一书，所载引种诸法，于理最详，简繁易晓，而且转难为易，转危为安。"④可见，早在道光二年（1822）牛痘术已传入湖南。二是廖凤池传湘李姓弟子，有多个名字出现，周纯熙《洋痘释疑》中记为"李瞻山"，吴珍儒记为"嘉禾邑庠生李翘楚"，谭思乐则写为"桂阳李君荆山"，三个不同的名字，应该是一人，名李翘楚，字荆山，"瞻山"应为笔误。

上引材料，证实了陈垣的观点，由广东乳源人廖凤池传授牛痘术入湖南，这是牛痘术由粤传各省的第一次。笔者认为这不仅是第一次，而且是最重要的一条路线。廖凤池生平事迹不可考，仅知是广东乳源人，邱熺弟子。他于道光初年传牛痘术入湖南，培养了两个在湖南深入广泛传播牛痘

① （清）邱熺撰：《引痘新法全书》，第154页。
② （清）邱熺撰：《引痘新法全书》，第143页。
③ （清）邱熺撰：《引痘新法全书》，第103页。
④ （清）邱熺撰：《引痘新法全书》，第111页。

术的弟子，即湘南的李翘楚和湘中的罗如锦。然后这两位弟子再各自培养出各自的弟子，代代相传，于是牛痘术在湖南得以广传，再由湖南传往湖北、江南。并且早在道光二十一年（1841），长沙知府吕恩湛刊布《劝种牛痘告示》，开地方当局公开发布告示支持牛痘术的先河，次年长沙、湘潭等地都开设牛痘公局，为湖南最早的种痘专业机构，也是较早的由地方政府官员推行施种牛痘之举。①这在某种程度上彰显了近代湖南人敢为人先、重经世致用的湖湘文化精髓。

一、李翘楚一脉在湘传播牛痘术

李翘楚，湖南嘉禾人，具体生平事迹不可考，根据笔者所阅文献推断，他是邱熺的三传弟子，即邱熺传廖凤池，再传李翘楚。李翘楚带出了道光时期在湖南广为人知的种痘师吴珍儒。吴珍儒是湖南衡山人，早年习医，知晓痘科，在没有得到李翘楚传习牛痘接种术之前，是行走四方的游医，为人接种人痘，他在《引痘略·序》中说：

> 济世之道莫先于医，医症之多莫险于痘。稽种痘之说，上古未有，自汉代伏波将军征武陵蛮，从壶口进兵，军中遂染此疾。厥后班师，毒气传入中国，诸医调治，皆据《内经》痛痒疮疡属心火之一言，为治痘之要领，十损八九。及至宋仁宗时，丞相王旦初生诸子俱死于痘，后老年生一子名素，欲为出痘，招集天下诸医有能深明治痘之法及著书立说者，重金酬谢，诸医皆言不敢深明于痘。川人闻其求医甚殷，乃为延请天姥仙娘，现身说法，取痘苗絮于鼻孔，旬日之外，告厥成功。嗣是相传三桥善女，痘症日渐通行，然或有感天气而发者，有取苗吹入鼻孔而发者，顺

---

① 长沙市志编纂委员会编：《长沙市志》第2卷《大事记》，长沙：湖南人民出版社，1995年，第69页。

则易治，逆则难医，甚至危殆而勿可救，俾天下赤子，罹此害者不可胜计。儒自幼习内科，颇晓种痘，行之二十余年，而于险逆诸症一一经历，心尝悯之！

壬午冬（1822），清邑旗君天池延嘉禾邑庠生李翘楚为孙童种痘。时儒业医是邑，闻其术不劳而效甚大也。一日，同寓界溪，聚谈之久，论及此事，始云拣选佳苗剔取鲜浆，批点人身两臂消烁〔泺〕、夹白、清冷渊穴，所按日期，与吹苗无异。寻其源，来自西洋，传自邱熺，效捷功深，名公钜卿，多有题赠。旗戚好善诸公，以儒习此，广传其术。儒惟怀疑观望，而不敢妄进焉。癸未春（1823），清邑（衡清）点种通行，儒为反复详观，果于所刺之处，红晕鲜润，坟起如痘，以痘证书，果如其言，种种吹染，全无复出。夫乃知荷圣天子洪休，引外洋之奇方流传中国，跻人生于寿域矣。[1]

上述文字记录了吴珍儒在清邑（即湖南衡阳清泉县，清乾隆时所设，民国时期取消，与衡阳县合并为衡阳市）遇到李翘楚在此地为人接种牛痘，并且得到李翘楚当面传授牛痘法操作技术的经过。吴珍儒最初是怀疑观望，经过历时一年左右的详细了解，发现牛痘术"果如其言""全无复出"，他由疑到信到行，从人痘师转变成牛痘师，"于是去险履平，受业于门，蓄苗养浆，专司其事，传点千百小儿，俱有经验"，吴珍儒开始在湖南为人接种牛痘，成为当时湖南有名的牛痘接种师。

对于为人接种牛痘的具体实践情形，吴珍儒记载曰：

越下亥（笔者注：刻本估计有误，应该为丁亥，即1827年）孟夏中旬，邑有麦圆邑庠生蒋之隽，会同族众，约计众生四十余人，延儒点种。因暑热渴泻，仅点二十三人，其余未经点种之小

---

① 严世芸主编：《中国医籍通考》第3卷，第4430页。

儿，次年皆为天行传染，毒重点苗百倍，医人无计可援，父母束手待毙，遭此劫者，男女九人。先年已点之小儿，与传染之众生，同床挨苗不染，加苗吹鼻不发，人咸心服之。蒋亦好善乐施，捐金刊板于衡州之书肆，并刊录篇末。

戊子（1828）冬，湘邑城总苦于痘毒传染，烂额焦头，沿街遍巷，适儒度苗至，目击心伤，因于天行之中，已染者为之调治，未染者为之批点，自城总及乡下，不下百户，均获万全。

己丑（1829）秋，调补桐城县事尹府，知鄂县事郭府，前任陕西督粮道翁府，诸大家少君，邀儒点种，功竣之日，蒙赐以"散花妙手"匾额，批点痘科医牌，及今已历三载矣。

由所引文字可见，当时湖南城乡都已出现牛痘接种者，吴珍儒则主要在衡阳、湘潭一带为人施种，既帮助地方官解决了天花流行的焦头烂额之困扰，也为官宦人家批点小儿，获得"散花妙手"之嘉誉。并且，基于他为人接种牛痘的突出成绩，还获得"痘科医牌"，成为专职的牛痘师。

"散花妙手"是湘潭人尹作翰题赠吴珍儒的。尹作翰在重刊《引痘略·序》中说："粤东牛痘之法，昉自外洋，传于内地，行之江右。余宰修江时，曾知其有大裨于婴赤。旋里后，纠同人醵金过豫章，习其术，为桑梓利，卒以资斧不给，未获如愿而还。己丑（1829）客都门，又见粤之宦于京者，以此为济世之举，同乡友人携幼以叩门者接踵。余幼子尊德，年方再周，未种痘，正拟假归，絜以游粤为就医计。适衡山吴君珍儒来潭，夙擅其技，参其书阅之，与二十年前江右所遭之书无异。急延请布种，十余日现点，成浆结痂，小儿不知痛苦，尤不受其惊，真保赤良方也。旋以'散花妙手'四字额其庐。"[①]吴珍儒是尹作翰家的常客，道光

① 严世芸主编：《中国医籍通考》第3卷，第4431页。

十一年（1831）春三月又至尹家为其第五子接种牛痘。

在重刊邱熺的《引痘略》方面，吴珍儒通过他为人接种牛痘的影响，在湖南至少有两个版本《引痘略》翻刻刊行。一是上面引文中提到的"蒋之隽"版，他是吴珍儒的同乡，属于邑庠生。道光七年（1827）邀请吴珍儒为其族人数十人接种牛痘，目击其效，为广其传，于第二年捐金刊板于衡州。吴珍儒的同乡、也是医家出身的谭思乐也有记载："戊子岁（1828），付梓刊传，以济天下，用心可谓仁矣。衡、清各处，无不信从。"①二是通过尹作翰的影响，于1831年在湖南再次重刊《引痘略》。尹作翰所作序言中有云：

> 今春三月，吴君复来，余第五子亦请种之。时庐陵叶君松筠有子就学余家，因命同出，松筠有难色。余曰："无伤也，万全之策，无事骇异，可即在馆中批点。"余肩其任，累十余日，行所无事。松筠心慕其美，欲将种痘之书刊刻，以广其传，是以仁人之用心也。
>
> 顾吾思之，天下安危之境，人无不知趋避，以小儿之出痘，乃人生幼年第一种砭肌烁髓之症。今有人焉，履险如夷，而数年之久，不能大展其能，是岂真世人之暗而不悟耶？毋亦忌之者有人，疑之者有人。忌之者忌其术之行而显夺其利，疑之者疑其术之伪而险受其害。利与害中于人心，是以操术者虽工而终不能行也。今叶君既以其子身试之，又为刊其书以播扬之，则所以破其奸，坚其信，庶几于一时之赤子渡以慈航乎？书将成，嘱余为序，余因即目击而亲历者，以质之同志焉可也。是为序。
>
> 道光辛卯（1831）夏四月，湘潭尹作翰并书②

---

① 严世芸主编：《中国医籍通考》第3卷，第4434页。
② 严世芸主编：《中国医籍通考》第3卷，第4432页。

尹作翰，湖南湘潭人，字叔藻，又字吉生，嘉庆辛未（1811）进士。他早年在江西修江为官时便知牛痘新法大有裨于婴孩；后在京城又获悉有粤籍官员传牛痘术入京，并欲携带幼子游粤接种牛痘。从京城回到家乡湘潭时，获悉吴珍儒也擅长为人接种牛痘，便改变携子游粤计划，邀请吴珍儒为自家孩子接种牛痘，并以"散花妙手"褒奖吴珍儒。后又邀请吴珍儒为其家第五子种痘，顺便为在其家客馆就读的庐陵（今江西吉安）人叶松筠公子接种。叶松筠由疑到信，亲见其效，最终捐资重刊《引痘略》，以广其传。

谭思乐也为此版《引痘略》撰写了一个较长的序言：

天地以好生为心，体其心而著为言，令广被靡穷，则好生之念直参天地，而正未可一二多觏焉。思观南海邱浩川先生学西洋引痘一法，著书行世，悉出经验之良方，俾得指示之精详，未有不如发蒙振落之易者。但书内所载，苗从两臂引进，他处则无。伏思两臂属人身左右，《经》曰：左右者，为阴阳之道路也。又手少阳三焦所主焉，此处刺引见点，能合常期，亦如三日现绽，三日起灌，三日收靥，三日落痂，十二日内，具四季生长收藏之令，痘形痘色，颇与聂久吾先生《活幼心法》所载顺痘无异，故于旬日之外，告厥成功，法至善也，而婴儿之藉以全活者盖不可胜计矣。思自幼习医业以来，间尝展阅古书，论及于痘，深有所感，由今观之，转难为易，与古种法各不相同。

夫古种痘，吹鼻传苗，由肺引入，递传其毒，自内攻出，故发泄之初，先犯肝肾，所以壮热三日，然后现点，熬煎阴血，每多枯焦，体弱者难免凶危之险。西洋引痘，刺臂传苗，由穴而入，毒传血脉经络，自外引出，故发泄之初，先犯心肺，必待起灌，方发微热，诚为不伤阴血，极为和平。虽种引不同，而出毒则一，后遇流行天花，永不传染，此其所以神且妙者，能万举而万全也。于是共襄剞劂，公行海内，特以自然之理，阐发元微，重开生面，暨诸同志共亲斯道之教焉，其好生之德，洵足以遍天下及后世而广被于靡穷也。

　　然则邱君之书，天地之心也哉。天地之心，邱君之书也哉。今幸吾邑吴君珍儒先生独精是术，神妙无穷，展千古未阐之秘奥，开万世救婴之法门（吴君于是书篇中，著论录方，一一指示）。仰上天好生之仁心，体圣朝爱民之至意，纯心济世，勿计身劳，救渡婴孩，嬉游于光天化日之下，顾非得遂人世间为父为母之厚望欤哉！是以缙绅君子刻单播扬（吴君在湘点种，所出传单尽皆仕宦），好善仁人刊书传世（叶公以子身试其术，即为刊书通行，可见平日好善慈幼为怀），足见是道之可以济人，人皆乐施济众，伏愿广传其术，一体遵行，慎毋听信谗言，颠倒是非，自罹荼毒焉可？思不忍以人之性命操纵于愚人妄人之手，因援笔而为之序。道光十一年（1831）仲夏月，衡山珠浦谭思乐书于济众草堂。①

　　从上面引文中可知，谭思乐本身习医，熟悉医术，因而其更多地从医理上进行阐发，对比人痘与牛痘接种的区别，彰显牛痘术"万举万全"之妙。他也身体力行，邀请种痘师为他家人接种牛痘："庚寅春（1830），余见天花流行，人人尚欲远避，余邀友人张孟择为余兄弟子女引种。戚邻见其法至善，咸踊跃延请，与夫流行之天花，同行同坐，无一传染而再出者。于是指陈颠末，而将托是书以为婴儿孺子之福，岂非仁人长者之所同乐哉！"②

　　吴珍儒不仅直接为人接种牛痘以广宣传，并结合自己的临床实践，

① 严世芸主编：《中国医籍通考》第3卷，第4432—4433页。
② 严世芸主编：《中国医籍通考》第3卷，第4434页。

总结牛痘接种的经验，撰写一篇《出痘有药勿药论》，对于牛痘接种之后到底要不要用药以及如何用药，归纳出一套理论。他说："自乾坤始奠而后，天地与人谓之三才，人居其中，天覆地载，同一体而受一气，岂有厚薄之分哉。然亦有不同者，地气使之然也。儒尝考夫《引痘》前篇，邱君浩川肇自西洋，两广公卿颂扬题诛（笔者注：有误，应为咏），其所引种，自绽花以至落靥，皆勿药而奏万全，儒故喜而师之。习其业以利于世，行之本省仕宦以及乡户童男童女，体气强壮者，间不服药；体气素弱者，仍亦用药起发，用药催浆，兼以饮食调护，方可得心应手，否则浆无宝光，靥无小疤，而毒不能尽泄也。儒故以地气之不同，录其方以公于世，专是科者，遵而行之，是则儒之所厚望云。"①吴珍儒从邱熺的经验出发，分析了哪些情况可以不用药物，哪些需要用药，具体如下：

> 古刺种之后，即宜引经药一分或二分开，打通人身关节。关节通则痘苗得其门递而入，现点之后，细看其起发何如。若发点之处，其色通红而有小珠，不必服药。用椿叶切碎煮豆腐数块，和汤食之。如色淡红珠不圆，起发不快，服宜提痘毒散一剂或二剂，盖毒得宜提，则痘苗层递而出。

> 起水之期，痘顶平而明亮通白，外有红晕，不必服药。用姜汁煮鲫鱼数尾，和汤食之。若痘色淡白而暗，服托浆满顶散一二剂。

> 灌浆之期，色若珍珠宝光，痘脚红晕鲜活，不必服药。用椿叶切碎蒸鸡蛋数次，次第食之。若痘色暗而无宝光出现，痘脚外而无红晕缠绕者，服参归鹿茸汤或千金内托散一剂，盖毒不托则浆不满，浆不满则毒不尽。

> 浆满转蜡，不必服药，并宜禁忌鸡鱼豆腐葱蒜一切发物，

---

① （清）邱熺撰：《引痘新法全书》，第115—116页。

以便结靥、落痂之后，服玄参解毒汤数剂，扫除余毒，以保万全。方中所以药食并用者，恐草木之性，不能全其人身气血，而参以滋助痘浆之饮食，赞助成功。①

吴珍儒按照牛痘接种的几个不同阶段如接种、起疱、灌浆、结痂作出了需要用药和不必用药的具体描述，并且还将药方编成歌诀，便于记诵，对牛痘新法的传播功不可没矣。

　　歌曰：宜提痘毒升苏防，荆介连翘只桔羌；白芷甲珠芎草八，前胡干葛木通良；牛子灯芯姜作引，升提痘出保平康。
　　歌曰：托浆满顶四物君，参芪山甲兆防风；连翘白芷炙甘草，各味和匀水煎浓；黄豆为引二十粒，旨酒一杯赞化通。
　　歌曰：参归鹿茸用三钱，蜜炙黄芪贵嫩绵；炙草一钱姜一片，福元好酒服安然。
　　歌曰：千金内托十二味，归芍参芪防芷桂；木香甘草及川穹［芎］，厚朴山查姜酒是。
　　歌曰：玄参解毒汤四物，连翘牛子与地骨；荆防石羔淮木通，除却川穹［芎］竹叶入。②

在吴珍儒的传播下，湖南尤其是衡阳、湘潭及湘南一带，牛痘接种术传播甚广，"衡清之处，无不信从"；在湘潭，周纯熙撰《洋痘释疑》，黎光曙刊《坚信点牛痘说》；在湘南桂阳有吴鯠的《洋痘可信说》，这在当时的中国，尤其是属于内陆省份的湖南，绝对是不可多见的开明现象。

---

① （清）邱熺撰：《引痘新法全书》，第116—119页。
② （清）邱熺撰：《引痘新法全书》，第120—124页。

二、罗如锦一脉在湘传播牛痘术

前文提及罗如锦"得其（廖凤池）秘授种牛痘之法"，开始在湖南传播牛痘新法。罗如锦是湖南株洲醴陵人，他主要在家乡醴陵一带传播牛痘术。这一脉具体为人接种牛痘的资料殊少，但从所阅相关文献来看，这一脉与李翘楚一脉有所不同，更注重于理论的阐发和补充完善邱熺论述的不足。

罗如锦在《引痘明辨》中对人痘接种和牛痘接种进行了非常深入的对比，尤其是从中国传统中医理论对牛痘接种的原理进行了细致的阐释：

> 原夫痘先天胎毒（先天者，交媾之初，胎者成形之始毒，谓交肾属形时便有此毒），无形无影，潜伏五脏，深隐命门（构成水位北象坎中间元阳即是命门），感触天行发出肌肤。自汉迄唐，治法无传，人多夭札。至宋相王旦生数子，皆道此厄，后举子曰素。旦惧，不免广求名医，得天姥，与之种痘，独得保全。厥后明医代起，治法日详，皆遵其法。择天时清和，察儿体无病，将苗种于鼻内，以鼻孔为肿窍，通呼吸，随气分引，传于肺脾及心肝肾，至六日发热，九日退热，散现肌肤，颗数稀少，儿体安然，是为顺症，不假调治。倘遇天时不和，或儿脏腑有乖（谓内伤、饮食积滞、燥热），胎毒随气触动邪火，痘出稠密，盖邪火尽化为痘，失于清解，多不能救；或为风寒所束，隐伏不出，失于升散，变症多端，亦有不救；其有元气虚弱，不能送毒出外，失于温补，亦至不救，以上三条是为险症。调治得宜，转凶为吉；失宜，吉亦成凶。……
>
> 嘉庆十年，西洋国医咭拿自小吕宋地航海至粤，与人种痘，独操万全。其苗不同，初取于牛，名曰牛痘。嗣后，以人传人，其法更易，种于两臂消烁［泺］穴、清冷渊穴、夹白穴三处（审穴最宜斟酌，恐有无知之辈，自作聪明，不按穴不能辨痘之真

假。妄与人种，日后复出，必使群疑不信，实堪痛惜），随血分引入三焦及肾，从肾中引出命门胎毒，由肝心及脾肺，第三日仍从两臂发出，小儿并无烦热困苦，自始至终嬉笑饮食，一切如常……

　　牛痘一法简便万全，人疑不信，谓鼻苗痘六日发热，九日出现，必忌风寒秽物，择饮食。而牛痘不然，不发热，三日即现，不忌风寒秽物，不择饮食，疑其出于皮毛浅近之间，非若鼻苗痘从脏腑发出也。持此说者是不明阴阳气血之理，独不观《内经》云气为阳，血为阴；腑为阳，脏为阴。气清血独（笔者注：刻本有误，应为浊），阳动阴静，理固然也。又曰：阳性速，阴性缓。此二语与痘相反，锦按其解，亦有至理存焉。盖由气者，阳也，清而忌秽。始由气而终归于血，初则从鼻随气入肺，传脾及心肝肾（阳数逆行故逆传），昼传腑，夜传脏，五昼夜传遍五脏腑，而心包络与三焦则寄；传五昼夜，犹脾寄旺四季也。然此五昼夜胎毒犹在气分，尚未入血，而卫不干营，营血安静，故无热。至六日胎毒随气并入于血，血为气扰，营卫不和，故发热，发热则毫窍开放，故忌风寒。由是胎毒与气血同传，则昼传一脏一腑，夜传一脏一腑，两日半传遍，第九日胎毒尽归于血，而卫气平和，热退神清，痘乃散现四体。以象乎动，惟其动也，故鼓舞发热，气血脏腑皆动，而诸症叠现，由气者所以缓而重也。若夫由血者阴也，浊不忌秽，始终不由气分，不由气则营卫协和，故不发热，不发热则毫窍闭，故不忌风寒。初则从臂随血直达三焦及肾，从肾中引出命门胎毒，由肝心及脾肺（阴数顺行故顺传），乃昼传一脏，夜传一脏（腑阳血阴，由血者故不传腑），两日半传遍，第三日仍从两臂发出，以象平静，惟其静也，故安然如常，气血脏腑皆静。而一症始终由血者是以速而轻也。然由气者终必归血，由血者独不归气，其故何也？盖无形之气能生有形之血，有形之血不能生无形之气，况痘体是血，由气者所以必

归血，由血者是以不由气耳。①

罗如锦通过对比人痘与牛痘接种的区别，指出人痘接种险症的三种情形，凸显牛痘接种的"简便万全"。可是，人们对于如此"简便万全"的牛痘新法却是"疑而不信"，他以深厚的中医理论素养，从五行、阴阳、气血、经络、营卫出发，一一详细阐释，以解除人们对于牛痘新法的疑虑，如新法发热时长远远短于人痘法；关于阳数逆行与阴数顺行的分析；从鼻而入，是通过气行引出胎毒，而牛痘法在手臂上刺破皮肤，是以血行引痘而出等。

罗如锦的这一番深入阐释，其实也是在理论上完善了邱熺《引痘略》理论功底的不足，毕竟邱熺"素不知医"。罗如锦同乡弟子醴陵人黄之檀也说"细考《引痘略》书，晦而不显。但国师邱君，原绘点痘之图，虽指明其所当然，尚未透发其所以然"，于是主要从理论上做了一些补充完善，尤其是重视"审穴"的重要性：

> 然此道以审穴为要着，不得其审穴之法，其何以行之无误耶？按宋诏命明医所铸铜人明堂之图穴，有至当不易之理，其理固不可强不知以为知，又何可秘所知而不冀人以共知。于是谨遵《针灸大成》《御纂医宗金鉴》，录集同身寸法，铜人背面两图，镌刻于后，俾有志斯道者，阅图知脏腑之分别，按经知穴分之所在，既辨其所当然，复深究其所以然。由是寻经审穴，传点得法，不致有毫厘之谬。此不惟精明其术之可嘉，实保全婴赤之功甚大也，岂非仆之所深幸也哉。②

---

① （清）邱熺撰：《引痘新法全书》，第150—159页。
② （清）鲍相璈编辑，（清）梅启照增辑，周光优等点校：《验方新编（下）》，第379页。

并绘出"中指同身寸法""铜人面图"和"铜人背图"三幅图，标注具体的穴位，传授"按经取穴"方法。

罗如锦另一弟子醴陵人图南子撰《西洋点痘推原说》，具体地说明了三焦命门的位置和功用，通过手臂穴位种痘可以直通三焦命门，从而引出胎毒：

> 人身背脊十四椎下，名为命门，为督脉之穴。前与脐对，脐下丹田，为三焦之募穴，分与命门相表里。命门为生气之门，出而治脐，下分三歧，上冲夹脐，过天枢，上至膻中两乳间，元气所系焉。三焦有脏无腑，上焦在胃上口，治在膻中。中焦在胃管，治在脐旁。下焦在脐下，膀胱上口，治在脐。三焦、命门，原一气相贯通者也。故《经》曰：元气者，三焦之使。李濒湖曰：三焦即命门之用。王海藏曰：三焦命门为一府，其脉同诊。以是观之，三焦、命门，真相须而为用者也。点痘家，故点自三焦之穴，其初藉三焦而引入命门，其后由命门而转达三焦，理确而当，法奇而便，若审穴的实，则较稳吹苗家万万矣。①

罗如锦这一脉，理论功底深厚，对于牛痘与人痘接种的区别从中医理论上作了非常深入的补充和阐释，而且特别强调对穴位的把握，如果能把消泺、清冷渊这两个三焦之穴准确定位好，那牛痘法就稳胜人痘法千万倍。

三、谭服思在湘传播牛痘术

湖南茶陵人谭服思，生平不可考，他也是道光年间在湖南传播牛痘新法的一股重要力量。谭服思再传弟子杨煦生等，其影响所及，关涉湖北、

---

① （清）鲍相璈编辑，（清）梅启照增辑，周光优等点校：《验方新编（下）》，第381—382页。

江南。

据唐方煦记载："古无点痘法也。自南海邱浩川得洋医之传，而其法始盛行于世。……岁壬午（1822），昆陵（笔者注：应为茶陵）谭君服思，以名诸生，走粤东，尽得其传，率其徒杨煦生、王月川、邓复享至省垣，依法引种，颜其局曰体仁。"①从唐氏所言中可知，谭服思于道光二年（1822），亲自前往广东学习牛痘接种新法，尽得其传，返回湖南，再带出弟子杨煦生等，并在省城长沙开设"体仁痘局"，为人施种牛痘。

唐方煦，字育庵，湖南善化人，嘉庆十八年（1813）拔贡，任七品京官。道光二年（1822）考中举人，由户部郎中授吉安知府，调建昌、颍州，在官有政声。据史料记载，北京善化县会馆，其建于清道光三年（1823），位于宣武门外东街，即西邻宣武门外大街，南靠枣林大街，由善化籍官员唐业谦、陈岱霖、唐方煦倡捐创建。可见，唐方煦也是热心于社会公益事业者。

谭服思当时在长沙设局种痘，名气很大，很多官宦人家邀请其上门种痘。同时，为广其传，道光十三年（1833）他重刊《引痘略》。唐方煦为之撰序，即有上文的记载，并指出牛痘新法有三善：

> 顺其自然，小儿不以种痘为苦，一也；种后即不复发，得遂为父为母之愿，二也；不计利，不假方药，于无力之家尤便，三也。三者合，而保婴之方、济世之道，孰加于此哉？今年春，诸君重刊邱氏书而问序于余，余喜此事之信而有征，且韪其行义之勇，为能公善于人也。遂书以赠之。道光癸巳（1833）仲春（农

① （清）鲍相璈编辑，（清）梅启照增辑，周光优等点校：《验方新编（下）》，第366页。

历二月）育庵氏唐方煦叙。①

同为此书作序的还有贺熙龄。贺熙龄（1788—1846），湖南善化人，嘉庆、道光年间湖湘名人。嘉庆十九年（1814）进士，选庶吉士，授编修，迁河南道御史，提督湖北学政。致仕后主讲长沙城南书院，左宗棠乃其城南书院的弟子。另外，贺熙龄的胞兄贺长龄，官至云贵总督，是嘉庆、道光年间湖南颇为有名的经世派。贺熙龄序曰：

> 茶陵茂才谭子服思，得种牛痘之法，试之应手辄效。余闻其名，延至家，为两儿子引痘，其法不吹鼻而挑臂，出不过五六粒，饮食如常，风雨无忌，不数日而平复，若行所无事者，而且此后永不再发，盖其术之神而艺之巧如此也。夫痘之为患至烈矣，自有吹鼻之法，以较天行之痘，鲜有败事，然犹不能保其万全。今谭子精于此艺，且将广其传，是天之慈爱斯民，而使婴儿尽登仁寿之域也，岂不休哉。若其法之由来，与法之所以微妙之故，则温黄法君言之详矣，故不复赘。道光癸巳孟春（正月）善化贺熙龄。②

谭服思在长沙设局种痘，除了影响本地人家之外，名声远播，外省人士也前来拜师求学。据江苏丹徒（今江苏镇江）人王惇甫说："丁亥（1827）春，就幕楚南，闻善化杨煦生夫子心毅精此。予信之深，求之切，执贽受业。时同游门下者，休宁程茂远、汉阳傅达尊、歙县汪徵远及

---

① （清）鲍相璈编辑，（清）梅启照增辑，周光优等点校：《验方新编（下）》，第366页。

② （清）鲍相璈编辑，（清）梅启照增辑，周光优等点校：《验方新编（下）》，第365—366页。

湖南本省诸君，共十三人，历四寒暑。"杨煦生是谭氏的弟子，可以推见当时谭氏一脉在湘施种牛痘的盛况。王惇甫并将牛痘新法由湖南传往湖北、江浙，"因由湖南买舟，雇婴渡洞庭，传浆至湖北，与吾乡业醛、汉口好善诸君，设局汉阳晴川阁。武昌绅富亦设局于黄鹤楼，刺种者络绎不断，予遂作传浆下江浙之计，特印《牛痘新书》万册，由楚入吴至越，沿途分送，为东南导引先声"。①

合肥人戴昌祚则记载了谭服思传牛痘术入安徽："昌祚先叔叠峰公道光癸巳（1833）进士，知湖南城步县时，见有种牛痘者，询其颠末，觉上天好生之德，特开捷法以保婴孩。乙未（1835）岁，遂延谭君服思舟载婴孩，次第传种，由湘至庐，设局布种。"②在《牛痘要法》安徽当涂（今属安徽马鞍山）人蒋致远《序》中也记述了杨煦生传牛痘术入皖省的事迹："粤东邱浩川先生得外国牛痘秘传，详审研究，以试中土婴儿，化险为平，百不爽一，洵慈幼之仁术矣！浩川先生四传为善化杨煦生先生，五传为当涂黄子颖先生，余外舅也。当道光时，牛痘推行渐广，习其业者不下十数辈，而淮扬、吴会间，咸推黄先生收效众著。"③

湖北人樊朗熏沐在道光十五年（1835）也有记载："将欲平阴阳，消疵厉，助天地好生之德，成父母慈幼之心，则莫《牛痘》一书为法良，而意美也。予查中国自古无此痘症，因东汉伏波马氏征战五溪蛮，军士染瘴毒而嗣后婴孩辈始患此症。顷者自去冬至今，春天行之为祸尤酷，往往十损六七，街啼巷泣之声迨遍比邻，予心悯之。适闻汉镇敦本堂有延师设局一举，以故舟行泊汉渚，与长沙煦生杨君声逾时，并得观《牛痘新书》一则，意甚欣然。窃维敦本堂延师设局，只能泽及汉镇南北两处，至鄂城，

①　（清）邱熺：《引种牛痘新书》，光绪十有四年（1888）京江刘氏重刊，金声堂珍藏本，第6页。
②　（清）邱熺：《引种牛痘新书》，第1页。
③　（清）邱熺：《牛痘要法》，见《白岳庵杂缀三种》光绪丁亥（1887）刻本，第1页。

虽都会区，恐难隔江拯恤，议欲与积善堂诸公，请过江以便施行，又恐人情少见多怪，且耳闻不如目睹，因与同事英庭周君恭酌，先将予二孙暨伊孙男一孙女一如法布苗，以为多士倡。果不旋踵而立效，不可谓非保赤金丹也。但自揣力量单微，难以专营，而此法又不堪终寝，兹特谨弁絮言付之剞劂，以公诸同志者，倘能并办协替，次第奉行。庶远近孩提稍长者，悉得以普渡慈航，脱苦海之奔涛，傃爱河而有游憩。"①从中可知，当时杨煦生也是将牛痘术传入湖北，由湖北的仁人绅士官员在湖北设局种痘，并刊刻《引痘略》推广牛痘术。

谭服思一脉，直接来自粤东邱熺，在湖南省城设局种痘，并且将牛痘术由湖南传之湖北、江南，影响深远，功劳甚巨也。

第三节　牛痘术由粤传入北方

天花在清初是困扰清皇室的一个重大问题，康熙时从江西诏名医朱纯嘏、陈添祥等入京接种人痘，人痘接种术开始在北方流行。不过这种流行，是局限于皇室贵族和官宦人家之中，民间进行接种的人数远不及南方之多。从乾隆后期开始到嘉庆、道光年间，天花盛行，殇亡累累，史不绝书。如嘉庆时的京官郭尚先说："婴儿所患莫如痘，北上高燥且寒，患尤甚。"道光年间，湖南善化人刘衡赴京参加科举考试，也有记载："余戊戌岁赴试礼闱，留寓京师南城外。是岁，天花遍行，城内外小儿因痘殇用牛车载埋者逐日枕藉，不忍目睹。"②嘉庆十年（1805），牛痘接种术已传入中国，最先在广东推广，通过广东传入湖南，然后再传入湖北、江南等地，而北方还未见牛痘术传入的踪迹。尽管范行准在《中国预防医学思想

①　（清）诸耀堂：《增补牛痘三要书序》，（上海）《万国公报》1875年第337期。
②　严世芸主编：《中国医籍考》第3卷，第4459页。

史》中提到"道光元年，有俄罗斯医生在京传种牛痘，俱免天花"[1]，这一说法，仅见于范说，也找不到其他文献佐证，姑且不论。陈垣说的"明年（1828年）香山曾望颜以牛痘种至京师……是为牛痘种传各省第二次"，这的确是牛痘术由广东传往北方的开始。从此，在京师、天津、河南、陕西等北方省份也有牛痘局设立，牛痘术得以推广至大江南北。

一、牛痘术入京师

最早把牛痘术传往京师的是广东香山人曾望颜。曾望颜（1790—1870），字瞻孔，号卓如，为孔子学生曾子后裔。原籍顺德，先祖昌恒公始迁移至香山石岐员峰乡。其父亲在乡中设馆授徒，曾望颜于馆内攻读，参加童生试，获第一名。嘉庆二十四年（1819）乡试己卯科，列第十七名。道光二年（1822）以壬午科殿试二甲第十名的成绩考中进士，选庶吉士，授翰林院编修。历任监察御史、刑部给事中、户部给事中、光禄寺少卿，道光帝以"望颜遇事敢言"给予褒勉，调太常寺少卿。道光十六年（1836）升任顺天府尹，再升福建布政使，护理福建巡抚，代办闽浙总督，调署四川总督。林则徐禁烟时，其奏请封关禁海，断绝一切中外贸易，被林则徐驳斥，同年调回福建继任福建布政使。道光二十三年（1843），自福建解职返乡，倡议并捐资重建香山铁城西山仁寿寺（今中山石岐西山寺）。除重建碑文及"西山第一峰"山门外，还为该寺题写楹联："山小岂无云出岫，台高还有树参天。"曾望颜早年在西山仁寿寺攻读诗书，入仕后，虽数经沉浮，终不改雄心，该楹联即为其明志之作。咸丰六年（1856）再被朝廷起用，转任陕西巡抚，以堵截太平军有功，咸丰九年（1859）署四川总督。次年遭奏劾，革职回籍。同治元年（1862）被重新起用，五年（1866）任内阁侍读学士，后以年老辞官归粤。善诗文，

① 范行准：《中国预防医学思想史》，第136页。

工书画。同治九年（1870）病故，享年81岁。

道光二年（1822）曾望颜考中进士，之后十余年在京城做官。他于道光八年（1828）在北京米市胡同南海会馆开设牛痘局，并且在京城重刊邱熺的《引痘略》，将在广东已推行的牛痘接种术传入京师。曾望颜在为重刊的《引痘略》所撰序文中详悉地记录了传牛痘术入京的历程：

牛痘之法，吾粤家有其书，人解其术，婴儿赖以安全者不可胜记。予来京师，见孩童伤于痘者十恒六七，心焉悯之。思与同仁酿金为经费，传牛痘来都。然路且七八千里，欲以人传人，携数十童子奔走道路，事固甚难。即欲随地传种，以次递进，而外省向所未闻，亦难必人心之信。因阅其书，有所谓传干苗法者，乃札至制军李鹿坪（笔者注：两广总督李鸿滨）先生，暨伍商云都转，属其如法取干苗，由驿而致。果于今春三月十有九日俱寄至。而商云所寄之簪浆云是西洋牛痘浆，最难得者。遂将小儿辈依法引种，次第传之于外，无不立效。嗟乎，此岂人力所能为哉！

天以好生为心，既生之，岂故以痘杀之，特阴阳之气不能无沴疠，先天之毒感焉，时医复不能善治之而夭者，遂若固然。今此法能数千里致之京师，意有默相之者，余拟于米市胡同南海会馆设一公局，使愿种者源源而来，俾其种相传于勿替，因将邱氏书详加校订而弁翻译《夷医原说》于前，以存其始，合而刻之，遍告于世仁人君子，能益广其传也，则幸甚幸甚！

道光八年戊子夏仲香山曾望颜识[①]

曾望颜的座师（嘉庆二十四年己卯科乡试）郭尚先对于弟子如此善

---

① 陈建华、曹淳亮主编：《广州大典》第44辑"子部医家类"第12册，第199页。

举也是褒奖有加，为《引痘略》重刊撰写序言："婴儿所患莫如痘，北上高燥且寒，患尤甚，于是恃神痘而亦不尽可恃。今有一法而能使十全，且能使儿不知有痘，儿之家亦若不知儿之有痘，则法之最上也。岁己卯（1819），余典广东乡试，闻牛痘说，疑之。谓痘也，顾若是易乎？既博询之而信，则又怪远夷能于九万里外传之中国，而粤人不能数千里传之都下也。牛痘始至时，邱布衣浩川首其传，及门曾卓如编修读邱氏书，知浆之干者，亦可种也。索诸粤，寄至。种于己子而验，则大喜，遍告其友有婴儿者，种而悉验，乃重刊邱氏书，议创一局，有愿来种者，悉为种之。冀其递续，以广以久。嗟乎！是举也，都下士大夫谋之久矣，虑道远不能致，虑地气异弗验，又虑人不信，传不可以久。多所虑，而事迄不就。卓如毅然为之，谁强以必为者。直以恻怛在念不忍婴儿之冤酷，而必思活之。不自意，其果验也。而竟以验此，知诚之所至，凡事无不可就。余愿卓如他日当大任，任事之勇，用爱之诚，皆若是举也。因书其帙曰种牛痘法传至都，自道光八年岁在戊子三月十有九日香山曾卓如编修始。"①

郭尚先的这段文字，提及京城士大夫筹谋牛痘术入京已久矣，但最终，"多所虑，而事迄不就"，此说不虚。在曾望颜传牛痘术入京的前一年，即道光七年（1827），在京城琉璃厂奎光斋有邱熺《引痘略》的翻刻，这即邱熺弟子陈碧山请陈用光题《引痘题咏》诗文中所言的"昔者朱阁学，刻意思济人"中的朱阁学所刊。朱阁学即朱方增，浙江海盐人，嘉庆六年（1801）进士，选庶吉士，授编修。道光四年（1824）大考第一，擢内阁学士。他曾于道光七年夏捐资翻刻《引痘略》，其撰序曰：

> 治杂病难，而治痘尤难，非痘果难治，特天下之业是科者罕能精其术，而小儿之夭亡者众也。且杂病未必人人患之，而痘则

---

① 陈建华、曹淳亮主编：《广州大典》第44辑"子部医家类"第12册，第203页。

鲜有能免者；杂病尚可缓以访医，而痘则生死克期于数日间。余官京师二十余年，每于通衢见经车累累然，日载数十婴孩之尸，询之皆伤于痘者，为之怵戚，久之既而思种痘之法，或可善全；而痘之因种而殇者亦复不少，生死固有定数，而人事亦不可无补救之。枏顷得邱君浩川种牛痘之法，其书颇详明，然犹虑其夸而诞也。复询之，龙莘田中兄张翰山编修两太史皆籍广东，其子女悉种牛痘，之越十余年皆无恙。即阮元台师督两广时，曾招玉君中种之，此阮小云农部所言俱足信也。余不幸两子皆殇于痘，一女复以种痘而殇，因见种牛痘之法百无一失，窃责天下之婴孩或可藉以保全之，而特念此书流布甚少，乃复付梓以广其传。惟牛痘者若何取用？书中不言，访之钱金粟学士，则云牛痘皆生于股色青而甚稀，用之以前股为宜，金粟曾亲试之，因附识颠末于简端。①

朱方增有鉴于天花在京城的流行和危害，尤其亲历了自己子女殇于痘症或因接种人痘而亡的痛苦，在京城为官时听说邱熺传播牛痘之法，欣喜却又充满疑虑。为谨慎起见，反复咨询求证，如求证来自广州府顺德县的龙元任〔字仰衡，号莘田，嘉庆丁丑（1817）进士，翰林院编修，官至山西学政〕和来自琼州府的张岳崧〔字子骏，又字翰山，嘉庆己巳（1809）殿试一甲第三名进士〕，以及阮元儿子阮小云，他们都是牛痘接种的受惠者，终于打消顾虑且笃信之，还捐资刊刻邱熺的牛痘书以广其传。可是《引痘略》在京城的刊刻，也未能将牛痘之法引进京师，因此亦足见曾望颜成功传牛痘术入京的非凡意义和艰辛曲折。

通过曾望颜和郭尚先两人的文字记载，可以推知曾望颜为牛痘术传

① （清）邱熺：《引痘略》之《朱方增序》，道光丁亥年（1827）琉璃厂奎光斋版，第1—3页。

入京师，的确是克服层层困难。首先是痘苗的问题。当时干苗保存技术不发达，有效期限短，仅两三日，而且干苗效果不及新鲜痘浆。但是这一次传牛痘术入京，有数千里的路程，而以干苗寄至京城且获得成功，的确殊为不易。前文多有记载，因路程遥远导致痘苗失效、传种不成功的案例。而曾望颜这一次将痘苗传入京师获得成功，除了有总督大人和伍商云都转的大力支持，更重要的是得到了质量上乘的西洋牛痘浆。其次是人未之信的问题。为打消人们的疑虑，曾望颜最先是让自己的儿子接种试验，接种顺利且成功，于是大喜，再在京师推广。最后是经费的问题。在南海会馆设痘局、购买痘浆、重刊书籍，都需要经费开支，当时为人接种也是如同广州的洋行牛痘局一样，免费为人施种。而这些费用来源详情，已无从考索，但从上述文献中推知应是由曾望颜出面在同乡同仁中筹集经费。所以，其师称赞其"任事之勇"和"用爱之诚"。

郭尚先（1785—1832），字元开，号兰石，福建莆田人。嘉庆十四年（1809）进士，历任乡试考官、国史馆纂修、文渊阁校理、四川学政、左赞善、光禄寺卿。道光十二年（1832）春，诏授大理寺卿、礼部右侍郎，专司学政吏考之事。郭尚先一生博学多艺，著述甚丰。他工书法，"本学欧阳，后兼颜、褚"，以致当时朝鲜、日本诸国人争相以重金求购其墨宝。他又善绘画，山水之外，尤擅兰石；其篆刻则古朴浑厚，法度精严，被誉为"深入汉人之室"。他著述丰赡，除《芳坚馆印存》二卷行世外，还有《进奉文》《经筵讲义》《增默庵文集》《增默庵诗集》《芳坚馆题跋》《使蜀日记》等。

曾望颜在京城南海会馆设立种痘公局，制定了《京都种痘公局条约》，有严格的规章制度，如下：

　　一 议在米市胡同南海会馆开设种痘公局一所，按期先行标贴门首，凡有婴孩愿种者，至期到局引种，此局原为保婴而设。议送膏火，不另索谢。

一　议定管理数人，按期轮班到局与人引种，风雨不改。至期，局中预备茶水、点心或早饭等项，由公费开销。

一　局中每届夏月，搭凉棚一座，冬月设暖房二间，俾袒臂孩子，免受寒暑，其费由公项开销。

一　议刊印方书广为传布，多备种痘小刀，以便来学习者领取，由公费开销。

一　种痘之法人人可学，处处可传。有愿学者按期到局，以便指点部位、用刀之法，局中送书一本，刀一把。

一　旧例来种痘孩子，备红封大钱壹佰，送给传浆之儿，为买花喜金。

一　种痘有初次种不出，须补种二三次始出，且有出假痘者。凡现种孩子，无论出与不出，须按期抱回局中看过真假，未出者，即为补种；已出者，即将好浆分种与人，其传浆与人者，照例收受喜金外，局中另酌送果金若干。

一　孩子或有太稚，不能到局，欲请往局外引种者，须先期到局说明，以便定期携浆往种。

一　议请慎重者二人，在局专司引种之事，每月由公费送给膏火若干。

一　每期所种孩子某，取某浆，种几颗，出几颗，设一册档登记。

一　所有捐题公费，立一总册登记，其银两汇交妥当银号生息，每岁由管局者收支，年终核算一次。

一　凡乐助经费者，请书衔名，以备汇列题名册，俾垂永久。

一　议请殷实妥当者数人，轮流管理公费数目各项事宜，每年收支若干，种孩子若干，刊告各处。

一　局中长班伺候，由公费每月给京钱一千文。

一　议出贴于外，曰："凡见小牛乳旁出痘，祈即送信至城南信府河救生总局，自有人来取浆传种，与牛毫无伤损。俟报信取

浆之后，酬谢育牛家钱二千文，谢报信人钱五百文。其钱由公费
发给。"①

这是笔者发现的最早的《痘局公约》，对痘局的设立、管理制度、种
痘的具体详情（如奖励办法、回访、补种、取浆、登记等）、筹集经费的
管理、工作人员的薪水、提供疫苗信息的奖励等都有明确的规定，尤其是还
免费赠送重刊的《引痘略》以及种痘工具，这些周全考虑和细致安排，对牛
痘新法的传播起到了积极的作用，道光乃至同治、光绪时期都常被人提及。

尹作翰在道光十一年（1831）《引痘略·序》中说："己丑（1829）
客都门，又见粤之宦于京者，以此为济世之举，同乡友人携幼以叩门者接
踵。余幼子尊德，年方再周，未种痘。正拟假归，絜（携）以游粤为就医
计。"即指曾望颜在南海会馆设痘局之事。唐方煦也有相似记载："往
余在京师，见《引痘新书》所载引泄诸说，与世所行吹鼻法迥异，心窃
疑焉。随见士大夫家，出痘率用此法，因嘱业是术者至宅中，按其部位
种之。时都下天行骤发，害最烈，点痘之家，卒无患，而余向之疑者始
信。"同治时期王惇甫重刊《引痘略·序》中也提及："闻香山曾卓如制
军设局京都广东会馆，其道盛行。"于是他也传牛痘术入湖北、江南。李
新田则在光绪年间《重刊引种牛痘方书序》中说："道光八年，香山曾卓
如太史设局京师，分传各省依法引种，保全婴命无算。"②由此可见，道光
八年（1828）曾望颜传牛痘术入京之善举，效果甚佳，影响深远。

由上可知，曾望颜传牛痘术入京，前来接种者人数众多，"携幼以叩
门者接踵"。遗憾的是，牛痘接种却在京城一度中断，原因和时间都不得
而知。不过，在道光二十年（1840）前后，又有一批粤籍人士共同努力，

---

① 范行准：《中国预防医学思想史》，第162—163页。
② （清）邱熺辑，（清）熊乙燃增：《引种牛痘纪要》，光绪三十年（1904）山东广仁局
刻本，第7页。

再传牛痘术入京师。

再次传牛痘术入京，参看第三章行商潘仕成邀请邱熺长子邱昶入京种痘之记载。邱昶当时因父亲年老体衰，不能远行，遵父命，携带干痘苗赴京，在京城种痘公局为人施种牛痘历十月有余，获赞美声一片。这次牛痘术再次北传入京，除了行商潘仕成和邱昶的贡献之外，还有两位粤籍官员积极投身其中，接续努力，他们就是廖甡和骆秉章。

廖甡（1788—1870），字鹿侪，南海（今广东佛山禅城南庄镇龙津村）人。清嘉庆二十一年（1816）乡试举人。嘉庆会试联捷中三甲第49名进士，授工部虞衡司主事，后迁工部营缮司员外郎、都水司郎中。在工部任职多年，以京察一等记名以道府用，道光十八年（1838）授四川夔州知府。道光二十年（1840）母丧守制辞归。服阕后，授河南汝宁府知府，署南汝光兵备道员。他出生寒微，为人低调，《南海县志》为他作传，说他"官京官十余年，迹同大隐，而利人济物无刻去于心，自西人牛痘入中国，经种者，痘症盛行，不复再出，万一再出，毒亦甚微，可不药而愈。然粤东遍行其法，外省尚未周知，甡托湖北布政使张岳崧专弁寄牛痘种至都，复筹资为种痘人车马饭食费，借南海会馆作公所，届期京城大人小孩毕集，挨次传种，其保全稚弱为多。粤省赴公车者广人十之七，郡会馆狭不能容，别租住房又艰旅费，甡与邑人布政使吴荣光先捐廉为倡，由是通邑绅富踊跃捐题，凑万余金购大宅于米市胡同，后邑之赴试、谒选及经商者客至如归，顿忘宦海征途之苦。又于东直门外购置义园，俾同乡旅榇有归，游魂无馁，其桑梓情殷多类此"。[①]

当时在京城做官的南海人廖甡，热心公益事业，写信动员同乡盐商之子吴荣光捐资建南海会馆。吴荣光在其文中也曾提及南海会馆一事："道光癸未（1823），余陈臬浙江，同里廖水部甡手贻一缄曰，南海议建

---

① （清）郑梦玉等修，梁绍献等纂：同治《南海县志》卷13《列传》，同治十一年（1872）刻本，第33页。

会馆，甡寒士也，倡捐百金，同人踊跃襄助，已得千金有奇，余喜前志之竟成也，亟分养廉五百金复之。"①吴荣光出身于南海巨富之家，时任浙江布政使，从上文可知倡率的人是出生寒微的廖甡，因吴荣光更有钱、更有面子，廖甡先发动了吴荣光来增加号召力。后来总共筹得一万三千多两白银，买下宣武门外米市胡同工部尚书董邦达的府第，改造为"南海会馆"，因为院内有七棵树，故称"七树堂"。剩下款项购买了数间店铺，以租金作为馆中运营经费。粤籍官员两次将牛痘术传入京师，都建种痘公局于南海会馆。

《南海县志》还提及，廖甡与"花县骆文忠公素莫逆，又儿女姻亲"。骆文忠公即骆秉章（1793—1867），原名俊，37岁时改名秉章，字龠门，号儒斋，广东广州府花县华岭村（今广州市花都区炭步镇华岭村）人。道光十二年（1832）进士，充翰林院庶吉士，授编修，掌撰记。后历任侍讲学士、御史、湖北按察使、湖南巡抚、四川总督、协办大学士等职。骆秉章出自寒门，28岁考取举人，39岁考取进士，57岁出任封疆大吏，与曾国藩、胡林翼、左宗棠、彭玉麟、曾国荃、沈葆桢、李鸿章并称"晚清中兴八大名臣"。他与乾隆朝的庄有恭（番禺人）、光绪朝的戴鸿慈（南海人）均官至协办大学士，是有清一代粤省官职最高的三人之一，是晚清杰出的政治家、军事家、战略家和书法家，湘军的统帅之一，死后获赠谥号"文忠"。

骆秉章同样热心公益，在为京城人施种牛痘一事上，廖甡是首任牛痘局局长，骆秉章是继任牛痘局局长。大盐商潘仕成保留了骆秉章写给他的一封书信："前二兄大人在都与同乡诸公，倡种牛痘之局，此真功德无量，鹿侪先生临行时，将局事交弟管理，去年曾向湖北取浆接种。现同乡学操刀者甚多，前所留之洋刀，业已用完。在都定做者皆不合用。兹付来

---

① （清）吴荣光：《石云山人文集》卷3《新建京师广东南海县会馆碑记》，清刻本，第5页。

京纹六两，祈代购种痘洋刀十余把，差使付到，俾得应手。明知琐事甚费清神，然推足下乐善之心，必不以为烦也。"① 这是当时在京城的骆秉章寄给潘仕成的一封信，潘仕成将之拓刻于海山仙馆。从书信内容看，"二兄大人"是指倡种牛痘局的发起人之一的潘仕成，另一位是负责日常管理的"局长"、同为发起人的鹿侪（廖牲）先生。道光十八年（1838），廖牲外放四川夔州知府，便将京城南海会馆牛痘局事务交给好友兼儿女亲家（骆秉章的女儿嫁给廖牲的长子）骆秉章。骆秉章接手牛痘局之后，继续执行《京都种痘公局条约》的规定，免费为民众赠送牛痘接种的工具，先前廖牲留下的洋刀已用完，在京城定制的小刀质量不及洋刀，所以邮书并汇款给潘仕成，托其在广州代购洋刀并寄至京城。

上述文献中还有一个背后的人物张岳崧，也为这次牛痘术再传入京作出贡献，即从湖北邮寄痘苗至京。张岳崧（1773—1842），字子骏，又字翰山、瀚山，号觉庵、指山。广东省琼州府定安县腰高林（今海南省定安县龙湖镇高林村）人。自小聪明好学，清嘉庆十四年（1809）恩科探花，历任翰林院编修、陕甘学政、湖北布政使、湖北护理巡抚等职。与林则徐交谊极深，曾积极支持和协助林则徐严禁鸦片。他博学多才，特别擅于书画，是清代著名的书画家。有《筠心堂文集》《筠心堂诗集》等著述传世，逝后入祀郡邑乡贤祠。同时，他是西洋牛痘新法的拥趸，于道光十四年至十八年（1834—1838）任湖北布政使，在湖北积极支持牛痘术推广工作，所以有邮寄干痘苗至京城南海会馆牛痘局的救急之举。而且他曾作《牛痘词赠邱浩川》两首：

其一

灵枢何处觅神方，滋护奇苗试玉浆。

---

① 广州市荔湾区文化局、广州美术馆编：《海山仙馆名园拾萃》，广州：花城出版社，1999年，第107页。

参得西来真解脱，却令夭扎济慈航。

其二

文犀一点灵妙通，物性从教悟化工。

为问阴阳均相业，生全奚止卜黄童。①

可见，张岳崧认为牛痘新法传入中国，使中国儿童摆脱了天花的荼毒，因此极力称赞牛痘术存活儿童的功劳。

道光后期，经潘仕成、邱昶、廖甡、骆秉章、张岳崧等粤籍人士的共同努力，牛痘术再传京师，终获成功。不仅出现了骆秉章说的"现同乡学操刀者甚多"，使京师不再出现牛痘苗中断的现象，而且使牛痘接种术由京师传往北方各地，河南、天津皆有种痘公局设立，陕西也派人前来京师学牛痘新法。

道光戊申（1848）客花草堂重刻的《引痘略》中收有一篇时任陕西布政使的崇伦所写的《序》：

> 古医家论痘之为症，由于人禀先天血气之毒热，感触寒暑不正之时气，内外相激，自然而发，谓之天花。治法甚详，而其症险而多变，稍有不慎，差之毫厘，谬以千里。后世湘楚之间，始有吹痂种痘之法，时其起居以为先事之防，谨其服饵以收补助之效，行之有济而习者不多。近时复有种牛痘者，相秉赋之壮弱，占时令之攸宜，以所收完善之浆，点入两臂之内，无所避忌，起发收回，计日藏功，百无一失。其法来自外洋，较楚传尤为简易。
>
> 昔年有邓姓者，曾得其术试行于秦，未尝无效，而其人师心

---

① （清）邱熺：《引痘题咏》卷3，第24页。

自用，杂投药物，欲以贾利，致使良法不获成功。秦人遂哗然，谓种痘适以戕身，麾而去之，无复信行。自予来巡此邦，数年中耳闻民间婴孩以天花而不育者，岁不计数，恻然悯焉。因思种牛痘之法，京师行之已二十年，功效甚著，推行益广。往年陈伟堂协揆曾以其书传之莱潍，保全无算。燕、齐、关、陕地土、气候、饮食不甚悬殊，未有宜于彼而不宜于此者，讵可因邓医之逞意挟私而并废良工妙术，坐视夭折不为挽回之耶！爰邮书远近，百方购求，始得是书善本，寿之枣梨，布之通省。而有治法，尤贵有治人。现在都中行善普种，其门如市，未必肯轻于去就。予拟延访通人，俾使往京师肄习其技，乞浆来秦，设立官局，广为种治。庶以人事上代天工，使凡有赤子咸得遂生之乐，永免痘疡之灾，实为快美！

此时从师求艺，费用虽多，予所不靳。将来设局引种，久远之资尚须广集，并因陕省之大，向无育婴堂收养遗弃孩童，亦拟一并创立，更觉保全益广，惟此两项经费独立难成，尚望普惠阴功，庶得众擎易举，想仁人君子幼幼为心，必有乐为之助者行见，由省而及郡邑，自城而达四乡，举此林林总总，咸登仁寿之域，岂不猗舆，是为序。

道光二十八年戊申仲春下浣长白崇伦识①

崇伦（1792—1854），清满洲正黄旗人，喜塔腊氏，历官云南按察使、广东布政使、陕西布政使。在道光末期出任陕西布政使，耳闻民间殇于天花的婴孩不计其数，痛感于此，拟派人前往京师学习牛痘接种术，并传浆来陕西，以救婴孩免于天花之祸。他文中所说的"现在都中行善普

---

① 陈建华、曹淳亮主编：《广州大典》第44辑"子部医家类"第12册，第197—198页。

种，其门若市"，也是对道光后期粤籍人士再传牛痘术入京师获得成功的一种佐证。

二、河南牛痘局

河南地处中原腹地，是中国古代文明发祥地之一，自古以来人口稠密，处于南北东西交通要道。宋代以来，天花在中国流行，河南是重灾区。19世纪初，牛痘术由西洋传入中国，道光年间再由粤传入京师。牛痘术北传的流风所及，也惠泽于河南。

同治六年（1867），满族人绍諴（马佳氏），字葛民，别号云龙，满洲镶黄旗人，曾任河南按察使、安徽布政使、山西布政使等职，由京城外放河南按察使。他属于满族中的开明派，据其自述，他在京城时就积极参与牛痘术的传播工作，并行之有年。到达河南，也将牛痘接种的惠政推行至中原之地。他主要做了两方面的工作：一是重刊邱熺《引痘略》，以广其传；二是在河南建立滋德堂牛痘公局，订立条规，推行牛痘新法。

据当时绍諴为重刊《引痘略》所撰写的序，可以大致了解他在京城和河南推行牛痘新法的经过：

> 痘症为先天胎毒所蕴，发自骨内，与痧麻斑疹得自外感者不同，实小儿生死一大光煞也。自牛痘之法得传，而夭于是症者，遂百不一遇。其法至简易，其理至明切，卫婴之要，蔑以加兹。余在都供职之余，尝于梓橦庙立局施种，行之有年。同治六年，来官大梁，访知省垣旧有牛痘局，年久将废，乃与稽心一、林至山诸君酌定条规，别设一局，择三四乐善君子专司其事，仿照京师成法，每岁施种数千人，其经费一切系倡同南岸三厅捐廉所办，嗣以岁岁劝捐，终非长策。复详明河、抚两院于各厅领款内，额提若干归局，永为定章。七年以来，点种贫家儿女以数万计，民咸称便。以省会之大，经费有赀，法在人，存档可垂久，

惟省外郡县未尽通行，夫人之欲善谁不如我，仁民福幼，当不乏创办之人，特恐未得良规，难于经理，用将《引痘新书》及本局历办条款合刻成本，广布四方，务望后之君子乐善施仁，广行仿办，种无量之福，德溥实惠于黔黎，是则诚之所厚望者也。①

这是绍諴在同治十三年（1874）调升安徽布政使离开河南时，为重刊《引痘略》所作的序言。从上引文字中，可知在道光后期粤籍人士再传牛痘术入京师后，牛痘术在京城一直流传，绍諴也曾在京城供职之余，于梓橦庙（也称文昌帝君庙，位于今北京东城区帽儿胡同）设牛痘局为人施种牛痘。及外放至河南，继续设置牛痘公局，推行西洋新法。绍諴提及"省垣旧有牛痘局，年久将废"，因资料所限，无从考证，据笔者所分析，应该也是道光中后期才有。

绍諴率先垂范，倡导同仁们捐廉创办牛痘公局于省城开封东司门金龙四大王庙，痘局名曰"河南滋德堂"。为使痘局垂之久远，经费捐助规范化，由河道和按察署在公帑内提取定额用于牛痘局的运营经费。并且仿照京师成法，制定非常详明的《河南滋德堂施种牛痘局内外章程条约》，包括《外章程十条》和《内章程十四条》。兹录如下：

外章程十条

一 省城之有滋德堂牛痘局，为长白绍葛民方伯所创始。方伯于同治七年观察河篆时，集同人捐廉设局于东司门之金龙四大王庙，一定条规历经举办，数年来收效殊多，自此广远流传，遵而行之，其福为无艾焉。

一 施种牛痘，无论城乡士民之子女，须先到局领票，报明住

---

① （清）邱熺（浩川）撰：《引痘秘书》，光绪二年（1876）丙子皖省痘局刻本，第10页。

处、姓名、男女、年岁，随时填票付给，临期赴局点种，不费分文。倘有蒙混取利，许外人指明告局，无得姑容。本局亦有专司稽察之员，或经查出，定当惩责，决不轻恕。

一 婴孩生不及百日者，无得妄点贻误。其有五六个月以上者，方可点种。至已经领票或传点时，遇有风寒、发热、咳嗽、痰火、泄泻等症，当令缴票销号，俟其病好再点，以昭慎重。

一 牛痘借苗，向有果金，盖指借苗皆贫民之妇，无非为沾润起见。本局施种概行捐办，因设苗头老妇二名，专管养苗，至期，带领来局听候验收。凡每期各招小孩六名，两共十二名。开点先种。下次养苗，以备用之不竭。

一 取用之苗，每点一名，随给印烙小签一支，以记其数，看其苗之足与不足，点十人或八人之后，即令另调新苗用之，统俟点种完竣，收签发钱定数。每小签一支，由局给制钱五十文，以归划一。

一 凡二三月间开局，清早点种，天气尚寒，未便令其赤身受冷。本局备有红布棉小坎肩数十件，即由苗头领给，轮替换穿，穿毕，随时缴回，不得短少。

一 点期无论男女持票来局，不计票上号数，只按先来后到挨次点之，以昭公允。凡到来，先将前票呈验，当给号签，听候传点，不得拥挤争先。如有不遵条规，恃强滋闹，定即扣票逐出，勿得自误。

一 本局养苗及招来之苗，先后到局。苗头检查数目，报明验收。司事者择其可用者留之，随发红旗一面，令其坐候开点，用时仍将红旗收回，如验有不能点者，无须给旗，所以区别而免蒙混。

一 凡来局带浆妇人，多系穷苦无依者，不得已而为之，情殊可悯。本局严定条规，不准人需索，倘有恃强讹诈，分润浆钱，准其扭禀本局，立即严究，责令加倍罚偿。

一　凡已点者，稍候凝结，可以抱回，当给补气提浆药料一剂，牛痘说单一纸，嘱令照单忌口。下期如愿来局放毒，仍由痘师随时看视，以期始终尽善。[①]

　　以上"十条外章程"主要是针对前来接种者及痘苗的使用等作了详尽的规定，如规定种痘的顺序，先去痘局登记姓名、住址、年岁等详情，领取票证，然后在规定时间携带婴孩前来痘局施种，按照先来后到的顺序接种，以保证公正有序；规定开种时间是每年二三月间，对于接种婴孩有年龄的规定，不能低于五六个月，并且必须是在身体状态比较良好的情况下才能接种；为保痘苗的新鲜有效，明确规定一支痘苗点种十人或八人后，就要更换新苗；尤其特设"苗头"二名，专门为寻找痘苗而设，对于提供的痘苗也有严格的审查制度。而且非常贴心地准备有小坎肩为婴孩保暖，可见慎重对待接种事宜；也延续各地痘局的做法，不仅免费接种，还奖励果金给提供痘苗的婴孩。

内章程十四条

　　一　在局分任各事，须知创始之难，务必整饬安详，守约施博，遇事格外慎密，以上副方伯保赤之至意。点种之日，一齐到局。此外分班住宿，随时照料，始终如一，不得懈怠。

　　一　《牛痘书》云第一先在养苗。此言最为要诀。没有短缺，别无可代，本局自立苗头，始有专责，可期绵绵接济。每期先点养苗，三日后令苗头前去挨户查看，是否发动；六日后，再令往看。届期能全数可用否，送局验收，多多益善。

　　一　每期有乡民携抱小孩远道而来，其不知局定条规，先期领

---

① 范行准：《中国预防医学思想史》，第163—164页。

票，届期验点。但闻不费钱文，贸然来局。若照定章办理，其守候一日，必有为难，是行惠而惠仍有所不济矣；姑念乡氓无知，从权酌给号签，一律传点，点完后遣役清查一次。如有前项未点者，给签再点，以广实惠。

一 验收签票须记明号数，盖印某人经点，以备稽查。其兼管苗签，由司点者随时取用，随笔记数，统俟点竣，核与所发数目号签相符，则无遗漏矣！

一 痘局经费定章，向由河道库禀请批发，每年于三月间开局，即具领请，发头批经费银叁百两，四月中发二批银叁百两。除种痘支用外，余项尽数配制暑药施送，以期涓滴归公，不得耗费。所有支发各项按月报销，河道宪台。至六月初停止，再行汇总报销，以备查考。

一 痘师每年修银八十两，按三、四、五三个月付清，不得预支。总办向无薪水，其余司事人员，向章四分，前河道成方伯以种痘人数较多，乏人照料，添委二员，仍按三个月，每员每月准支津贴银八两，不得预先借支。

一 局中添用苗头二名，专管养苗。招来上柜，递进各事，每名每月给公食钱三千文，届期带苗到局，另给饭食钱壹百文，以示恩恤。其把门传号听差四名，每日发给饭食钱八十文，仍按五日一领。

一 痘师逢期在局，遇有衙署公馆，邀请点种，准其午后带苗出门，寻常间日，听其自便。

一 局中执事，各有专司管账一员，帮同点种三员，验票印到发给签号一员，收票签销号兼管苗签一员。至平常填票给付及缮写各事，在局同人，无分彼此，共襄善举。

一 局中司事痘师伙食，每日准用钱一千六百文。煤、米饭、菜、茶水、油烛，上下人等点心，均在内，不得额外靡费。期点种同人齐集，另添早饭一桌，定价四百文。

一 局中自置家具、铺垫、字画、瓷器一切应用之物，每届六月停止后，或寄存何处，开单交明，下年开局时取用，照局存簿、记数目，逐一检点验收，不得私自通融借用，致有损坏短少。

一 议定招条出贴于外，凡见小牛乳旁出痘，其色如蓝疱者，即牛痘是也。送信至局，酬谢制钱五百文，本局自有人同往取浆引种人臂，与牛毫无伤损，酬谢育牛之家，制钱贰千文。每年于二月中先行出条发贴五门城外，以告知者。此牛痘苗之所由来也。

一 每年除施种牛痘外，约计局中经费酌配暑药，留局施送。查向章于五月初五日午时焚香祝告，虔设合配，其药料不拘价值，只须真正道地，先经各同事过目拣选，然后监视研末成丸，盖为善事，各尽其心而已。停止点种后，公举年老可靠稍知医理者，管施暑药，月送火（伙）食钱六千文，又听差一名，月经工食钱三千文，至七月底止，历年照办如此。

一 自同治七年起，迄今七年之久，随时随事，实力同心，悉筹妥善，乃能弊窦剔除，渐收实效；于保赤诚求之道，良有所裨。现在定章周匝，一事不可挪移，一条不可废弃，务当恪守旧规，以垂久远。[1]

以上"十四条内章程"主要是针对牛痘局内部管理而言，详尽明细周全。如对于牛痘局经费的管理有严格的制度规则，包括拨款时间、拨款金额、汇总报销程序等；规定牛痘局一般每年开设三个月，即三、四、五月；规定痘师的管理办法以及薪水；公局其他工作人员的设置人数、职责、待遇；公局的伙食费和公共财产等。另外还有发贴广告，有奖寻获牛

① 范行准：《中国预防医学思想史》，第165—166页。

痘苗信息，对提供信息人员和养牛之家皆有奖励；并且在种痘以后，配置消暑药丸免费发送，持续至七月。

通过"河南滋德堂牛痘公局条约"可以窥见"京都种痘公局"的影子，但是河南牛痘局的规定更为全面详尽。绍諴与同仁们举办的这个痘局，不仅规模宏大，也持续七年之久，"七年来，点种贫民家儿女数以万计，民咸称便"，乃实情也。同治十三年（1874），绍諴升任安徽布政使，又在安徽任上继续推行牛痘免费接种的善举。

三、牛痘术传直隶

明清时期设置直隶省（1928年改称河北省），环京师，临近京城。西洋牛痘新法于道光时期传入京城，毗邻之地的直隶天津府，也几乎于此同时出现了牛痘局。当时天津的牛痘局取名"保赤堂牛痘公局"，在《津门杂记》中有记载："保赤堂牛痘公局。在城内鼓楼南，为华绅士创立，经费由盐商捐助。每年春月引种，至夏月天气炎热，暂行停止。其种法美善，百无一失。凡求种者，但到局挂号，给以票据，预定时日，至期风雨不改。持票为凭，携儿挨号种讫，并与以《痘后宜忌章程》一纸，分文不取。全活幼童无算，此诚保赤者一片婆心也。"①这是当时天津牛痘公局的一个简短版的"痘局公约"，与京城的痘局大致相仿，地址设于天津城内鼓楼南边。道光初年传牛痘术入京的广东香山人曾望颜也有文字记述了天津"保赤堂牛痘公局"：

> 牛痘之局，俞君子安既于京师衍为"庆仁堂"，又传其苗于津门，得华君义堂倡为"保赤局"，请于前侯谢忠愍公，遍为示谕，将见畿辅婴孩，也登仁寿之域，继此以往，仁政之被，正无

① （清）张焘撰，丁绵孙、王黎雅点校：《津门杂记》，天津：天津古籍出版社，1986年，第54页。

涯也。子曰："德不孤，必有邻。"不信然钦！①

由曾望颜的文字中，可知当时天津的"保赤堂牛痘公局"是由在京师开设"庆仁堂"的痘师俞子安主持，创办者为当地绅士华义堂，得到地方官员谢子澄的支持。谢忠愍公，名谢子澄，字云航，四川新都人。道光十二年（1832）举人，咸丰初官天津知县。太平天国的北伐军至天津时，他集合官绅挫败太平军前哨于天津西郊，名声大噪。后太平军据静海、独流，谢子澄奉檄率兵与太平军交战，战死于独流镇，谥忠愍。

对于牛痘术由京师传往天津之事，曾望颜深感欣慰，赞叹"德不孤，必有邻"。其实，随着京师、天津开设牛痘公局，整个直隶地区到处都有痘局的设置。光绪十一年（1885），保定府新城三清宫十善堂刊刻由武荣纶和董玉山合编的《牛痘新书》一卷，是在邱熺《引痘略》基础上的增补，其中增加四篇《序言》，对于直隶省牛痘术传播情况有大量记载。

武荣纶序曰：庚午（1870），余随家大人设局施种牛痘于兹十有五载。集远近之乡，睹婴孩之众，虽孩儿强弱不同，痘毒浅深各异，然视小儿之当种与不当种，并痘前、痘后诸杂症，朝夕寻玩，得以洞悉其旨。故一试种间，卒未见一失者，是岂有异闻乎？抑所历者多，所传者真耳。洎乎岁至壬午（1882），家大人复役数局施种，恐仅于世弟赵莲溪与余家兄侄辈不敷局用；且恐余专务于此，荒废举业，因本己之心得者，著有《引痘臆解》，存于家塾，以资便览，以成后学。适余有世弟董秀峰者，世绍岐黄，彼家亦精此业。因房荐未售，过访余家，见痘书而善之，并述其先人新甫公亦著《牛痘新编》，颇与此义相符，遂欲

① （清）吴惠元修：《续天津县志》，同治九年（1870）刻本，第56页。

合为一卷，于后学更有裨益也。适遇新城三清宫十善堂总理痘局，莘农韩、汉臣刘公与诸位大人，悯小儿天花之厄久已，青、静、大、沧四县设局施种。及甲申（1884）春，又于山海关一带设局，邀余等董司其事。不数月，而获种者不下数千，皆安然无恙。故韩、刘二公称为尽善尽美，欲将痘书付梓，以广其传，永垂久远。余不敏，未敢自专，归而请于家大人，家大人曰：吾等所著之书仅以示尔后人者也，何堪以问世？然诸位大人既怀保赤之心，亦不得存吝惜之意，如果付梓，汝与董秀峰同往新城，再加细参，详为绘图指示，使阅者易知易行，愈传愈广，俾各处小儿永无痘关之患，庶不负诸位大人保赤之仁心，跻小儿于仁寿矣！工竣，谨记其颠末于右。会川武荣纶向之氏谨序。①

武荣纶，字向之，直隶会川（今属河北青县）人。从咸丰年间便开始跟随其父亲在家乡为人接种牛痘，历时15年之久，后来也成为痘师，为人施种，无一失败。于是，武荣纶在积累了比较丰富的牛痘接种经验基础上，著有《引痘臆解》。后与他家世交即通州痘医的董秀峰先人所撰的《牛痘新编》合刊为《牛痘新书》。武荣纶的文字中，还流露了大量当时直隶牛痘术传播的情况，不仅痘局遍布，如会川、青县、静海、沧州、大兴、山海关等都有痘局之设，而且痘局接种繁忙，他家父兄数人都不敷应对，足见牛痘术在北方传播之广泛。

董玉山序略曰：闻韩老莘农与刘公汉臣、周公吉臣之初馆新城也，即殷殷以行善为念，舍药施馆，恩周疾苦，冬则放粮而穷民优恤，春则种痘而赤子咸安。山庄敝邑已心慕焉久矣，时恨

---

① 严世芸主编：《中国医籍通考》第3卷，第4493—4494页。

无缘而一睹其盛焉。至光绪甲申冬，韩、刘二公欲广牛痘之传，因我武虞廷世伯与莲溪赵如兄邀山编次痘书。山虽不胜其任，然实天假之缘，俾我获登于善域也。遂同向之武世兄同到新城，得觇圣宇之巍峨，复接丹坛之跄济，其间如子寿李公、拙斋周公、遇春蒋公、云峰宋公，与叶树森、韦锦城诸公者，皆深通医理，洵非后学所能及者也。山注痘书于斯，益恐学浅才疏，未必理明而词达，不惟无光于汗简，反致贻笑于方家，然亦有不敢辞其责者。于是与向之兄采牛痘之源流，补诸家之遗漏，先经立传，设或问而辨难解疑，原始要终，本家传而删繁就简，山能妄为传述哉？时光绪十年（1884）岁次甲申十一月下浣，通州后学生秀峰氏董玉山谨序于海下新城集仁堂公廨。[1]

董玉山，字秀峰，直隶通州人，出自痘医之家，习牛痘术。他从通州前往新城痘局，和武荣纶一起校对合编《牛痘新书》。从他的描述中，可见当时新城牛痘局的盛况，痘医有李子寿、周拙斋、蒋遇春、宋云峰、叶树森、韦锦城等多人。

　　武乃赓序略曰：昔余因婴儿多厄于天痘，乃留意于引痘诸篇，研究考验，似于牛痘之传稍得奥旨，爰令胞侄恩纶、小儿荣纶、国纶，与世侄赵莲溪，在本镇义学设立仁善堂施种牛痘。余友人邓清鉴、阎雨高复设局于天津，迄今十有余年，种牛痘婴儿各保无恙。于焉善兴善合，遂蒙孚佑帝君，将新城总局、集仁堂、咸水沽分局集贤堂，命为三堂合一。集仁堂痘局，则韩公莘农、刘公汉臣委之，集贤堂痘局则周利锋、阎思显同李清源三人

---

①　严世芸主编：《中国医籍通考》第3卷，第4494页。

董之。而韩、刘二公尤为乐善不倦者，时谓种痘于人，保全固多，若传述于人，保全愈广。特痘书坊刻虽多，惟于经络穴脉，考核不精，恐致将来之贻害。余等乃邀通州董秀峰先生来新，细加较证，汇撰成书付梓，庶可与世之同好者愈传愈广，则独善之举，未始不可公善于天下也，爰赘数行，以述颠末。光绪十年（1884）岁除月上浣，同一居士武乃赓谨序。①

武乃赓，字虞廷，武荣纶的父亲，直隶一带传播牛痘术的资深痘医。他早年因子女多因天花而殇，开始留意邱熺的《引痘略》，得其奥旨，在其家乡义学设立仁善堂，开始为人接种牛痘，而且将自家侄儿、两个儿子以及世交好友的儿子赵莲溪都培养成为痘医，在保定府新城一带广泛施种牛痘。

韩莘农序曰：善期实济，法贵精良。此事理之宜然，亦古今之共论也。新城十善堂者，端赖诸同人合志，创自己卯（1879）秋间，始置义地，旋舍药材，施棺木于无依，赒饥寒于无告，继而布种各处牛痘，荷周统帅薪如同周观察玉山助地捐资，得以广开各局，历年弗替。虽不惜重资，延请医士，深虑未能久远。甲申（1884）冬，独镇局友武向之、赵莲溪邀通州董茂才秀峰来新，与之谈论，种法精详，商请著书立说，付之剞劂，且留以董其事。于各局附近，访有志之士授受斯术，庶善举可期实济矣。兹书已成，洵自抒心得，词达而理明，或不仅为保赤之小补，杰羁留津邑，谬承诸同人不弃，便亦襄办于其中，特援笔以记之，冀同好得悉其原委云。光绪十一年（1885）乙酉岁孟夏月谷旦，

① 严世芸主编：《中国医籍通考》第3卷，第4494—4495页。

湘南古罗莘农韩杰识。①

　　韩杰，字莘农，湖南常宁人。光绪时期出任保定府新城知县，普惠济民，倡率捐资，继续同仁先贤在新城的慈善事业，将新城三大善堂合而为一，曰三清堂，推行牛痘接种，延请痘医为人免费施种，而且助力刊刻《牛痘新书》，以广其传。

　　《牛痘新书》的撰刊，将北方直隶一带牛痘术传播的盛况充分展示出来，说明牛痘新法在北方传播广泛，已经深入城市和乡村。

第四节　牛痘术传江南②

　　江南是明清时期社会、经济和文化最为发达的地区之一，也是人痘接种术发明之地。关于人痘接种术的发明，清代广泛流传着宋代峨嵋山人为太平宰相王旦之子接种的传说，不过经过医史学家范行准的细密考证，并为学界广泛接受的观点是人痘接种术始于明隆庆年间的皖南和江西的弋阳等地，之后流布大江南北。到了18世纪晚期，江南的人痘接种术又发展出"湖州派"和"松江派"，湖州派选取天花流行时出痘过程较为顺利的病人之痘痂为苗，称"时苗"；松江派则利用经贮存、药力提炼、传种多次的"熟苗"。两者相较，湖州派的方法危险性较大，人工感染后常出现病情严重的案例，所以渐为松江派所取代。对于选苗，人们逐渐认识到："其苗传种愈久，则药力之提拔愈清，人工之选练愈熟，火毒汰尽，精气

---

①　严世芸主编：《中国医籍通考》第3卷，第4495页。
② 　本节所使用的"江南"主要从地理位置而言，是广义上的江南，具体包括江苏、安徽、浙江、上海四地。

独存。"①如能连续接种七次，则成为"熟苗"，使用起来安全可靠，表明当时江南的种痘术已达到相当高的水准。

人痘接种，疫苗是不可或缺的。明清时期中国有两大疫苗中心，都在江南，一是安徽宁国府太平县，一是浙江湖州府德清县。尤其是安徽太平县的痘苗闻名全国，"设如苗绝，又必至太平再买，所以相传，并无种花失事者"。光绪《痧痘集解》曾云："种痘之法，必先择苗，太平县丹苗既不可得，亦必购同道中素养纯苗，方可合用。"②浙江湖州府德清县则成为清代后期江南主要的疫苗制造中心，疫苗甚至成为当地的特产。据民国《德清县新志》记载："痘苗，出天花者体上之落痂也。种天花时，研末，棉包，男塞右鼻，女塞左鼻，取嚏为止。三日身发热，七日起浆，又七日结痂。乡人每以痘痂售诸痘医，医必选择红润者（稀痘健孩头上落痂，每先订定），封藏固密，行销于浙东及江南间，城内施桂尊堂最著名。故各处痘苗、痘医，以德清为首出。"③从中可知，德清县的痘痂已经被村民视为商品，常将其售予医家，还需预订，医家将其封固贮藏，又行销至浙东及江南等地。

江南不仅是中国人痘接种术的发明地，而且接种技术已在全国居于领先地位，可谓当时中国人痘接种术的大本营。嘉庆初，传入广东的牛痘技术，何时传入江南？按照陈垣的观点，"道光甲午（1834），江南大痘，京江医者包祥麟乃赴楚购牛痘苗，道光十六年（1836）四月至扬州，并分种于芜湖，是为牛痘种传各省之第四次。道光二十年（1840），江西痘师刘子塈由新昌挟其术至省之奉新，是为牛痘种传各省之第五次"。④陈垣指

① （清）朱奕梁：《种痘心法》（收入《丛书集成初编》），上海：商务印书馆，1936年，第6页。
② （清）俞茂鲲：《俞天池先生痧痘集解》卷2，第469页。
③ 民国《德清县新志》卷2《舆地志·物产》（据民国十二年修、民国二十年铅印本影印），台北：成文出版社，1969年，第30页。
④ 陈垣著，陈智超编：《陈垣早年文集》，第220页。

出了两条牛痘术传入江南的路线，时间为道光中后期，晚于湖南、北京等地。陈垣分析大致符合实情，只是道光时期在江南传播牛痘，不止两条路线，江苏、安徽、浙江都有牛痘接种术的传播。

　　牛痘术于道光时期传入江南之后，一直连绵不断。咸丰年间，江南主要为农民起义军所占领，也是太平天国的主战场，牛痘技术的推行受到很大的冲击。同治初年战争结束一直到光绪时期，牛痘局在江南各地纷然兴起。台湾学者梁其姿和大陆的余新忠先生在研究明清时期的医疗史时，对此均有提及。他们通过搜寻方志等文献，发现清代后期江南牛痘局遍布：高邮（同治七年）、芜湖（同治十一年）、丰县（同治十三年）、宝山（光绪二年）、昆山（光绪三年）、江阴（光绪十三年）、上海（同治初）、靖江（同治三年）、太仓州镇洋县（同治八年）、娄县（光绪三年）、江宁（战后恢复，光绪五年）、江浦（光绪五年）、宜荆（光绪六年）、海宁（光绪十二年）、上虞（光绪十二年）、余姚（光绪十五年）、镇海（光绪十五年）、桐乡青镇（光绪十八年）、溧阳（光绪二十五年）、奉化（光绪间）、青浦（光绪间）等纷纷设立牛痘局。[1]这一定不是当时江南所创设的牛痘接种局的全部，但是足以窥见清后期牛痘技术在江南的流行。所以在光绪时期，昆山人王德森（字严士，号鞠平，清代医家）说：“近年（光绪年间），牛痘盛行，痘科专家（笔者注：指接种人痘者），几同绝响。”[2]

一、牛痘术在江苏的传播

　　江苏在清代属江南省管辖，也是两江总督官署所在。在道光十一年（1831）之前，牛痘术尚未传入江南尤其是江苏，其入江苏应是道光十四

①　余新忠：《清代江南种痘事业探论》，《清史研究》2003年第2期。
②　（清）王德森：《市隐庐医学杂著·产前以攻病为安胎说》，载曹炳章校刊：《中国医学大成》第9册，北京：中医古籍出版社，1995年点校本，第714页。

年（1834）之后。笔者见到江南地区最早关于牛痘的文字记载，是邗江（今属江苏扬州）古畲氏的一篇为重刊《引痘略》的短序，收录在清光绪二年丙子（1876）皖省痘局刻本《引痘秘书》中，古畲氏曰：

> 痘症之为婴儿一大厄也久矣。每遇天时盛行或医治不如法，往往十损六七，良足悲悯。兹书来自外洋，达于日下，详阅诸序，其为保赤金丹，固已信而有征矣。惟是自粤东、都门笃信力行外，书仅刊布，金陵亦未闻更有行之者。传既不广，行复不远，良法终湮，诚为可惜。用是重为翻刻刷印，冀广为其传。并望四方好善君子，查照都中设局引种诸法，踵而行之，将见薄海婴孩永脱此厄，洵以补天地之憾，并非夺造化之权，所愿勿疑勿怠，辗转流播，造福岂有涯量哉！
>
> 道光辛卯（1831）孟冬邗江古畲氏谨识①

古畲氏不可考，但从其文字中得知，他对于牛痘新法甚为认同，称其为"保赤金丹"，而对于其术未得广传，深感可惜，这一篇文字也是为重刊邱熺的牛痘之书而作。从引文中可得悉，当时江南金陵一带，牛痘接种术未有流传，"金陵亦未闻更有行之者"。在金陵最早出现的牛痘局应该是两江总督陶澍所创，当时鉴于南京天花流行，陶澍下令于县东南下江考棚程公祠设牛痘局，②他还有"一阵凫舟飞楚北，满船牛痘下江南"的美妙诗句，表达出对于牛痘术传入江南的喜悦。

陶澍（1779—1839），字子霖，一字子云，号云汀、髯樵，湖南安化人，清代经世派主要代表人物、湖湘经世派第一人、道光朝重臣。清嘉庆七年（1802）进士，授庶吉士，任翰林编修，后升任御史，曾先后调任

---

① （清）邱熺（浩川）撰：《引痘秘书》，清光绪二年（1876）丙子皖省痘局刻本，第13页。
② 梁其姿：《面对疾病：传统中国社会的医疗观念和组织》，第63页。

266

山西、四川、福建、安徽等省布政使和巡抚。道光十年（1830），任两江总督，任内督办海运，剔除盐政积弊，兴修水利，并设义仓以拯救荒年。道光十九年（1839），病逝于两江总督任上，赠太子太保衔，谥号"文毅"，入祀贤良祠。代表作有《印心石屋诗集》《蜀輶日记》《印心石屋文集》等。

当时传牛痘术入金陵的是痘医王惇甫，同治初年他辑有《牛痘诚求》一书，《序》曰：

> 痘症为小儿关隘，每当天行沴厉，家传户染，虽有医方保护，因此夭札者不可胜计。向来鼻痘一科，堪以斡旋造化，然只能先事预筹，究难万不失一。惟牛痘别开门径，一一生全，较天行之痘固趋易避难，即较鼻塞之痘，亦事半功倍。予少时游幕粤东，时阮太傅文达公督两广，重修省志，获见志书杂录中《牛痘新书》一篇，心甚奇之。后谒南海邱浩川先生，并读其《引痘略》抄本，尤欣慕焉。然未得刺种之法，常耿耿于心。丁亥（1827）春，就幕楚南，闻善化杨煦生夫子心毅精此。予信之深，求之切，执贽受业。时同游门下者，休宁程茂远、汉阳傅达尊、歙县汪徵远及湖南本省诸君，共十三人，历四寒暑。闻香山曾卓如制军设局京都广东会馆，其道盛行，予因由湖南买舟，雇婴渡洞庭，传浆至湖北，与吾乡业醭、汉口好善诸君，设局汉阳晴川阁。武昌绅富亦设局于黄鹤楼，刺种者络绎不断，予遂作传浆下江浙之计，特印《牛痘新书》万册，由楚入吴至越，沿途分送，为东南导引先声。……宫保诗云：一阵凫舟飞楚北，满船牛痘下江南。纪实也。

> 乙未（1835）冬，天寒浆断，拟再赴楚购浆，因路遥人众为难。吾乡包厚村观察，请于两江制府陶宫保文毅公，给照遄行，关津无滞，自楚至吴，舟中集幼孩，传种之往来，水程四千里，

费万金有奇，得达扬州，分种清江浦，时丙申（1836）春三月也。于是大江南北，均得分浆广种，非厚村之力不及此。

自癸丑（1853）春，粤逆东窜，数年以来，扬镇江苏，陆续并遭蹂躏，真浆几断，赖清江浦善局分种，方得绵系至今，此中固有天意，当亦观察默有以佑之。浩川先生《引痘方书》，观察尝重刊行世，板存扬城，遭兵毁。原篇有香山曾制军望颜、顺德温副宪汝适、莆田郭太史尚先、上元章廉访沅诸公弁言。是书经汉阳、芜湖、金陵、镇江、姑苏、句容、仪征、扬城，迭次翻刻，予复缀拾大意，汇为《牛痘新书》，黄勤敏公及吴县吴侍郎钟骏、内乡王观察检心，并点订作序，付梓。板亦散失，今复就遗书摘录数十则成篇，兴化同善诸君子，酿金复刊行世。自今以后，愿我同人按法推行，多分支局，广种普传，永远不断，庶无负前人保赤之意也夫！同治二年（1863）癸亥夏四月，丹徒王惇甫新吾叙。①

王惇甫，字新吾，生平不可考，江苏丹徒（今属江苏镇江市）人。据他说他于道光初年幕游广东，在阮元重修的道光《广东通志》中，阅读了《牛痘新书》，开始知悉牛痘新法。然后登门拜访邱熺，阅读《引痘略》抄本，对牛痘法心生"欣慕"。道光七年（1827），他离广东北上，在湖南充当幕客，恰好谭服思的弟子杨煦生在长沙为人种痘，他便拜师杨煦生，与其余十二人同时跟随杨煦生学习牛痘技术，历时四年完成牛痘法的学习，后传牛痘术入湖北，再传入江苏。当时依然使用以人传人的痘苗传递方法，花费万金，携群婴度苗入吴，还一路免费散发《牛痘新书》。于是牛痘新法开始在扬州、清江、金陵等吴地广泛传播，同时传入安徽、浙

---

① （清）邱熺：《引种牛痘新书》，光绪十有四年（1888）京江刘氏重刊，金声堂珍藏本，第6—8页。

江等江南地区。

其实，道光时期传牛痘术入吴，除了王惇甫之外，还有陈垣所说的京江（位于江苏镇江）医者包祥麟。咸丰八年（1858）沈善丰辑有《牛痘新编》，内有包祥麟的孙子包国琪所撰的《序》：

> 牛痘种法，书中已详，不具述，所难者真浆不断耳。道光十六年（1836），先大父由楚省传浆至扬郡，先大人督率躬亲其事十有余载，分种芜湖、清江、镇江、仪征、兴化等处。癸丑（1853）春，粤匪东窜，真浆遂断，扬镇克复后，追思先志，弗克敬承，心滋戚焉。值许缘仲太守司牧海陵，今春过晤，知清江尚有真浆，太守先为公子试种，甚效。余即催婴前往传种，至姜堰，先为二子种之。乡人闻此法之善且便也，乞种麇集，从此推之弥广，同志者递相传引弗衰，则皆少（笔者注：原文有误，应为太）守保赤之仁有以成之也，而余勉绍先人遗意，亦藉以稍慰也夫！爰述颠末以志幸云。咸丰八年（1858）戊午暮春，京江闻田包国琪谨识。[1]

依据包国琪所言，道光十六年（1836）其祖父包祥麟从湖南传牛痘术入扬州，在扬州传种牛痘十余年，并传往芜湖、清江、镇江、仪征、兴化等江南之地。咸丰三年（1853），太平天国攻克南京之后，江南成为主战场，牛痘书籍毁于兵燹，牛痘浆苗断绝。咸丰八年（1858），包国琪得知清江尚有牛痘浆，便从清江引牛痘浆至海陵（今江苏泰州），首先为太守许缘仲以及自己的儿子接种，然后"乞种者麇集"，受战争影响而中断的牛痘接种术，得以延续并推广开来。

---

① 严世芸主编：《中国医籍通考》第3卷，第4495—4496页。

同治四年（1864）六月，湘军攻破天京城，太平天国战事在南京地区基本结束。为处理战争的善后事宜，两江总督曾国藩按照清廷谕令，于九月设立金陵善后总局。金陵善后总局下设立五大局，包括保甲局、善后大捐局、善后工程局、门厘局、谷米局、桑棉局、牛痘局、育婴堂、普育堂、官粥厂、驿站等诸多隶属机构，以江宁知府、知县及道员为主管，延聘诸多士绅为局委，其管理范围不仅涵盖军需、户籍、治安、善举等传统社会管理领域，还包括社会救济、安置流民、抚恤死难、城市建设等相应行政机构与社会体系的构建。在曾国藩的积极支持下，江宁知府涂宗瀛重新开办了牛痘局，以痘医查详考为主持，又由观察使黄家驹重刊邱熺《牛痘新书》，推广牛痘之法，开局施方以接济幼儿。

曾国藩在战后的重建中，为何重视牛痘局的设立？因为天花在他内心曾留下深深的伤痛。道光十九年（1839），新科进士曾国藩乞假回家省亲，这年正月其家乡——湖南湘乡天行痘症（即天花）大流行，其满妹及儿子皆染痘而殇。曾国藩这一个月的日记里频繁记载：

由塘头湾归家，申刻到。家中种痘者，满妹痘不好，甚危急；叔淳弟（即曾国荃）初发现，尚好；儿子未发热。夜着刘一、王荆七走刘冠群家，请医弟、妹。（正月廿三日）

昨夜儿子发热，本日现痘不甚多。发热必三日始现痘为佳，兹仅发热一夜，非吉报也。（廿五日）

满妹痘愈不好。儿子桢第痘稠密异常，啼哭不止。叔淳弟痘尚未灌浆。望刘冠群东屏来医，甚急，竟见不到。夜，风尤大。满妹爬破烂痘，面上血淋漓，实痛心也。（廿六日）

满妹痘愈险，痘不灌浆，不甚服药，一切饮食不入口，但喜漱口，而人甚清醒。（廿八日）

辰刻，满妹死，余尚未起。时叔淳弟痘亦密，甚危。家中哭泣不敢出声，恐惊叔淳。（廿九日）

儿子痘色转白。昨夜泻二次，皆药也。饭后开方喂药，心知无补，尽情而已。巳刻竟死。（二月初一日）①

　　延请神医接种人痘，邀请痘医治痘，历时半个月，曾国藩的满妹和儿子桢第还是未能幸免，前后两天内去世。遭受丧失至亲骨肉之痛的曾国藩，从此对天花格外在意。在京城为官时，牛痘术由粤籍人士先后两次传入京师，曾国藩是牛痘接种的积极赞成者。道光二十二年（1842）四月二十七日，曾国藩在禀祖父书中写道："曾孙兄妹二人体甚好，四月二十三日已种牛痘。牛痘万无一失，系广东京官设局济活贫家婴儿，不取一钱。兹附回种法一张，敬呈慈览。湘潭、长沙皆有牛痘公局，可惜乡间无人知之。"曾国藩向祖父禀报，不到三岁的曾纪泽和仅五个多月的曾纪静都已接种牛痘。为免家中长辈担心悲剧重演，他还特地说明，牛痘"万无一失"，并随信附回牛痘接种方法。六月初十日，曾国藩再次向祖父禀报："曾孙兄妹二人种痘后，现花极佳，男种六颗出五颗，女种四颗出三颗，并皆清吉。"此后，次女曾纪耀、三女曾纪琛、四女曾纪纯出生，曾国藩都一一为她们接种了牛痘。道光二十七年（1847）正月十八日，曾国藩告知父母："一男四女，痘后都好。"②所以，金陵克复，身为两江总督的曾国藩在金陵善后总局中附设牛痘公局，并托付于其好友江宁知府涂宗瀛创办。

　　涂宗瀛（1812—1894），安徽六安人。清道光二十四年（1844）中举，四次入京会试皆未中，同治元年（1862）大挑一等，同治四年（1865）出任江宁知府，同治九年（1870）升任苏松太道员，同治十年（1871）升湖南按察使，后改任布政使。光绪三年（1877），任广西巡抚，后改任河南巡抚，七年（1881）调任湖南巡抚，后升湖广总督。曾入曾国藩幕，极为曾国藩赏识，曾称赞涂宗瀛"践履笃实，治官事如家事"。涂宗瀛不负曾国藩所托，

① （清）曾国藩撰：《曾国藩全集·日记（一）》，长沙：岳麓书社，1987年，第4—6页。
② 刘建海：《曾国藩家族战"痘"记》，《文史博览》2020年第6期。

积极投身牛痘术推广之中，同治四年（1865）金陵善后总局重刊《牛痘新书济世》，涂宗瀛为之撰写《序》曰：

> 古书无痘字，痘即豆疮之伪。《外台秘要》《巢氏病源》《论千金方》《本草纲目》载疮名或曰豌豆或曰麻豆或曰班豆麸痘，皆其形相类也。其症之源始于胎毒，感时气而发，世谓之天行。不待天行之时，而以痘痂塞鼻中引其胎毒，使早发，以解散之而致不为大害世，谓之种痘，谓之鼻苗，又谓之种花，曰种曰苗曰花，仍与豆字之义相生也。天行始于东汉，种苗昉之宋代，意欲窃造化之机，以为保赤之术，然亦往往有险症，以其术之犹未得其精要也。嘉庆初年，复传牛痘方，其法备著于南海邱浩川先生《牛痘新书》，活人最广。泾县查君吉人最善其技，宦游所在，设局布种，传法门徒，百不失一。盖天下之患，待其蓄积既久而后发焉，不如乘其未发而引动之，使早发而早治之，之为愈也；乘其未发而引动之使早发，又不如得其关要之处而宣导之，使顺其自然行所无事之为愈也。予权守江宁，请于爵相湘乡公，属查君开局设方以济婴儿，黄冠北观察重刊是书，查君乞为序，予深喜牛痘之方实胜于鼻苗之法，又惧时人之不能尽信也，因为是说以归之读是书者，使皆求精其术而笃信不疑，则仁其可胜已乎。
>
> 同治四年（1865）六月六安涂宗瀛谨识[①]

这里可以明显得知涂宗瀛对于牛痘术的看法和态度——"牛痘之方实胜于鼻苗之法"，他可谓积极的牛痘术倡导和推广者。光绪时期，他出任上海地方官员，更是积极地宣传牛痘接种术，反对人痘接种术，并刊登告

---

① （清）邱熺（浩川）原本，王惇甫（新吾）增补：《牛痘新书济世》，涂宗瀛《序》，同治四年（1865）乙丑刻本，第8页。

示禁止人痘接种。

当时金陵善后总局中，推广牛痘术的官员还有观察使黄冠北，正是在他的推动下，《牛痘新书》才得以在兵燹之后的同治四年重刊。他也撰《序》曰：

> 牛痘一书南海邱浩川先生所著，方备法详，毋庸赘序。大江以南传种甚广，或谓牛痘平平无奇，不若鼻苗之雷霆发泄。因而疑信参半，舍易趋难，孩提灾厄往往不免。岂知天地具好生之德，父母存爱子之心，不于平中求平，必于险中冒险，何其愚也。金陵初复，查君祥考设局施种，因是书旧本无存，嘱余重刊。余三子四女均种牛痘，不忌风寒，不饮药饵，旬日告成功，十余年来并未再发。一家验，推之天下无不验也，因是请而亟付手民，广劝世之为人父母者。
>
> 同治四年孟夏南城黄家驹冠北甫识于金陵善后总局①

黄家驹，字冠北，江西南城人。从其引文中可知，他不仅让自己的三子四女均接种牛痘，而且刊刻牛痘书籍，以广其传。他还尖锐地批评信神痘者（人痘接种术）是"舍易趋难"而且"险中冒险"，何其愚蠢！

当时金陵牛痘公局的首席痘医为安徽泾县人查吉人（字祥考）。查吉人自撰《序》曰：

> 予自髫龄失怙，赖家慈太恭人抚养成立，每命读书立志以外，当以济人利物为怀。予自禀承慈训，晓夜思，维自顾一介寒士恨无力推广救济之心，中怀歉疚，寝食增惄。殆弱冠后，得于

---

① （清）邱熺（浩川）原本，王惇甫（新吾）增补：《牛痘新书济世》，第3页。

芜湖黄左田宫保家从子颖夫子习牛痘。窃以痘症为童年最大关隘，虽有医方保护，而值殄疬天行，家传户染，夭殇居多，即有神痘塞鼻之法，尤难保其无失。惟牛痘功奇效捷，万种万全，诚仁术也。因殚精竭虑，求其奥妙，始自芜湖、清、淮、徐、宿施种，以及吴门、毗陵供职，余暇所在，设局广行，即良辰令序，未敢稍懈。至江北、里下河并海沭地方，亦嘱门下士设局布种。及壬戌（1862）癸亥（1863）两岁署篆清河，境处冲繁，虽未躬亲施种，乃于城乡分设四局，令从学者长年布种，婴儿获益良多，计自前后经予手于大江南北所设之局，所种之婴，何止亿万人乎。其至善至良之法，不但前人救世苦心详叙无遗，予实手奏奇功，丝毫不爽。

今正由淮赴金陵供职，因思省城甫经收复，无告赤子必多，别用玻璃夹板带有干浆意欲请示施种，当蒙府宪涂阆仙太守先因普育堂婴孩有出天行痘者，意防遍染，大生恻隐，令予尽行施种。事竣后，予请推广，以遂诚求保赤之心，随蒙禀明爵阁督宪既各当道，出示招徕禀定章程，无论贵贱贫富均沾益惠，凡褓负就种，挟所愿而来者无不惬所愿而去。

今局宪黄冠北观察情殷保赤，翻刻是书，广为传播，不啻慈航普渡，惟望育子之家深信不疑，切勿听信庸医再出之语以自误，切勿因微蘟之疑以姑息，切勿以流年不利以因循，实令自身骨肉得登仁寿之域，岂不美哉，岂不快哉！匪特副今日各大宪救济之婆心，抑慰予家慈太恭人命予救济之始愿云尔。[①]

从其文字中，可知查吉人是师从于芜湖黄子颖先生（黄为杨煦生弟

---

① （清）邱熺（浩川）原本，王惇甫（新吾）增补：《牛痘新书济世》，第6—7页。

子），学会了接种牛痘之法，然后一边为官，一边开设痘局为人施种牛痘，长年与其弟子一起传种牛痘，设局传遍大江南北，所种的婴孩，难计其数。查吉人应是当时在江南一带影响力较著的牛痘种痘师，所以金陵克复，重办牛痘局时，任命他为首席痘师，主持痘局事务。

查吉人还有一个同族查道伦（字怡庭），也是当时有名的牛痘种痘师。同治时期，查道伦在江苏太仓牛痘局为人种痘。他对于邱熺的《引痘略》深有体悟，特别有感于邱熺在技术的阐发上已经堪称完美，但是对于接种牛痘后的一些特殊状况如并发症等并未阐发透彻，还有对于穴位的解释也不够详尽，于是他总结自己多年接种牛痘的经验，对邱熺的《引痘略》作了一些补充完善。他说："自牛痘入中国，南海邱氏始有成书，言简意赅，习是业者，无不奉为圭臬。初止行于楚豫间，既而风行江南。吾家世习其术，余侍家君游江淮间，耳濡目染，得以尽窥根柢。每一试种，无不应手奏功，而世犹有疑之者，则以婴儿痘前痘后杂以他症，或感受风寒，或适值天行，世人不察，于引种之时，不审明其有病无病，致生变端。群焉归咎于牛痘，无惑乎疑之者之众也。余思婴儿之有病无病，必视三关、耳纹为准，爰辑其说，补入是图，并添以儿科引用各方，庶引种之际不致率尔奏刀，其他则详于邱氏说，不敢复赘一辞。今年春，蒯廉访权牧太仓，设局，命余主其事，襁负而来以千百计。廉访见余书而善之，捐廉付手民。余不敏，何敢附邱氏后，惟辨明痘前后诸症，足以补邱氏之所未及，亦以仰副廉访保赤之至意。"①

查道伦提到的蒯德模，不仅延请他主持太仓痘局事宜，而且捐资刊刻查道伦编撰的《引痘集要》。蒯德模（1816—1877），字子范，安徽合肥人。晚清著名循吏，入祀长洲、太仓、夔州名宦祠，入《清史稿·循吏传》。皇帝曾下谕称赞"该员洁己爱民，为地方兴利除弊，能尽心民

---

① （清）查道伦撰：《引痘集要》，清同治八年（1869）己巳刻本，第8页。

事"。蒯德模为查道伦的《引痘集要》作序曰：

> 自后汉时痘证流入中国，遂为小儿一大关键。后世始有以
> 鼻苗种痘者，虽行之数百年，而夷险间出，甚者无异天行。嘉庆
> 初，泰西夷医以引种牛痘法流传中国，于是粤东西靡不翕然效其
> 术，既而风行海内，江以北家喻户晓，人习知之，江南则无问
> 焉，亦无有信之者。同治二年（1863），苏垣克复，今伯相吾乡
> 李公，设局于省城，数年之间，鲜有以痘夭者，南人始习知有牛
> 痘焉。泾川查君怡庭，世其业者也。今年春，余权太仓州篆，设
> 局城中，延主其事，保全婴孩无论千百计。查君复悯时人之忽于
> 引种也，辨明痘前痘后诸证，引用儿科各方，并补绘三关、耳纹
> 等图，辑为《引痘集要》一书。原本南海邱氏，参以己意，视当
> 涂黄氏之书为详尽，书成以示于余。余维天下安危之境，人人
> 知所趋避，以牛痘之履险如夷，不崇朝而奏功，顾犹有疑之忌之
> 者，何世人暗而不悟耶？余乐是书之简而明也，捐廉付之剞劂，
> 并上之大宪，通饬各属，以广其传。庶几人习其术，户有其书，
> 集天下婴孩共登仁寿之域，是则余之所厚望也夫！是亦查君著书
> 之意也夫！同治九年（1870）岁次上章敦牂之陬月上浣日，淝水
> 蒯德模子范甫识于娄东官舍。[①]

蒯德模对于牛痘术极力赞赏，"牛痘之履险如夷，不崇朝而奏功"，
为消除世人的疑忌，他不仅设局邀请查道伦为人种痘，而且捐资助刊牛痘
书籍，有力地推动牛痘术在江南的传播。

江南是人痘接种术的发明地和流播的主要阵地，新传的西洋牛痘接

---

① （清）查道伦撰：《引痘集要》，第3—5页。

种术要战胜传统的人痘接种术，谈何容易。然而，有开明的地方官员如陶澍、曾国藩、涂宗瀛、黄冠北、蒯德模等推动倡扬，有痘医们如王惇甫、包祥麟、查吉人、查道伦等的接续努力传播，牛痘新法在江苏吴地逐渐推展开去。王炳如在为查道伦的《引痘集要·序》中有这么一段话："小儿出痘，乃先天命门之毒，为小儿一大关头。先君素精此术，专理痧痘，活人不下数万计。然有闷症，有险症，虽于此道三折肱，而亦不能保其万全者。余幼时每习闻之，时俗有苗塞鼻，而有安有危，有轻有重，亦不能万全万稳，如牛痘之妥当也。牛痘来自西洋，南海邱浩川先生得此术，以行于中国，著有《引痘略》，流传久矣。己巳（1869）春，州尊蒯子范观察悯小儿之有痘厄也，延请泾川查怡庭先生设局施种，越今不过数月，而种痘者已数千有余，皆安然无恙，邑人咸铭感之。余家子女四人，亦引种焉。查君素承家学，渠尊人春圃先生得自外洋，故法真而术精如此。余夙慕此艺，急嘱弟若怀负笈从学。若怀向习岐黄，而先生复循循善诱，朝夕讲论，冀得此术以广行之，岂不甚善？惟邱氏《略》于引种之法已详且尽，而于痘前、痘后诸时症及小儿之三关、耳纹尚未全备，先生恐后人未辨时症，一概引种，致归咎于牛痘也，爰详细讨论，绘图指示，使阅者一目了然，丝毫无误，诚足补邱氏所未及，而有功于后世也。"[①] 从中可以看到，王炳如出生于传统痘医之家，本人也是为人接种人痘的痘医。可是他目击查道伦为人接种牛痘"皆安然无恙"，于是让自己子女四人接种牛痘，且嘱咐其弟弟王若怀拜师查道伦，习牛痘接种法。王炳如观念的转变足可窥见牛痘在当时江南的影响力。

二、牛痘术在安徽的传播

安徽属于人痘接种术较为普及之地，前面提及的安徽宁国府太平县的

---

① （清）查道伦撰：《引痘集要》，第6—7页。

人痘苗，在当时享誉全国，一苗难求。温汝适在嘉庆二十二年（1817）为邱熺的《引痘略》撰写的序中就说到："余襄在京师，见安徽人来北方种痘，询其苗则来自江南，多能获效，心已奇之。"[1]也可知当时安徽的种痘医家是由南到北地为人施种人痘，足迹遍布大江南北。

道光中期始，牛痘术由湖南传入江苏。毗邻江苏同属江南省的安徽，也于此同时甚至略早一点即有牛痘术传入。本节第一部分提到的王惇甫就曾说到：当时有休宁（属安徽黄山）程茂远、歙县（属安徽黄山）汪徵远等，共13人跟随杨煦生学习牛痘接种法。可见当时就有安徽人与他同在湖南学习牛痘新法。王惇甫从楚传牛痘术入湖北，再传江南，"甲午（1834）春，当涂于告尚书、黄勤敏公，偕芜湖王子卿观察、陈筱石广文设局芜邑，丰备义仓，延予倡首刺种，予欣然由楚雇乳妇，携群婴，飞渡长江，接种至芜湖，牛痘遂入江南境"。[2]1834年，安徽芜湖已有牛痘局之设，痘师王惇甫在此为人施种牛痘，这应该比陶澍在金陵开设牛痘局还早一点。

除了王惇甫，还有当涂人（安徽马鞍山）黄子颖也是道光时期传牛痘术入安徽的有名痘医。光绪十年（1884），新安痘医许懋辑有一册《牛痘要法》（收入《白岳庵杂录》中），其中有当时在武林（浙江杭州）牛痘局为人种痘的痘师蒋致远所撰的序文，其序云：

> 古方书无痘证名，莫详所自始，实为人生自幼至长一大厄运。每遇天行沴厉，为父母者罔弗惴惴焉为不知所措。自塞鼻法行，乃有专门之书，治法粗备。然体有强弱，毒有轻重，而南北水土厚薄之不同，出入只争毫忽，故十全犹难。粤东邱浩川先生得外国牛痘秘传，详审研究，以试中土婴儿，化险为平，百不爽

① （清）邱熺撰：《引痘新法全书》，第37页。
② 严世芸主编：《中国医籍通考》第3卷，第4471页。

一，洵慈幼之仁术矣！浩川先生四传为善化杨煦生先生，五传为当涂黄子颖先生，余外舅也。当道光时，牛痘推行渐广，习其业者不下十数辈，而淮扬、吴会间，咸推黄先生收效众著。余甥馆追随，亲承教督有年。厥后复相从避地东台，襄理善举。①

按照蒋致远所述，他的舅舅黄子颖是邱熺的五传弟子，与王惇甫都是师从于湖南痘医杨煦生。道光时期，牛痘术已在江南一带推行，"习其业者不下十数辈"，而黄子颖是淮扬一带最为有名的牛痘种痘师。上文所写到的首席痘师查吉人是黄子颖的弟子。蒋致远早年也是"甥馆追随"，跟随其舅父黄子颖多年，学习牛痘接种法，后成为江南一带有名的牛痘种痘师，光绪时期主掌浙江杭州武林牛痘局。

笔者还发现一则材料，道光十五年（1835），任职湖南城步知县的安徽籍官员戴叠峰公，邀请邱熺的湖南籍弟子谭服思（杨煦生的师父）舟载婴儿，传牛痘术入庐州（今合肥）：

昌祚先叔叠峰公道光癸巳（1833）进士，知湖南城步县时，见有种牛痘者，询其颠末，觉上天好生之德，特开捷法以保婴孩。乙未（1835）岁，遂延谭君服思舟载婴孩，次第传种，由湘至庐，设局布种，嗣寿州、六安、炉桥、临淮、三河各处皆来接浆，分设公局，所种婴孩不计其数，均无一失。②

这是光绪八年（1882）合肥人戴昌祚重刊王惇甫的《牛痘新书》而撰写的序言。据他所言，道光时期，其先叔戴鸿恩［字叠峰，安徽合肥人，道光十三年（1833）进士，授湖南城步知县］邀请谭服思以人传人的方式

① （清）邱熺：《牛痘要法》，见《白岳庵杂缀三种》，光绪丁亥（1887）刻本，第1页。
② （清）邱熺：《引种牛痘新书》，第2页。

传牛痘苗由湘至合肥，然后再传入寿州、六安、炉桥、临淮、三河等地，可见牛痘术已在皖省全境传播。戴氏已不可考，依据其文字，他乃牛痘种痘师，其弟弟戴昌年同为牛痘种痘师，长期在湖北黄冈为人施种牛痘。戴昌祚还记录了一个特别有意思的事情，即为解决牛痘苗的问题，他发明了一种"种牛取浆法"，即将天花患者的痘痂反种于牛身上，使牛感染天花，然后再从牛的痘疱中取浆为人接种。"祚弟昌年独探种牛一法，细心讲求，亲手实验，效。知庐州府事唐公鹤九邀于署中传种，取效甚捷。旋幕游楚北，甲申（1884）岁，祚亲赴黄冈，细询其法大抵，自取痂至送浆，不可稍有疏忽。"①这种方法在当时应该是付诸实践的，牛痘接种的痘苗问题是牛痘接种术推广中的一个首要难题，因为节气、时令等各种因素，如果一段时间没有孩童接种牛痘，就会出现痘苗断绝的问题，所以痘师会想出各种办法来解决痘苗问题，故有戴昌年的"种牛取浆法"。

安徽与江苏一样，是太平天国战争的主战场，在咸丰年间，牛痘术传播受到很大的影响。战争结束之后，同治、光绪时期，安徽的牛痘新法得到进一步推广，甚至在全国处于领先地位。

同治十三年（1874），河南按察使绍諴调任安徽布政使，前文已有对绍諴在河南任上创办痘局刊刻《引痘略》的叙述（见本章第三节）。绍諴是积极推广牛痘接种术的满族官员，来到安徽，他继续河南的善举，也包括牛痘公局的设立和牛痘书籍的刊刻。

> 小儿痘患于古未闻，轩圣岐伯不传。主治故持仲景之书，主张汉学者以为天行时气与斑疹同原，然而诊候有其序，传染有其验。盖自伏波征蛮，军士染此疾遂入中国，当时号为虏疮。童年荏弱，坐是夭折，或损目损手足，以面痂为最善。医圣而在，

① （清）邱熺：《引种牛痘新书》，第3页。

谅不忍付呱呱者于粗学吹苗及山野哑科之手也。牛浆引种法传泰西，近数十年始有之，世人见非所习恒有疑畏，业吹苗者又鼓论夺之，幸而其效渐著，官司教戒设局施种，日益流布，是编发明理要，显示治法，自士人至略识字者皆可了然，广为传说，坚信去疑。予承乏皖藩，安庆省城新设牛痘局，予自中州携有是书，付局重刊，散布民间，咸使畅晓，不淆异论，窃以为天地之气自然消息，虏疮来自异域，牛痘亦传自异域，凡中国之隐忧，苍苍者皆有以持其后及之而正也。

光绪纪元（1875年）仲冬月安徽布政使司布政使绍诚①

绍诚爱民之心流于笔端，新任皖省，便在安徽省城安庆新设牛痘局，并且依据他在京城和河南创设牛痘局的经验，手订《皖省痘局公约》。兹录如下：

一　议设立牛痘公局一所，按期先行标贴门首，无论城乡士民之子女须先到局领票，报名住处姓名男女年岁，随时填票；对给临期到局引种传浆，风雨不改，此局原为保婴而设，不许索谢。

一　牛痘局中每届夏月，搭凉棚一座，冬月设暖房两间，俾袒臂孩子，免受寒暑。

一　种痘之法人人可学，处处可传。有愿学者按期到局，以便指点部位、用刀之法，艺精后，局中送书一本，刀一把。

一　《牛痘书》云第一先在养苗，而养苗首在传浆。以人传人，原期绵绵不绝，与婴孩毫无伤害，无论士民子女引种后，必要到局传浆，如有执意不愿传浆者，须出大钱四百文存局，送给

---

① （清）邱熺（浩川）撰：《引痘秘书》，光绪二年（1876）丙子，皖省痘局刻本，第1—3页。

传浆之孩，为买花喜金。

一 种痘有一次种不出，须补种二三次始出，且有出假痘者。凡现种婴孩，无论出与不出，须按期抱回局中看过真假，未出者，即为补种。已种出者，即将好浆传种与人，其传浆与人者，照例每种生一名收受喜金一百文。

一 点期无论男女持票到局，不计票上号数，只按先来后到挨次点之，以昭公允。凡到来先将前票呈验，听候传点，不得拥挤争先。如有不遵条规，持强扰闹，定即扣票逐出，勿得自误。

一 婴孩太幼不能到局，欲请往宅内引种者，须先期到局说明，以便定期携浆往种。

一 议择慎重二人在局，专司引种，每月给薪水钱五千文，伙食自备。

一 邀种养浆苗头夫一名，每月给辛工钱三千文，伙食在内。

一 局中书使挂号一名，每月给薪水钱四千文，伙食自备。

一 局中长夫一名，每月给大钱一千五百文，委员给饭。

一 每期所种婴孩，某取某浆，传种几人，立一册档登记，以便造册月报。

一 议开局之日，务宜清早点种，或有衙门公馆邀种，午饭后方可出门。倘遇天气寒冷未便，令小儿赤身受寒，本局备有红布棉小坎肩数十件，即由苗头夫领给，轮替换穿，穿毕随时缴回，不得短少。

一 局中施药须备丸散，必用心精制，以防贫户种生偶伤饮食风寒而设。染病轻者，抱到局中诊视给药；染病重者，请局中知医之士，到家诊视给药，不许索谢。

以上条约大致可行，随时随地斟酌变通，是在仁人君子之用心焉。①

　　总共14条条款，从中可以明显窥见是以京城痘局和河南滋德堂痘局公约为模板的。但是增加了一条特别有价值的记载，即当时如何保证种痘小儿返回痘局，让痘医审查出痘灌浆情况，并取出痘浆，以保证痘苗绵绵不绝。因为当时很多父母不愿意挤破小儿的痘疱取出痘浆，认为挤破痘疱大伤元气，所以想尽办法逃避。《皖省痘局公约》的第四条对此有明确规定："《牛痘书》云第一先在养苗，而养苗首在传浆。以人传人，原期绵绵不绝，与婴孩毫无伤害，无论士民子女引种后，必要到局传浆，如有执意不愿传浆者，须出大钱四百文存局，送给传浆之孩，为买花喜金。"即携带孩童来痘局接种牛痘时，接种是免费的，但是为了保证牛痘苗的连绵不绝，接种者有免费贡献痘浆的义务。如果不履行献出痘浆义务者，有惩罚，罚款四百文，以为奖励其他献浆孩童之费。这的确不失为一种良法良策，免费接种牛痘本为善举，得人之助，也应助人，这是人之本分，也唯有如此，才能让牛痘痘浆可以保持连续不断，让更多的孩童受益。

　　当时主持皖省痘局的痘医为湖南人李汝霖，他长年奔波各地，为人施种牛痘。对于牛痘新法也是甚有所得，他总结多年种痘经验，对邱熺的《引痘略》进行删繁就简，增加如何教人准确辨认穴位等内容，重辑《引痘秘书》：

　　　　右《引痘秘传》一书，邱浩川先生原本增入尺式、三焦穴四图、原序六篇、新订章程十四条。盖自西洋牛痘之术行，而世鲜夭折之患，诚保赤之良法也。若刀尺部位体认弗真，差之毫厘谬以千里，无怪乎既种而复出者往往有之。汝霖自少好读《灵

―――――――――――

①　（清）邱熺（浩川）撰：《引痘秘书》，第46—48页。

素》，既以屡踬场屋，遂弃举子业，留心医道者垂二十年，而于此尤竞竞致意。岁壬申（1872）需次皖江，皖故设牛痘局，同里孙淑人、刘翰生观察以汝霖为当道言，于是王雨轩、刘小崧两观察，孙琴西方伯先后檄办局务，因得与局医讲明刀尺，详审部位，并厘定一切章程，而齐民之以婴孺来种者岁以千计，向之既种而复出者乃无虑矣。乙亥（1875）春，绍葛民方伯来旬是邦，殷殷以局务垂问并出示《引痘条约合刊》，盖陈臬汴中经方伯苦心所筹划者，命汝霖增入三焦穴图、刀尺各式及皖中痘局条约，遂约俸静山明府共襄其事，删繁就简，撮其要者录之，而其书遂粲然可观。《康诰》曰"如保赤子心诚求之"，今方伯观察胞与为怀，后先一辙，如汝霖者敢不黾勉从事，以尽厥职哉。刻既竣而识其缘起于此。

光绪二年（1876）孟春月　楚南李汝霖谨跋[1]

李汝霖（1811—?），字籛苍，号雨生，湖南长沙府湘乡县人，道光十七年（1837）丁酉科乡试举人。这是他为重刊《引痘秘书》所撰写的跋文，从中可以得知当时皖省牛痘局的规模之大，痘局有多位痘医，前来接种的人数众多，"以婴孺来种者岁有千计"。时任安徽按察使的浙江归安（今属浙江湖州）人王思沂不仅为《引痘秘书》作序，称赞牛痘术是"保生之奇技"，也让自家孙辈接种牛痘，"迨服官皖省，亦有精于此者，余之孙辈六七人均先后种之，无不妥且速。乃益叹此术之真奇，而其流传为益广矣"。[2]

皖省的后继官员都致力于推广牛痘接种术，到光绪后期，在皖省地方官员李新田的操持下，继续刊刻《引痘略》，以为支持和推广。"予扬州

---

① （清）邱熺（浩川）撰：《引痘秘书》，第40—43页。
② （清）邱熺（浩川）撰：《引痘秘书》，第7页。

人，尝闻未出天花婴孩宜种牛痘之说久矣。兵燹后未悉其法处多，光绪壬辰（1892）予官江西南昌衙，晤绅士获得成本，甫知种牛痘法，始自嘉庆十年（1805），由广东南海人邱浩川名熺者，经商澳门，得西洋医生咕噚传授，身验其效，于是取法缋图，辑书流布。道光八年（1828）香山曾卓如太史设局京师，分传各省，依法引种，保全婴命无算。细读邱辑原说，种法详明，有图有式，遗之后世，易学易行，此书诚保赤之慈航，惜咸丰间遍遭匪乱，旧板多毁，今予调补皖任，遂捐廉重刊，命子祖庆详校，梓行于世。伏忆邱君初传时，牛痘浆苗得自外洋，后之踵行，皆以种出孩痘之浆，挑传接种，以人传人，万无一失。行此道者，必须按图穴点种，首在认穴宜真，差之毫厘失之千里，而手法宜的，最为切要。果能依法施行，于地方幼稚造福不浅，谁无赤子，共切婆心，惟望四方仁人君子，普设斯局，公行良法。更愿是书，处处翻刻刷印，越传越广，俾天下婴儿永无患痘之危，乐哉善哉！"[①]光绪二十三年（1897），扬州甘泉人李新田（字子耕，时任安徽长淮道道台），为推广牛痘术，捐廉重刊邱熺著述《引痘略》。李新田推广牛痘术之举，得到了其上司、时任安徽巡抚的邓华熙的支持，并为《引痘略》重刊撰序曰：

　　婴孩由胎中蕴毒发而为痘者十居其九，毒重者难治。中土防痘于未然之法，以痘痂研末置鼻孔内名曰种痘，由经络而传脏，引毒甚骤，越数日而面见红点渐及肢体，由是而浆足而结痂而痂脱。旬日之间，慎寒暑，戒饮食，恒兢兢焉。若胎毒过深，虽戒慎亦不治，更有未种而遽发者，谓之天花，治之尤难，盖以中医法治痘非治之尽善也。英国医士质那採牧牛女之言创种牛痘，将婴孩痘浆寄于牛身，取浆封固，传之各国，此种牛痘之权舆也。

---

① （清）邱熺辑，（清）熊乙燃增：《引种牛痘纪要》，第7页。

其法于春秋日，寒暖和平时，就人身臂肘消烁［泺］穴、清冷渊穴两处割破外皮纳入痘浆，此穴自少阳三焦直达命门，凡骨髓中所藏胎毒胥由血分引出，取径近而奏功捷，西人便之。粤人邱浩川商于澳门，得西医传授，依法施种，活婴无算，因刊为方书，流传中土，迄今各直省广种牛痘皆祖是书也。顾邱书刊于嘉庆间，咸同以来迭经兵燹，是书久已毁失。李君新田服官豫章，觅得旧本，半钞半刻，尚属全书，意欲重付梓。人适调任来皖，携书见示并乞序，言余惟种痘之法首在认穴，是书有图有说，了如指掌，医者从此下手，百不失一，慈幼保赤莫良于斯。余既嘉李君之能济人而又幸邱书之可寿世也，爰不辞而为之序。时在光绪二十五年（1899）岁次己亥仲春抚皖使者顺德邓华熙撰。①

邓华熙（1827—1916），字筱赤，又作小赤、小石，广东顺德龙山人。咸丰元年（1851）中举，十年（1860）任京师巡防处办事员，条陈拒敌方略数千字，为恭亲王奕䜣所重视，提拔为郎中，转监察御使。光绪十二年（1886）出任云南迤南道员，次年升云南按察使，后任湖北布政使，安徽、山西、贵州巡抚，署漕运总督。从政数十年，能忧国恤民，宽和待人，政见较开朗，留意西方先进经验，推行一些改革，如办新学堂、练新军、加试武举、引进新式技术等。光绪二十八年（1902）因病辞官回乡，在广州多宝大街（今多宝路）建府第（后名为"邓宫保邸"）。宣统三年（1911）与番禺梁鼎芬出面组织广东咨议会，不久即退出。是年获封太子少保衔、头品顶戴，赐御容照镜光绪像。武昌起义后，积极劝导广州的清政府官员向革命党人交权，支持辛亥革命。民国元年（1912）孙中山回广州时，曾专程到邓府拜访。邓华熙为官正直，平易近人，深得民望。

---

① （清）邱熺辑，（清）熊乙燃增：《引种牛痘纪要》，第3—6页。

在广州多宝大街形成之时，被街坊民众推举为大街起名，邓华熙欣然题"多宝"二字，"多宝街"由此得名。著作有《邓和简公奏议》《邓和简公书牍存稿》和《纳楹书屋偶存》等。

从上述邓华熙的引文中可知，他身为皖省巡抚，对于属下提倡牛痘新法甚为认同和支持，而且支持李新田重刊《引痘略》，也是对自己粤省广府同乡先贤邱熺的颂扬，他说邱熺的《引痘略》"迄今各直省广种牛痘皆祖是书也"，这是符合实际情形的。

三、牛痘术在浙江的传播

浙江是明清时期人痘接种术流行之地。在清代广为人知的峨眉山人为宰相王旦儿子种痘的传说，即出自一个活跃于明末清初、名叫胡美中的痘医，而这条记载来源于清代同治《湖州府志》。[①]进入清中叶后，人痘接种术已有"湖州派"和"松江派"的区分，而且湖州德清县的人痘苗生产已经成为市场化的行为。由此可以推见人痘接种术在浙江盛行的情形。

随着嘉庆初期牛痘接种术传入中国，各省纷纷传入，浙江也于道光中期已有传入。王惇甫的记述中就有牛痘术"由楚至吴再至越"的说法。只是在越具体如何传种，王惇甫没有具体记载。但是笔者在重刻《引痘略》的书籍中，发现有可以佐证牛痘在道光时期传入浙江的材料：

> 甚矣，牛痘之妙也。吾向闻其术，而未明其理，几以为妄也而置之。甲午（1834）岁，吾邑都转蔡海城先生掌教凤岗，吾忝列门墙，请业之余，谈及牛痘，先生面授京师种法，得自目睹，并出其书。吾颇知医，捧读之余，寻加考证，更及研穷，乃知其术之巧当，无有不验者，窃愿得其苗，为儿女辈引种。乙未

---

① 范行准：《中国预防医学思想史》，第113页。

（1835）春，闻湖南痘师有在上邑种者，往观之，果然。于是传递鲜浆回里，即时点种诸儿，依期奏效，毫无所苦。又与海城先生仲郎种之，亦然。渐又于各亲友处种之，无不尽善。吾恐有荒举业，乃教胞弟廷选同痘师引种，而事属创闻，罕有信者，赖海城先生慈幼深心，谆谆劝谕，倾动一时，痘苗始得流传不绝。近因种神痘辈，极力谤毁，人心疑畏，往往愿种之家，闻风辄阻，而卒罹于流痘之灾者，不计其数。吾尝心悯之，今春乡城神苗愈逆，损人更多，闻者心恻，吾乃集谨厚数人，教之种法，设一痘局，立定章程，不索重谢，庶几愿种者源源而来，因将广东邱氏原本与京师重刻之书，详加校正，更新增数篇，阐发其义，似于牛痘所以能引泄先天，必不复种之理，颇为道着合而刻之，俾坚其信而宜广其传也，则吾之厚望焉耳。道光十九年（1839）季春月新昌后学莲舫熊乙燃序。①

这是新昌（浙江绍兴府）熊乙燃（字莲舫）在道光十九年为重刊《引痘略》所撰写的序文。他指出道光十四年（1834）他受教于江西宜黄凤岗书院蔡海城门下，谈及牛痘接种术，蔡海城关于牛痘的知识和技术来自京城，并出示京城刊行的牛痘书。这是他第一次接触牛痘接种术，但是知医的熊乙燃对牛痘接种术操作和效果的"巧当"已极为认可，只是遗憾未得牛痘苗为儿女们接种。第二年（1835年）有湖南痘医在绍兴的上虞为人接种牛痘，熊氏前往上虞，取回痘浆，开始为自家儿女辈接种，并为老师蔡海城次子接种，然后为各亲友接种，效果是"无不尽善"。人痘接种术在浙江有着深厚的影响力，熊乙燃倡行的牛痘接种术并不得广传，"极力毁谤""人心疑虑"为寻常可见，乃至于当年天花流行，罹灾者不计其数。

---

① （清）邱熺辑，（清）熊乙燃增：《引种牛痘纪要》，第8页。

于是熊乙燃邀约几位厚道之人，在新昌设立牛痘局，为人接种牛痘，非免费接种，只是收费不贵，于是"愿种者源源而来"。同时还刊刻《引痘略》，促进牛痘接种术的传播。

道光末年，在浙江传种牛痘术的还有赵开泰，他是浙江台州人，因遭受幼子殇于天花之痛，亲赴湖北牛痘局向朱晓堂学习牛痘接种术。道光末年回到家乡，成为道光至同治时期活跃于浙江的牛痘种痘师。

　　济婴之举，以痘疹为第一要关。盖痘毒根于先天，伏于命门，与婴儿有生俱来，而非药力之所能遣也。余弃举子业，留心医事，虽集有《救伤秘旨》一帙，苍溪管君赓堂梓而存之，盖有区区求济之心，而学浅力且绌，无济也。道光八年（1828），余幼子患天花，诸医束手，儿以是殇，心憾之。憾夫天地之大德曰生，断无以生理寓杀者也，必世人之不自得其术，故夭折立致。饶闻楚省有引种牛痘之局，所种儿眠食如故，且保无虞，因商之寿人曹君，议往乞其术。楚局惟朱晓堂夫子术最神，遂师事焉，数年而乃得其秘。迨道光丁未（1847）回里，先与曹君同力施种，次岁至杭，设局于通江桥河下，虽所济无几，而未尝受人馈谢。嗣后则中丞常公、方伯段公，及士庶之家争迎引种，皆获万全计。自操术至今，经历不下数十载，引种不下万余人，靡不克期奏效，幸遂初愿。第念穹壤至大，化工之化无日不生，而鄙人区区求济之心，常以不能悉济为憾，故不敢为枕中之秘，思公诸世以广之。奔走鲜暇，有志亦竟未逮。同治丙寅（1866），宁郡太守任邱边公邀种其少君痘，并遵谕设局署侧，定期施种，如在杭时，由是晨窗文几，寸晷稍闲，急将平日与曹君经验方诀手辑一编，附于邱浩川先生《引痘新书》之后，以待剞劂。计新书之外增补者三，颜曰《增补牛痘三要》。三要者，一增种下臂法，一回后补清馀毒法，一服药调剂法，而于《新书》不敢窜一字。盖《新书》为阮文达相国所刻，表襮备至，

然意在劝谕，故但言牛痘之便，而于牛痘之所以便，窃以为有所未备，故凡及见闻，不敢稍秘。至经历甚缺，学问无穷，惟祈高明者匡所不逮，庶牛痘之法备，而保婴寿世，足以达天地之生机，且于泰区区求济之心，亦不无少补云尔。庚午（1870）夏五，天台赵开泰兰亭氏识。①

上述文字中，赵开泰（字兰亭）详述了自己学习牛痘术、回到家乡为人接种牛痘的历程。从他的叙述中也可得知牛痘术在浙江的传播过程，先是和朋友曹寿人在杭州设立痘局，初不为人信任，前来种痘者稀少，"所济无几"；后来得到巡抚常公、布政使段公邀约赴家为其家人接种，这种来自达官贵人的信任，有超乎寻常的示范作用，然后士庶之家"争相引种"。这种模式与邱熺在广东推广牛痘新法如出一辙。为人接种人数众多，效果也甚好，赵开泰成为闻名浙江的牛痘接种师。同治年间，受宁波知府邀请，主持宁波痘局事务。赵开泰总结自己数十年接种牛痘的经验，对邱熺《引痘略》做了增补，增加了牛痘点种三焦之穴能引先天余毒论、引种痘穴论、引种察苗法、择取佳苗法、制痘取浆法、传浆定穴法、远处带苗法、牛痘回后补清余毒法、服药调剂法九篇。赵开泰将增加部分概括为三类——"一增种下臂法，一回后补清馀毒法，一服药调剂法"，所以书名曰《增补牛痘三要》，这是对于邱熺传播牛痘接种术在理论上的重要补充和完善，因此也得到地方官员的背书和支持。

邀请赵开泰设立痘局的宁波知府边葆诚为《增补牛痘三要》作序，其序曰：

治疾难，治小儿尤难，而治小儿之痘尤难。胎毒之深浅不

---

① （清）赵开泰（兰亭）编：《增补牛痘三要》，同治九年（1870）庚午自刻本，第10—11页。

可得而先知也，在身之疾楚又未遽能晰言也。痛决疽败，扶持无及，谁为为之？夫慎之于既事，不若图之于未然。凡事恶简易以就功至，明明有保生之方，可以安然而无恙，则亦何恶于简易耶？余官京师，习见牛痘之便利，其小儿无呻吟之苦，其父母无护持之劳，即偶有初种不发，更试之，无不立验，芸芸滋长，百不损一，从未有既发之后逾年更发者。此来吴越间，俗当以痘苗入鼻，谓南方风土和暖，牛痘或不甚足恃，故多舍此趋彼。然自鼻种苗者，未必尽无恙，幸而无恙矣，而举家惊恐，婴孩振惧，贫苦之家，或至倾产不足以给医药。尽焉伤之，亟欲设局施种，因延天台赵君兰亭司其事。赵君凤精医事，其习引种牛痘也，则以幼子殇于痘故，殆能以其所爱及其所不爱，而以好生为心者。被创深则思虑长，望气多则识力到，聆其词说，阅其撮集《增补牛痘》之书，引经切脉，条理秩然，行之两年，甚著成效。夫天下未事而忽不加察，不早定所适从，迨乎积毒见形，张皇惊惧而卒无补于事，不独痘为然也。至于先时之培植，后事之维持，则有一定之方，无一定之用，是在观者善运用之，无庸余赘词为矣。同治六年（1867）丁卯三月，护理浙江宁绍台兵备道知宁波府事任邱边葆诚书于甬江官署。①

同时为推广牛痘术积极宣传出力的还有知府大人边葆诚的同仁和继任者。浙江宁绍台兵备道文廉也为赵开泰《牛痘三要》撰序："尝闻儿症之有痘，其原受于生初，感于时气，散于经络。毒伏不能窥，毒发不可制，生死在呼吸，变幻出须臾。乃世之所谓时医者，又复昧于事机，执其似是而非之见，以至孩提之童枉死者多。呜呼！彼岂不欲生人耶？夫亦偏

---

① （清）赵开泰（兰亭）编：《增补牛痘三要》，第5—6页。

于诸疮痛痒皆属于热之成说耳。于是有创为顺症不必治，逆症不能治，唯险症可治之说者。持论非不正，制方非不精，然调护一有不当，终难保其百无一失也。近时，俗习深鉴斯弊，竟信种痘，谓以佳苗引胎毒，斯毒出而不横，其症多顺。然而痘前之培植，痘后之护持，育子者已不知费几许心力矣。欲求法之简而易行，旬日之间即告成功者，则又莫如施种牛痘。夫牛痘传自外洋，盛于粤东，天台医士赵兰亭精于其法。太守边君知之最审，延之至郡，设局施种，历著成效。而郡中士民疑信尚复参半者，是盖惑于种后复出之说也。今兰亭思欲解其疑，必先示之信，于是即己之所习见习闻者，订为一编，付之手民，以广其传。问序于余，余维兰亭以痛子之故，专究是法，出以救世，推其心，固欲举一世之孩提而共跻仁寿之域者也。况其当临种时聚精会神，实有得心应手之妙，而又何疑焉？乃更不忍自秘，梓以行世。余知是编一出，不特世之幼者蒙其福，即世之业于是者，亦不至以活幼者而误幼矣。此其功岂浅鲜哉！爰不胜欣佩而乐为之序。"①这里，文廉称赞赵开泰为人种痘是"聚精会神""得心应手"，欣然为之作序。

顾文彬于同治十二年（1873）出任浙江宁绍台兵备道，也为赵书亲撰序文以播扬牛痘新法："自来治痘诸书不下百余种，然自神痘之外，未闻别有良法。惟牛痘之法，传自西洋，其用力甚省，而奏效甚捷，较之神痘，难易悬殊。余之子若孙共十余人，自幼皆种牛痘，迄今四十余年。从未有重出之患，此尤成效之著于亲历者。然牛痘之法行，而习神痘之医皆无所施其技，于是百端簧鼓，谓种牛痘者后必重出。愚民无知，为其所惑，因循坐误。一旦婴儿毒发，措手不及，贻误良多。同年边仲思太守稔知牛痘之万全无弊，于郡城设局施种，延天台赵君兰亭主其事，数年以来全济无算。夫痘症为婴儿第一险关，民间狃于积习，疑信相参，非有力者

---

① （清）赵开泰（兰亭）编：《增补牛痘三要》，第1—2页。

倡之于上，不足以转移风俗。仲思诚心保赤，易俗移风，其功德岂有量哉！今赵君以所辑《增补牛痘三要》请序于余，余观其论，列方药详审精密，又附以儿科良方，不自矜秘，冀广传流，具见仁人之用心。余尤嘉其不负仲思倚任之重，且推广德政于无穷也，故不辞而为之序。"①

有地方官员的积极支持和背书，有赵兰亭种痘名医的执掌，宁波痘局存续时间很长，从同治初期到光绪中后期，一直不间断地在为人接种牛痘。如光绪八年（1882）和光绪九年（1883）《申报》都刊登有关于宁波牛痘局的广告消息："宁波府署土地土地祠内之牛痘局今年仍延天台赵兰亭之高足陈季桐施种，择于上元节开局。又郡庙内怀棠祠之牛痘局则延定海周望岐，于十九日开种。近因天气晴和，请种者每日不下数十起，似较往年更盛也。"（1882年宁波牛痘开种），第二年依然在《申报》上登报，告之民众："宁波城内新设牛痘局共有三处，今年因春寒料峭，是以开种之期，府署则已定于月之十五日，郡庙之怀棠祠则展限于二十日，而新设于邑庙者则定于二十八日开种也。"②

同治时期，在浙江一带传播推广牛痘术的还有安徽当涂痘师黄子颖的外甥蒋致远，他说"明年（1867年），浙中仿行，遂以余专司其事。岁往来杭、绍、嘉、湖诸郡县，手治殆将万计"，③他一直施种牛痘于江南一带，光绪十年（1884）在杭州主持武林牛痘局事务。

光绪时期，薛福成任职宁绍台道，在地方绅士的建议下，自光绪十二年（1886）始，每年认捐两百两，用于创设牛痘局，并饬下属各县每年拨款六十两，延痘科设局施种；光绪十五年（1889），乡绅马有衔在余姚设

① （清）赵开泰（兰亭）编：《增补牛痘三要》，第3—4页。
② 宁波市档案馆编：《〈申报〉宁波史料集2》，宁波：宁波出版社，2013年，第527页、573页。
③ （清）邱熺：《牛痘要法》，见《白岳庵杂缀三种》，第1页。

临山牛痘局，附设于凤山义庄①等，浙江的牛痘局也逐渐遍地开花，广泛地传播推广。道光、咸丰时期的杭州士人梁绍壬这样推崇牛痘术："由牛而施之人，无不应验，于是其法盛传……诚善法也。"②到民国时期，《定海县志》则说："孩童患痘，避忌极多，常以烛代灯，停止针刀，并忌油煎食物，非至亲不得看视。近年牛痘盛行，此风消杀。"③由此也可看到牛痘术在浙江的广泛传播与影响力。

四、牛痘术在上海的传播

清代，上海既属于松江府（下有华亭县、上海县、青浦县、奉贤县、娄县、金山县、南汇县）管辖，又是分巡苏松太常等地兵备道（简称上海道）道台衙门所在，尤其是鸦片战争后，成为五口通商最重要的口岸之一。因此，牛痘新法在上海的传播与其他省份有所不同。如前文所述，可以看到牛痘术在中国各省的传播主要依靠本土的力量如痘师、地方官员、商人和士绅等，通过为人接种牛痘和刊刻邱熺《引痘略》的方式传播牛痘新法。而上海牛痘术的传播则有所不同，带有更多西方色彩，即主要依靠传教士和租界的力量。

明清时期，江南人痘接种术盛行，地处江南的上海也不例外。据嘉庆时期朱奕梁著的《种痘心法》记载，当时人痘接种已有"湖州派"和"松江派"之分，湖州派使用"时苗"，松江派使用"熟苗"。松江派使用"熟苗"接种更为安全稳妥，所出之痘，"胎毒"轻者不过数颗，"胎毒"重者也不过二三百颗。可见，松江府的人痘接种技术已经相当完善了，所以人痘接种术在上海比其他地方更为盛行。

笔者所查到的资料显示，上海最早的牛痘接种案例来自仁济医院。仁

① 余新忠：《清代江南种痘事业探论》，《清史研究》2003年第2期。

② （清）梁绍壬：《两般秋雨庵随笔》卷4，上海：上海古籍出版社，1982年，第221页。

③ 余新忠：《清代江南种痘事业探论》，《清史研究》2003年第2期。

济医院是由英国伦敦会传教士雒魏林于道光二十四年（1844）创办，这是上海开埠后建立的第一所西医医院。从道光二十五年（1845）起，仁济医院便开始为人施种牛痘，但是前来接种的人员稀少，上海人更愿意使用中国传统的人痘接种术，加以仁济医院的牛痘苗仰赖香港或印度供应，痘苗来源与施种效果皆不稳定，因此仁济医院初期施种牛痘的孩童人数相当有限。从1845到1868年的23年间，合计仅有5125人，平均一年只约220人接种牛痘。但是在此期间，雒魏林开始培养中国的牛痘种痘医生，黄春甫为其中的佼佼者。

黄春甫（1833—1911），祖籍江西，生长于松江。17岁（1850年）到上海，成为伦敦会上海布道站男生寄宿学校的学生。咸丰四年（1854）开始进入仁济医院学习西方医学，跟随雒魏林学习了3年，因为勤奋努力，深得雒魏林喜爱。咸丰七年（1857）雒魏林回国后，传教士合信接掌仁济医院，黄春甫继续跟随合信学习西医，拥有了丰富的内外科经验，成为上海第一位中国人西医，并一直在仁济医院工作，直到年近70岁退休。

上海牛痘接种逐渐推广，黄春甫的贡献尤为突出。同治七年（1868），在黄春甫的建议下，上海道台应宝时捐款创办牛痘公局，设立于上海城内城隍庙旁边花园内的铁锚业公所。应宝时（1821—1890），字心易，号敏斋，浙江永康县人，道光十二年（1832）甲辰科乡试举人。咸丰八年（1858），他以直隶州州同分发江苏，来到上海，不久进入新任上海道浙江钱塘人吴煦幕府中，成为吴煦的得力助手。次年，因办理海运出力奉旨加知州衔。

应宝时创办的牛痘公局邀请黄春甫担任主持。这是出现在上海县城的新生事物，当时上海唯一的中文报纸《上海新报》对此报道说："若照中国种痘法，又有出有不出之处，惟西国牛痘一法，极稳极妙，尽人而知之矣。苏藩应方伯前在上海道任内于城隍庙豫园设立牛痘局，聘华士黄春甫先生按期至局，按名施种，每期不下口十人，至少亦有数十名，无不得心应手，远近咸感之。凡有小孩未出天花者，贫家赴局待种，有余之家尽

可请黄春甫先生到门，其谢金不拘多寡，君子自重可而，幸勿失此好机会也。"①从1868年痘局开办起，黄春甫每星期一、三、五、六到牛痘局为上海及邻近地区的孩童接种牛痘，他还特地印发传单为牛痘术作广告宣传，并且分发给上海居民，内容有三部分：（1）说明牛痘比中国传统人痘简易安全有效；（2）孩童接种后的护理注意事项；（3）上海道台鼓励种痘的措施，如"道宪爱民如子，体恤情殷，凡种痘日给钱一百文买物助浆，第八日复看，再给钱二百文为调养之费"。②牛痘公局创办后不久，应宝时调往他处。其继任者继续支持城隍庙牛痘公局事务，积极推广牛痘新法。如由江宁知府调任上海道台的涂宗瀛（他在金陵善后总局时就支持牛痘新法），同治九年（1870）2月6日发出布告，宣布在上海租界内禁止人痘接种，鼓励推行牛痘接种。布告称："道台认为在中国采用西人接种牛痘的方法意义重大……我要做的是为了预防各阶层的人得天花而发布此布告，特此奉告那些希望接种牛痘者从经济与安全考虑，自由选择到城隍庙医院或到租界外国机构，中国人用的那种种痘方法在租界是被断然禁止的，因为那种方法对西人有害。"③

有地方官员的支持，牛痘局开办后，接种人数大幅增加。1870年增加至1861人，是1868年750人的两倍多，而1872年更达到2558人之多，接下来每年持续增长，1876年为3982人，1879年又增加至5129人，此后在1886年达到7230人，1890年有7389人，1896年（黄春甫退休前一年）略有下降但也有7163人。在这期间，黄春甫一直主持牛痘公局事务，从1869到1897退休的近30年间，黄春甫经手施种牛痘的孩童当在15万人上下。④其实在开办

---

① 《上海新报》1869年5月6日。

② 《上海城隍庙花园内官设牛痘局单》，载《中国教会新报》第1卷第41期（1869年）6月19日，第188—189页。

③ 《上海新报》1870年2月19日。

④ 苏精：《仁人济人》，上海：上海交通大学出版社，2019年，第95—96页。

牛痘局以前，黄春甫已在仁济医院施种牛痘超过10年，从仁济医院退休以后，仍应上海道台之聘继续主持牛痘局的事务，又长达10年以上①，他为上海牛痘接种事业连续贡献了50年以上的心力，也是牛痘新法在上海传播推广最为重要的奉献者之一。

晚清在上海推广牛痘新法还有租界的力量。同治九年（1870）5月中旬，上海法租界已开始免费为人接种牛痘，当时《上海新报》刊登消息说："闻上海法国租界内，欲令居住华商凡有小孩之家，嗣后俱种牛痘，即准在界内居住，否则令其迁徙；或必欲种内地痘子宜将小孩暂迁界外，俟种痘事毕再行入界。其所以然者，恐气味传染，致有天花之症。"6月23日，法租界公董局又在《上海新报》头版刊登"告白"，通告说："法租界工部议定实施种牛痘，其局设在回春堂内，除礼拜日外，每日下午半天，五点钟起至六点钟止，凡华人有幼女幼孩欲种者，请至回春堂便是，分文不取，特此布闻。"②法租界的这一通告在《上海新报》上连续刊登了很长一段时间，直至9月中旬依然还在刊登。从中可见，法租界对中国传统人痘接种术的极力否定，在租界内不许居民接种人痘，执意接种人痘的孩童须离开租界，直到出完痘疹痊愈后，才可返回租界居住，也足见其对推行西方的牛痘新法的用力之深。

对于牛痘新法在上海推广普及作出更大贡献的是上海公共租界工部局。上海公共租界卫生官医学博士亨德森，看到上海人痘接种术盛行，即使在租界内也有很多孩童依然接种人痘。他经过深入调查分析，认为人痘接种是导致天花流行的重要原因，于是他在1869年12月向工部局提交了一份备忘录，就租界内天花流行的原因发表看法，并提请外国驻沪领事团注

① 《申报》1906年7月3日第17版，一则《沪道情殷保赤》的消息，为上海道台瑞澄致函黄春甫，希望他在牛痘局施种期间能"亲临诊视"云云，可知黄春甫光绪三十二年（1906）还在牛痘局服务。

② 《上海新报》1870年5月17日、6月23日。

意问题的严重性。他在备忘录中把中国传统的人痘接种与牛痘接种进行比较，发现两者有几大区别：（1）牛痘接种能阻止天花发病和传播，而人痘接种导致天花产生并传播，有利于疾病的扩展。（2）牛痘接种绝对不会危及生命，而种人痘据中国人说死亡率很少超过1%或2%，但从其作为传染的复合来源并引发传染这点来看，它是引起许多死亡的间接原因。（3）牛痘接种在英国由法律规定推广，而种人痘则为英国法律所禁止。（4）有关费用，牛痘接种由道台给每个小孩300文制钱，100文是到接种站接种时给，另外200文在脓疱形成后，小孩再次前来时给。种人痘的费用则差别很大，最低的费用是男孩1元，女孩0.5元。（5）牛痘接种所能达到的削弱天花病毒毒性的效率比种人痘高得多。①一个月后即1870年1月，亨德森又致函工部局，再次提请由租界推广牛痘接种。

根据亨德森的提议，经过一番筹备，1870年9月公共租界当局工部局在南京东路开设了一个接种牛痘的诊所，由工部局卫生官亨德森本人亲自主持，主要为租界内华人儿童进行牛痘接种。为吸引市民前来接种，工部局在报纸上连续多天刊登广告。1870年9月15日《上海新报》刊登工部局牛痘局开设的消息，云："天花之厄，华人多不免，即或种本地痘子亦易传染，往之带出天花，总不若牛痘万无一失，故法国界有施种牛痘局之设也。本馆接得英医生来信云，英美两界工部现开牛痘局，央请英国哲医生韩医生二位在局施种，于下礼拜一两点钟升局至三点钟止，自此之后每逢礼拜一礼拜四两点钟起至三点钟止，华友欲为子女种痘，赴局请种不取分文，西医好善乐施，华友勿失此机会。"两天后《上海新报》继续刊登题为《大英工部牛痘局》的广告："本局开设洋泾浜大马路，于本月一十四日开种，系请英国哲医生韩医生每逢礼拜一礼拜四两日自两点钟起至三点种止。凡华友有男女欲种者按期按时来局，不取分文。如果系极贫之家，

---

① 马长林：《西式牛痘接种在上海的传播与影响：以公共租界工部局为中心》，见《徐连达先生八十五寿庆论文集》，上海：上海古籍出版社，2017年，第320页。

照城中邑庙豫园牛痘局规例，每名给钱三百文，以为种后补养之费。特此布闻。"①

对于西洋人士免费为人接种牛痘，无论法租界还是公共租界，最初应者寥寥。至1870年底，公共租界总共为200人接种牛痘，人们更愿意去城隍庙黄春甫主持的牛痘公局。这里依稀可见近代中国中西方的隔膜与时代背景下的民众情绪。但随时间的推移，租界的牛痘接种人数也逐渐增加，1878年，上海租界及其附近地区有1295名儿童接种了牛痘，其中原英租界区域内有705名，虹口原美租界区域及附近郊区有353名，法租界237名。更为重要的是，工部局开设的这一机构还向位于山东路的仁济医院和一些教会团体提供天花疫苗，包括徐家汇修道院也是利用这里提供疫苗的机构之一，甚至还向周边江苏省一些城市送去牛痘疫苗，使这些地区得以开展牛痘接种。②

公共租界工部局的牛痘接种后来因为各种原因停办了10余年，到19世纪末，又重新开办，依然是亨德森主办。而这时的牛痘推广已经提升到一个新的阶段，开始了疫苗的制作，解决了西洋牛痘术入华后遇到的最大难题。

因为工部局的牛痘接种机构停办了多年，1893年公共租界又出现天花病例。亨德森再次请求工部局重开牛痘局。亨德森已经对中国天花流行有了更深入的了解，他说："从很多华人接种牛痘的实践来看，很难找到在接种的第八天（接种后的第八天小疱已经化脓）的孩子回来，提供足够的疫苗。这是南市道台施药局黄医生所遇到的最大难题，他发现当天气潮湿时只有很少的孩子到他那里接种，多数情况是没有可提供的手臂而使接种无法进行。目前这是给孩子们接种牛痘的唯一难题"，"如果接种的天花疫苗的供应仅限于以孩子手臂对手臂的办法获取的话，接种牛痘确实不可

---

① 《上海新报》1870年9月15日、9月17日。

② 马长林：《西式牛痘接种在上海的传播与影响：以公共租界工部局为中心》，第324页。

能在大范围内进行"。①于是,亨德森提议:"要为上海大量的华人提供疫苗,不能再靠进口天花疫苗,必须在当地培养疫苗。"为此亨德森提出建立一个天花疫苗机构的设想,他在给工部局的报告中写道:"几年前我曾经大胆建议工部局在上海设立一所巴士德研究院,并得到一些人的赞许,但最终因种种原因……无法实施","但现在我不得不建议工部局建一个比较来说最划算的机构,即在上海建一所培植小牛疫苗的研究院。建一处这样的研究院费用很少,我想不久它就会自给自足"。②

在亨德森的提议和呼吁下,工部局开始接纳了他的建议。一方面开始恢复牛痘局。1894年11月,工部局卫生委员会起草了关于接种牛痘的中文通告,其曰:"工部局已决定建立两处牛痘接种站,一处在山东路医院,另一处在虹口医院,华人的成年人和儿童在那里可以免费接种牛痘。工部局请所有华人居民利用这个机会以免患天花。上述医院每周二和周五上午10点至12点接种牛痘。"③委员会还决定将此通告夹带在华人报纸中散发,并印成大幅通告张贴在租界各处。

另一方面开始筹备疫苗制作站。1893年,工部局董事会决定授权已返回英国休假的亨德森采购并运回他认为建设一个疫苗站所必需的设备和物资。同年10月,亨德森选购了各种必要的设备和物资,在离开英国前将它们运往上海。在享德森采购的这些设备和物资的基础上,工部局开始进行制作天花疫苗的试验。经过筹备,这个制作和提供小牛疫苗的机构于1896年10月正式开张,在虹口工部局牛棚的一所非常简陋的房子里进行了天花疫苗的制作,同时开始向租界内各医院免费提供天花疫苗。不久,疫苗站的工作被整合到工部局实验室。此后经过不断实践和经验积累,有关人员熟练地掌握了天花疫苗的生产技术,疫苗生产开始显示出效果。1899年,

① 《字林西报》1893年4月5日。

② 《字林西报》1893年4月5日。

③ 上海市档案馆藏公共租界档案,1894年卫生委员会会议记录,U1-1-122。

工部局实验室制作了5000试管的小牛天花疫苗，1900年制作了6000试管，能够满足1.8万人进行牛痘接种。到1902年，制作了2.2万试管，1904年达到3.4万试管。在制作牛痘疫苗的同时，还制作了抗天花的血清用于天花病人的治疗；1907年，实验室用甘油对牛痘疫苗进行处理，使疫苗质量进一步提升，而且其生产的疫苗远销至东亚地区。[①]

　　上海工部局实验室的牛痘疫苗生产解决了自牛痘术入华以来，中国在牛痘术推广中遇到的最大障碍，即解决了开展牛痘接种所需要的新鲜疫苗供应问题。所以，20世纪初，上海成为中国牛痘普及率最高的地区之一。1933年，鲁迅在《我的种痘》一文中说到："在上海的孩子，听说是生后六个月便种痘就最安全，倘走过施种牛痘局的门前，所见的中产或无产的母亲们抱着在等候的，大抵是一岁上下的孩子，这事情，现在虽是不属于知识阶级的人们也都知道，是明明白白了的。"说明当时上海种牛痘已经是很普遍的现象了。虽然牛痘最早从广州传入，但到清末民初，上海因为有工部局自制的疫苗，其影响力已超越广州了。

[①]　马长林：《西式牛痘接种在上海的传播与影响：以公共租界工部局为中心》，第325—327页。

参考文献

一、基本史料

（一）地方志等文献资料

［1］（清）潘尚楫主修，（清）邓士宪总纂：道光《南海县志》，同治刻本。

［2］（清）郑梦玉修，（清）梁绍献纂：同治《南海县志》，同治十一年（1872）刻本。

［3］（清）戴肇辰、苏佩训修，（清）史澄、李光廷纂：《光绪广州府志》，载《中国地方志集成·广东府县志辑》，上海：上海书店出版社，2003年。

［4］（清）陈昌齐等纂：《道光广东通志》，载《中国地方志集成·广东省志辑》，南京：凤凰出版社，2010年。

［5］番禺市地方志编纂委员会办公室整理：《番禺县志》（清同治十年）点校本，广州：广东人民出版社，1998年。

［6］（清）吴惠元修：《续天津县志》，同治九年（1870）刻本。

［7］吴翯皋、王任化修，程森纂：民国《德清县新志》，民国12年（1932）版本。

［8］王尧、陈践译注：《敦煌吐蕃文献选》，成都：四川民族出版社，1983年。

［9］（清）吴兰修、梁廷枏辑，陈鸿钧、黄兆辉补征：《南汉金石志补征　南汉丛录补征》，广州：广东人民出版社，2010年。

［10］胡巧利主编：《广东方志与十三行：十三行资料辑要》，广州：广东人民出版社，2014年。

［11］张宗平、吕永和译，吕永和、汤重南校：《清末北京志资

料》，北京：北京燕山出版社，1994年。

［12］政协邵武市文史资料工作组：《邵武文史资料选辑》，内部资料，1985年。

［13］长沙市志编纂委员会编：《长沙市志》，长沙：湖南人民出版社，1995年。

［14］宁波市档案馆编：《〈申报〉宁波史料集》，宁波：宁波出版社，2013年。

［15］［美］马士著，中国海关史研究中心组译，区宗华译，林树惠校：《东印度公司对华贸易编年史（1635—1834年）》，广州：中山大学出版社，1991年。

（二）诗文集、日记、笔记小说等

［1］（清）梁绍壬：《两般秋雨庵随笔》，上海：上海古籍出版社，1982年。

［2］（清）吴荣光：《石云山人文集》，收入《清代诗文集汇编》，上海：上海古籍出版社，2010年。

［3］（清）吴绮等撰，林子雄点校：《清代广东笔记五种》，广州：广东人民出版社，2006年。

［4］陈垣著，陈智超编：《陈垣早年文集》，台北："中央研究院"中国文哲研究所，1992年。

［5］（清）阮元：《揅经室续集》，北京：中华书局，1985年。

［6］（清）张岳崧著，郭祥文点校：《筠心堂集》，海口：海南出版社，2006年。

［7］（清）梁松年著，刘正刚整理：《梁松年集》，广州：广东人民出版社，2018年。

［8］（清）谢兰生著，李若晴等整理：《常惺惺斋日记（外四种）》，广州：广东人民出版社，2014年。

［9］（清）俞正燮：《癸巳存稿》，沈阳：辽宁教育出版社，2003年。

［10］（清）吴振棫：《养吉斋丛录》，点校本，北京：北京古籍出版社，1983年。

［11］（清）王熙：《王文靖公集》，上海：上海古籍出版社，2010年。

［12］（清）陈名夏撰：《石云居文集》，上海：上海古籍出版社，2010年。

［13］（清）谈迁撰，汪北平点校：《北游录》，北京：中华书局，1960年。

［14］（清）董含撰，致之校点：《三冈识略》，沈阳：辽宁教育出版社，2000年。

［15］（清）龚炜撰，钱炳寰点校：《巢林笔谈》，北京：中华书局，1981年。

［16］（清）许葭村著，宋晶如编译：《秋水轩尺牍》，台南：大孚书局，1987年。

［17］（明）雷礼：《镡墟堂摘稿》，上海：上海古籍出版社，1995年。

［18］（明）丁元荐：《尊拙堂文集》，台南：庄严文化公司，1997年。

［19］（清）王鸣盛：《西庄始存稿》，上海：上海古籍出版社，1995年。

［20］黄志平、丘晨波主编：《丘逢甲集》（增订本），广州：广东人民出版社，2019年。

［21］（清）陈用光撰：《太乙舟诗集》，收入《清代诗文集汇编》，上海：上海古籍出版社，2010年。

［22］（清）洪亮吉：《更生斋集》，收入《续修四库全书》，上海：上海古籍出版社，1995年。

［23］（清）萧奭撰，朱南铣点校：《永宪录》，北京：中华书局，1959年。

［24］（清）谭宗浚：《芳村随笔》，收入《丛书集成续编》，上海：上海书店出版社，1994年。

［25］李新宇、周海婴主编：《鲁迅大全集》，武汉：长江文艺出版社，2011年。

［26］陈建华、曹淳亮主编：《广州大典》，广州：广州出版社，2015年。

［27］（明）于慎行撰：《谷城山馆文集》，台南：庄严文化公司，1997年影印本。

［28］（清）俞樾著，赵一生主编：《俞樾全集》，杭州：浙江古籍出版社，2017年。

［29］柏桦：《柏桦讲清代奇案》，北京：中国民主法制出版社，2018年。

［30］（清）张涛撰，丁绵孙、王黎雅点校：《津门杂记》，天津：天津古籍出版社，1986年。

［31］（清）曾国藩撰：《曾国藩全集·日记》，长沙：岳麓书社，1987年。

（三）医书

［1］（东晋）葛洪：《肘后备急方》，北京：人民卫生出版社，1963年。

［2］（清）朱纯嘏：《痘疹定论》，《续修四库全书》，上海：上海古籍出版社，2002年。

［3］（清）俞茂鲲：《俞天池先生痧痘集解》，北京：北京出版社，1997年。

［4］（清）吴谦等撰，石学文等点校：《医宗金鉴》，沈阳：辽宁科学技术出版社，1997年。

［5］（清）张琰：《种痘新书》，《续修四库全书》，上海：上海古籍出版社，2000年。

［6］（清）鲍相璈编辑，（清）梅启照增辑，周光优等点校：《验方新编（下）》，北京：人民卫生出版社，1990年。

［7］薛清录主编，中国中医研究院图书馆编：《全国中医图书联合目录》，北京：中医古籍出版社，1991年。

［8］严世芸主编：《中国医籍通考》，上海：上海中医药大学出版社，1994年。

［9］陈修园编著：《陈修园医书七十二种》，上海：上海书店出版社，1983年。

［10］（明）万全著，罗田县万密斋医院校注：《万氏家传痘疹心法》，武汉：湖北科技出版社，1985年。

［11］高日阳主编：《岭南医籍考》，广州：广东科技出版社，2011年。

［12］刘德荣编：《福建历代名医学术精华》，北京：中国中医药出版社，2012年。

［13］（清）朱奕梁：《种痘心法》，上海：商务印书馆，1936年。

（四）邱熺《引痘略》不同版本及相关牛痘著述

［1］（清）邱熺：《引痘略》，道光七年（1827）北京琉璃厂奎光斋刻本。

［2］（清）邱熺：《引痘略》，道光二十八年（1848）客花草堂刻本。

［3］（清）邱熺撰：《引种新法全书》，广州：广东科技出版社，2009年。

［4］（清）邱熺：《引种牛痘法》，光绪乙未贵池刘信天堂本。

［5］（清）邱熺：《引种牛痘新书》，光绪十有四年（1888）京江刘氏重刊，金声堂珍藏本。

［6］（清）邱熺（浩川）原本，王惇甫（新吾）增补：《牛痘新书济世》，同治四年（1865）乙丑刻本。

［7］（清）邱熺（浩川）撰：《引痘秘书》，光绪二年丙子（1876）皖省痘局刻本。

［8］（清）邱熺辑，（清）熊乙燃增：《引种牛痘纪要》，光绪三十年（1904）山东广仁局刻本。

［9］（清）邱熺：《牛痘要法》，收入《白岳庵杂缀三种》，光绪丁亥（1887）刻本。

［10］（清）邱熺：《引痘题咏》，道光三年（1823）自刻本（其中《题咏》2卷，《引痘略》1卷）。

［11］（清）邱熺：《引痘略》，《续修四库全书本》，上海：上海古籍出版社，2000年。

［12］（清）邱熺：《引种牛痘方书》，江西书局木刻本。

［13］（清）赵开泰（兰亭）编：《增补牛痘三要》，同治九年（1870）庚午自刻本。

［14］（清）沈善丰：《牛痘新编》，光绪十一年（1885）乙西刻本。

［15］（清）张崇树：《引痘略合编》，同治壬申（1872）保赤堂刻本。

［16］（清）查道伦撰：《引痘集要》，同治八年（1869）己巳刻本。

（五）报纸

《中国丛报》，《上海新报》，《申报》，《字林西报》，《中国教会新报》。

二、专著

［1］范行准：《中国预防医学思想史》，上海：华东医务生活社，1953年。

［2］马伯英：《中国医学文化史》，上海：上海人民出版社，2020年。

［3］史兰华等编：《中国传统医学史》，北京：科学出版社，1992年。

［4］苏精：《仁人济人》，上海：上海交通大学出版社，2019年。

［5］张星烺：《欧化东渐史》，长沙：岳麓书社，2013年。

［6］梁嘉彬：《广东十三行考》，广州：广东人民出版社，2009年。

［7］梁其姿：《面对疾病：传统中国社会的医疗观念与组织》，北京：中国人民大学出版社，2012年。

［8］谭树林：《英国东印度公司与澳门》，广州：广东人民出版社，

2010年。

　　［9］广东炎黄文化研究会、广州炎黄文化研究会编：《岭峤春秋：广府文化与阮元论文集》，广州：中山大学出版社，2003年。

　　［10］许涤新、吴承明主编：《中国资本主义发展史》，北京：人民出版社，2003年。

　　［11］［法］伏尔泰著，高达观等译：《哲学通信》，上海：上海人民出版社，2014年。

　　［12］朱石生：《天花旧事——詹纳与牛痘接种》，北京：新星出版社，2020年。

　　［13］李志刚：《基督教早期在华传教史》，台北：台湾商务印书馆，1985年。

　　［14］苏精：《西医来华十记》，北京：中华书局，2019年。

　　［15］李瀚洋：《恐怖年代——人类历史上的传染病灾难》，北京：中国长安出版社，2003年。

　　［16］阎崇年：《正说清朝十二帝》，北京：中华书局，2005年。

　　［17］陈旭麓：《近代中国社会的新陈代谢》，上海：上海人民出版社，1992年。

　　［18］刘子扬：《清代地方官职考》，北京：紫禁城出版社，1994年。

　　［19］广州荔湾区文化局、广州美术馆编：《海山仙馆名园拾萃》，广州：花城出版社，1999年。

　　［20］方锡球、刘跃进主编：《桐城派暨古典文化的传承研究》，合肥：黄山书社，2017年。

三、论文

　　［1］董少新：《牛痘入华：一项由多国多人共同完成的技术交流》，《文化杂志》2007年第65期。

　　［2］邱仲麟：《明清人痘法——地域流布、知识传播与疫苗生产》，

"中央研究院"《历史语言研究所集刊》第77本第3分册，2007年。

［3］［葡］伊莎贝尔·莫赖斯：《种牛痘与澳门葡人》，《广东社会科学》2007年第1期。

［4］章文钦：《清代前期广州中西贸易中的商欠问题》，《中国经济史研究》1990年第1期。

［5］余新忠：《清代江南种痘事业探论》，《清史研究》2003年第2期。

［6］刘建海：《曾国藩家族战"痘"记》，《文史博览》2020年第6期。

［7］张大庆：《〈暎咭唎国新出种痘奇书〉考》，《中国科技史料》2002年第3期。

［8］张嘉凤：《十九世纪初牛痘的在地化：以〈暎咭唎国新出种痘奇书〉〈西洋种痘论〉与〈引痘略〉为讨论中心》，"中央研究院"《历史语言研究所集刊》2007年第4期。

［9］马长林：《西式牛痘接种在上海的传播与影响：以公共租界工部局为中心》，载《徐连达先生八十五寿庆论文集》，上海：上海古籍出版社，2017年。

［10］朴基水：《清中叶牛痘法的引进过程与广东行商的作用》，载华东师范大学思勉人文高等研究院编：《问学》第2辑，2019年。

［11］刘学礼：《种痘术及其中外交流》，《自然辩证法通讯》1993年第4期。

［12］胡忠良：《康熙皇帝与天花》，《北京档案》2003年第6期。

［13］杜家骥：《清初天花对行政的影响及清王朝的相应措施》，《求是学刊》2004年第6期。

［14］中国第一历史档案馆（伍媛媛）：《清代中西贸易商欠档案（下）》，《历史档案》2021年第1期。

［15］杨家茂：《牛痘初传我国史略及其意义》，《中华医史杂志》1990年第2期。

后 记

四月初，终于完成初稿，历时两年有余。回想这七百多个日夜，是一个充满了焦虑和有点艰难的过程。2020年春天，正是新冠肺炎疫情大爆发的时期。面对突然而至且来势凶猛的新冠病毒，我对其一无所知，且充满恐惧。恰逢受邀参与"佛山历史文化丛书"的撰写，面对编委会提供的选题，我没有太多犹豫地选择了"中国接种牛痘的先驱——邱熺"这个题目，支持我作出这个选择的理由是：作为医药院校的教师，我可能略有优势来完成这个任务；另外，我十多年前的博士论文也是研究清代嘉庆、道光年间的人物，与邱熺是同时代的人，如果仅从时代背景来看，我是可以驾驭这个选题的。可是，我忽略了两个关键问题，我毫无医学的学科背景和相关直接资料的殊少。而这两个问题，让我倍感沮丧，很长时间都无法动笔。

首先从资料方面来说，通过不同途径，几番搜寻之后，悲凉感塞满心间。在历史的长河中，邱熺只是一个小人物，不知他从哪里来，不知他的生平行谊，他湮没在历史的浩渺中。只有他留下的关于牛痘接种术的专门著述《引痘略》一卷，6000余字。从清代嘉庆、道光年间到民国时期，《引痘略》翻刻成风，有近100种不同刻板刊行。不同年代刊行的《引痘略》有所不同，尤其是增加的序、跋是了解牛痘接种术在中国传播路径以及被国人接纳详情的重要痕迹和记录，可惜近100种刻本的《引痘略》留存下来的也不足20个版本，且多收藏于北京、上海两地的不同图书馆中。疫情之下，外出查阅资料不易，而古籍文献的电子化数字化还在完善之中，本选题的研究陷入了"无米之炊"的困顿。

我感觉自己像极了"孤勇者"，但幸运的是，我不是"孤身走暗巷"，太多的人给我提供了帮助。江西中医药大学的彭贵珍博士和天津师范大学的曹志敏博士，广东药科大学的崔占龙院长、杨彬老师，他们一看到与邱熺或者天花、牛痘相关的资料，都是第一时间转发给我。特别值得一提的是，因参与"佛山历史文化丛书"撰写工作而有幸认识的赵晓涛老师，他于工作之中或者于他自己日常的资料搜集之中，每见到相关的材料，都是转手就发给我，至少有20多则材料。赵老师的这种提携之举，为我如何去寻找和深挖相关史料给予了指引，更赋予我走出沮丧的温暖力量。

邱熺留下的文字除了关于牛痘接种术的专门著述《引痘略》之外，还有他于道光三年（1823）自刊本《引痘题咏》二卷。《引痘题咏》是邱熺将种痘之家（主要是达官贵人、绅士富商等）馈赠的诗文衰辑而成，反映了中国最早接纳西洋牛痘新法的人们的观感。《引痘题咏》完整本仅存于中国中医科学院图书馆，学术界对其研究也是鲜见。我想过亲自去中国中医科学院图书馆借阅，也寻找过中医科学院学生的帮助，但都未能达到目的。一次偶然机会，浏览到一篇关于中国中医科学院图书馆对其馆藏中医药古籍文献整理的文章，于是想办法找到作者裘俭老师。虽然裘老师已退休离开工作岗位，但她给我提供了热情的帮助。最终我通过中国中医科学院图书馆获得了《引痘题咏》以及六七个版本的《引痘略》一年的阅读权，这为深陷"无米之炊"困顿中的我打开了一扇大门。

天花是人类战胜的第一个烈性传染病，人类被其困扰长达几千年。几千年的时间里，世界各民族都对其展开了无限的探索，从祭拜神灵到药物治疗，从人痘接种术到牛痘接种术，都需要有医学尤其是中医理论的基础。毫无医学学科背景的我，从零开始，一点一点地去理解和消化，这一路充满了自我怀疑和否定，幸好还有我的挚友彭贵珍博士一路陪伴，跨界并深耕中医药文化多年的她，不仅给予我鼓励与鞭策，更有关于中医理论的点拨和传授。

此外，在阅读《引痘题咏》的诗文中，我也遇到很多困难。在这一过程中，梁基永博士和潘华老师，都给我提供过帮助。初稿完成之后，东莞图书馆的杨河源老师认真阅读了初稿，提出了诸多深有见地的修改意见。书稿交给出版社后，责编从标点到文字到注释都一一修改核对，令我深深感动。

　　书稿付梓之际，对于以上提及的给予我帮助的各位，表达我诚挚的谢意。还要特别感谢佛山历史文化丛书编委会编辑部和广东工业大学黄庆林博士给我提供的机会。只是由于笔者学力所限，书中多有疏漏和不当之处。敬请学界前辈和同仁批评指正，以待来日补阙完善。

李　陵

2022年8月

"佛山历史文化丛书"已出版书目

第一辑

10 《佛山粤剧》

09 《佛山祖庙》

08 《佛山传统建筑》

07 《佛山历史人物录》

06 《佛山明清冶铸》

05 《佛山中医药文化》

04 《佛山家训》

03 《佛山商道文化》

02 《佛山古村落》

01 《佛山状元文化》

第二辑

10 《佛山古今桥梁掠影》

09 《佛山武术史略》

08 《佛山纺织史》

07 《佛山彩灯》

06 《佛山木版年画历史与文化》

05 《石湾窑研究》

04 《明清佛山地方治理研究》

03 《佛山历代诗歌三百首》

02 《佛山北帝文化与社会》

01 《西樵山与岭南理学的传承》

第七辑